ŒUVRES COMPLÈTES

DE

LA FONTAINE

Imprimerie Gouverneur, G. Daupeley à Nogent-le-Rotrou
Caractères elzeviriens de la Librairie Daffis.

ŒUVRES

COMPLÈTES

DE

LA FONTAINE

Publiées d'après les textes originaux

par

CH. MARTY-LAVEAUX

———

TOME V

POESIES DIVERSES

PARIS

PAUL DAFFIS, ÉDITEUR-PROPRIÉTAIRE

DE LA BIBLIOTHÈQUE ELZEVIRIENNE

7, rue Guénégaud

———

M DCCC LXXVII

AVERTISSEMENT.

e volume est celui où nous nous sommes le plus écarté du plan suivi par nos pré-décesseurs. A la division des *Poësies diverses* par genres, nous avons préféré ici, comme pour notre édition de Corneille, une série unique disposée chronologiquement.

Déjà, nous avions procédé de même pour les *Lettres*; au lieu d'être groupées d'après les noms des destinataires, elles ont été classées, d'après leurs dates, en un seul recueil. Si nous avions à recommencer, nous n'hésiterions pas à nous montrer encore plus audacieux, et à fondre ensemble, en suivant l'ordre des années, les *Poësies diverses* et les *Lettres* qui, presques toutes, contiennent des vers, ou, du moins, sont desti-nées à en accompagner. Il ne faudrait laisser en dehors de cette collection générale que la cor-respondance de La Fontaine avec son oncle Jeannart, dans laquelle il n'est question que

d'affaires [1], et où le poëte s'applique fort cons-
ciencieusement, et non sans succès, à se montrer ennuyeux afin de donner une bonne opinion
de lui à son respectable parent. Il est trop tard
maintenant pour que nous puissions donner suite
à ce projet, mais il est facile au lecteur de le
réaliser, et nous nous permettrons de l'y engager : qu'il lise alternativement lettres et poésies
d'après leurs dates, et il sera surpris de la
lumière inattendue que cette façon si simple
d'étudier répand sur l'histoire littéraire du temps,
et surtout sur la biographie de La Fontaine.

Le seul inconvénient de ce classement chronologique, qui présente d'ailleurs tant d'avan-
tages, est de n'être jamais rigoureusement défi-
nitif, et de ne fournir qu'une approximation toujours susceptible de perfectionnements.

J'ai, dès aujourd'hui, l'occasion d'ajouter à
ce sincère aveu une preuve assez curieuse de
ce que j'avance.

En racontant la querelle de La Fontaine et de
Lully, Walckenaer lui a donné pour origine le refus
fait par le célèbre compositeur de jouer l'opéra
de *Daphné*, auquel il passe pour avoir préféré la
Proserpine de Quinault, représentée le 3 février
1680. Les deux opuscules que La Fontaine
écrivit à ce sujet étaient malheureusement déjà
placés au rang que leur assignait cette date et
imprimés dans ce volume, quand je trouvai un
témoignage qui prouvait que l'épître *A Madame
de Thiange* était, de plusieurs années, antérieure
à cette époque.

1. T. III, p. 279-288.

Bussy Rabutin dit au Père Bouhours le
26 février 1675 : « Je uiens de receuoir uotre
lettre du 6ᵉ de ce mois, Mon Reuerend Pere,
auec celle de la Fontaine a madame de Tianges,
cette lettre est comme tout ce qu'il fait, d'un
caractere aisé et naturel, cependant j'ayme mieux
ses Contes ¹. » On voit que l'épître à Mᵐᵉ de
Tiange était déjà écrite; mais elle devait avoir
été composée fort récemment, puisque les gens
le plus au courant des nouvelles littéraires se la
communiquaient comme une nouveauté.

Au moment où je recueillais tardivement ce
curieux témoignage négligé par les biographes
et les éditeurs de La Fontaine, M. Edouard
Fournier en découvrait un autre qui le précisait
en le complétant. Il trouvait à l'Arsenal, dans
les manuscrits de Trallage, une copie de la
satire du *Florentin*, datée d'octobre 1674 ². Il
résulte de tout ceci qu'il faut reculer jusqu'à 1674
la date de l'opéra de *Daphné*, considéré jusqu'ici
comme étant de 1679; que, par conséquent, la
pièce de Quinault, préférée à *Daphné*, n'est pas
Proserpine, mais *Alceste* représenté en avril
1674; qu'on doit placer la satire du Florentin
au mois d'octobre de la même année 1674;
enfin que La Fontaine, dont la colère fut longue
à apaiser, n'écrivit que dans les premiers mois
de l'année suivante sa lettre *à Madame de Thiange.*

1. Cette lettre est la 805ᵉ de l'excellente édition de M. L.
Lalanne. Nous en avons vérifié le texte sur le ms. 24,
422 du fonds français de la Bibliothèque nationale.
2. *Vie de La Fontaine*, p. xxxv, note 2. En tête d'une
édition de ses *Œuvres* qui a paru à la fin de l'année dernière.

L'*Epître à M. de Niert,* qui demeure à sa place
en 1677, constate que le ressentiment de La
Fontaine était loin d'être tout-à-fait éteint à cette
date, et ce sont seulement les dédicaces d'*Amadis*
et de *Rolland* qui témoignent de la réconciliation
définitive du poëte et du musicien.

On trouvera, à leur date, dans ce volume,
plusieurs pièces qui ne sont point contenues
dans les éditions précédentes; les raisons qui
nous les ont fait admettre sont indiquées en
note, nous n'avons donc pas à en parler ici.

Nous n'avons pas hésité à faire figurer dans
les œuvres du poëte la traduction en vers français,
qu'il fit dans les derniers temps de sa vie,
des vers latins à la gloire du roi, que le baron
de Worden avait composés pour une salle du
château de Glatigny. Par malheur, nous n'avons
pas les inscriptions du même genre, mais probablement
meilleures, qu'il avait écrites, dans
toute la force de l'âge, pour la galerie de Fouquet
à Saint-Mandé. L'abbé de Marolles, qui
nous en a conservé le souvenir [1], ne nous en a,
par malheur, laissé aucun extrait, mais il n'est
pas impossible qu'on en découvre quelque jour
une copie.

Nous avons cru intéressant de faire, en dehors
des œuvres, dans un *appendice* qui renferme,
assurément, nous sommes les premiers à le déclarer,
bien peu de vers de La Fontaine, une
place étendue à beaucoup de pièces qui lui ont
été trop légèrement attribuées, mais que le lecteur
ne sera peut-être pas fâché de trouver réu-

1. *Mémoires*, t. I, p. 278, 285.

nies et classées. Il nous a paru surtout intéressant de réimprimer un certain nombre de fables,
qui, publiées dès 1704 sous le nom de La Fontaine et complètement oubliées depuis, paraissent
être la source suspecte à laquelle Simien Despréaux a puisé ses prétendues découvertes.

Nos vingt-trois pages d'*additions* seraient un
terrible errata si l'on n'y trouvait que des fautes,
mais elles en renferment fort peu; elles contiennent surtout des variantes, que j'avais d'abord
négligées et auxquelles j'ai cru utile de revenir,
et des rapprochements que j'ai eu occasion de
recueillir depuis l'époque déjà éloignée où j'ai
commencé cette édition. Quant à la table des
noms propres, je l'ai faite aussi complète que je
l'ai pu, y insérant les noms forgés et fictifs aussi
bien que les noms réels, et donnant une large
place aux expressions familières, aux locutions
proverbiales tirées des noms de personnes ou
des noms de lieux. Le prochain volume, le dernier, renfermera des documents biographiques
sur La Fontaine, une *Etude* sur sa langue, et un
Lexique. J'avoue qu'il n'est pas encore tout-à-
fait prêt, et je réclame des lecteurs un petit supplément à la longue patience qu'ils m'ont accor-
dée jusqu'ici et dont je suis profondément recon-
naissant.

Ch. MARTY-LAVEAUX.

POËSIES DIVERSES.

1657-1695.

POËSIES DIVERSES.

I.

LETTRE

A M. D. C. A. D. M. [1]

Tres-reverente Mere en Dieu,
  Qui reverente n'estes guere,
  Et qui moins encore estes mere,
  On vous adore en certain lieu,

1. Les pièces I-III ont paru pour la première fois dans les *Fables nouvelles et autres poësies*, 1671, pages 86-92. Voyez l'*Avertissement* et la *Dédicace* de ce recueil, tome III, pages 181 et 237 de la présente édition.

Cette épître est intitulée dans les *Œuvres diverses*, 1729, tome I, page 41 : *Lettre à Madame de C. Abbesse de M.* M. Walckenaër explique ainsi ces initiales : « Madame de Coucy, abbesse de Mouzon. » Ses relations avec La Fontaine nous ont été racontées par Tallemant des Réaux dans une *historiette* que nous reproduisons parmi les *documents biographiques* relatifs à notre poëte.

Cette pièce a été écrite en 1657. La date en est déter-

D'où l'on n'ose vous l'aller dire,
Si l'on n'a patente du Sire,
Qui fit attraper Girardin,
Lequel alloit voir son jardin,
Puis le mit à grosse finance :
Les Rocroix gens sans conscience
Me prendroient aussi bien que luy,
Vous allant conter mon ennuy.
J'aurois beau dire à voix soûmise :
Messieurs, cherchez meilleure prise ;
Phœbus n'a point de nourriçon
Qui soit homme à haute rançon ;
Je suis un homme de Champagne,
Qui n'en veux point au Roy d'Espagne ;
Cupidon seul me fait marcher.
Enfin, j'aurois beau les prêcher ;
Montal ne se souciroit guere
De Cupidon ny de sa mere
Pour cet homme en fer tout confit
Passe-port d'Amour ne suffit.
En attendant que Mars m'en donne un, et le sine ;
Mars ou Condé, car c'est tout un,
Comme tout un vous et Cyprine,
Je ne bouge, et j'ay bien la mine
De ne vous pas estre importun.
Vôtre séjour sent un peu trop la poudre ;
Non la poudre à testes friser,
Mais la poudre à testes briser ;
Ce que je crains comme la foudre ;

minée par les événements dont il est question. Montal,
qui commandait dans Rocroy pour l'Espagne, ne cessa de
ravager la Champagne qu'après l'avantage que remporta
le comte de Grandpré en août 1657. On ne sait pas au
juste à quelle époque Girardin fut arrêté, en se rendant de
Paris à Bagnolet, et transporté à Bruxelles ; mais Mathieu
Marais nous apprend que Barbezière, auteur de cet enlève-
ment, fut décapité le 4 octobre 1657.

C'est à dire un peu moins que vous ;
Car tous vos coups
Ne sont pas doux
Comme ils le semblent ;
Le cœur dés l'abord ils nous emblent,
Puis le repos, puis le repas,
Puis ils font tant qu'ils causent le trépas.

Je vis pourtant, à ne vous point mentir ;
Que serviroit de déguiser les choses ?
Mais comment vis-je ! et qu'il nous faut pâtir
Dans vos prisons où l'on fait longues poses !
Noires ne sont, et pourtant sont mieux closes
Qu'aucun Châtel : Quand leans on se voit,
Pleurs, et soûpirs, ce sont boutons de roses,
On n'en sort pas ainsi que l'on voudroit.

Aussi quand on vous fit Abbesse,
Et qu'on renferma vos appas,
Qui fut camus ? c'est le trépas ;
Que les champs libres on leur laisse
Un peu,
Je gage,
Qu'on verra s'ils sortent de cage
Beau jeu :
Dessous la clef on les a mis,
Comme une chose, et rare et dangere use ;
Et pour épargner ses amis,
Le Ciel vous fit jurer d'estre Religieuse.

Comme vos yeux alloient tout embraser,
Il fut conclu par vôtre parentage,
Qu'on vous feroit un Couvent épouser ;
Deux ans aprés se fit le mariage ;
De s'y trouver vôtre bonté fut sage ;
Sans point de faute Hymen en fit autant ;
Mot ne sonnoit, et quant à moy je gage
Que de l'affaire il n'estoit pas content.

Ce mesme jour pour le certain.
Amour se fit Benedictin;
Et sans trop faire la mutine
Venus se fit Benedictine;
Les Ris ne bougeans d'avec vous
Benedictins se firent tous,
Et les Graces qui vous suivirent
Benedictines se rendirent :
Tous les Dieux qu'en Cypre on connoît,
Prirent l'habit de saint Benoît.

Vous vêtir d'or, ce seroit grand dommage;
Puisqu'en habits sans coûts, et sans façon
De triompher vôtre beauté fait rage,
Si qu'à la Cour elle en feroit leçon :
Pardonnez-moy si j'ay quelque soupçon,
Que cet habit dont vous estes vêtuë,
En vous voilant soit receleur d'appas;
N'en est-il point dont il puisse à ma veuë
Se confier? je ne le dirois pas.

II.

POUR

MADAME DE SEVIGNÉ.

*Dixain envoyé à M. F. sur le sujet de la
Lettre précedente[1].*

De Sevigné, depuis deux jours en-çà,
Ma Lettre tient les trois parts de sa
gloire :
Elle luy plût, et cela se passa

1. Voyez ci-dessus, page 3, note 1.

Phœbus tenant chez vous son consistoire.
Entre les Dieux, et c'est chose notoire,
En me loüant Sevigné me plaça :
J'estois alors deux cens mille au de-çà,
Voire encor plus du temple de memoire.
Ingrat ne suis, son nom seroit pieça
De-là le Ciel, si l'on m'en vouloit croire.

III.

A M.* [1]

J e ne m'attendois pas d'estre loüé de vous ;
Cet honneur me surprend, il faut que je
l'avoüe :
Mais de tous les plaisirs le plaisir le plus
doux,
C'est de se voir loüé de ceux que chacun loüe.

IV.

ODE ANACRÉONTIQUE.

A Madame la Sur-Intendante sur ce qu'elle est accouchée, avant terme, dans le carrosse, en revenant de Toulouse [2].

P uis-je ramentevoir l'accident, plein d'ennui,
Dont le bruit en nos cœurs mit tant d'inquiétudes ?
Aurai-je bonne grace à blâmer aujourd'hui
Carrosses en relais, chirurgiens un peu rudes ?

1. Voyez ci-dessus, page 3, note 1.
2. Cette ode, adressée à Marie-Madeleine Castille Villema-

Falloit-il que votre œuvre imparfait fût laissé?
Ne le deviez-vous pas rapporter de Toulouse?
A quoi songeoit l'amour qui l'avoit commencé,
Et sont-ce là des traits de véritable épouse?

Ne quittant qu'avec peine un mari, par trop cher,
Et le voyant partir pour un si long voyage,
Vous le voulûtes suivre, il ne put l'empêcher;
De vos chastes amours vous lui deûtes ce gage.

Dites-nous s'il devoit être fille ou garçon,
Et si c'est d'un Amour, ou si c'est d'une Grace
Que vous avez perdu l'étoffe et la façon,
A quelque autre poupon laissant libre la place?

Pour tous les fruits d'hymen qui sont sur le métier,
Carrosses en relais sont méchante voiture.
Votre poupon, au moins, devoit avoir quartier;
Il étoit digne, hélas! de plus douce aventure.

Vous l'auriez achevé sans qu'il y manquât rien,
De Graces et d'Amours étant bonne ouvrière.
Dieu ne l'a pas voulu peut-être pour un bien,
Aux dépens de nos cœurs il eût vu la lumière.

OLYMPE, assurément vous auriez mis au jour
Quelque subject charmant, et peut-être insensible.
Votre sèxe ou le nôtre en seroit mort d'amour,
Mais nous ne gagnons rien; c'est un sort infaillible.

reuil, seconde femme de Fouquet, a été publiée pour
la première fois en 1811, à la suite de l'*Histoire de la vie
et des ouvrages de La Fontaine*, par Mathieu Marais (in-12,
page 123), par Chardon de la Rochette. Il dit en parlant
de cette pièce, et de celles qui portent dans notre recueil
les nᵒˢ XIV et XXII: « Les feuilles volantes qui les contiennent et qui, par un hazard heureux, sont tombées entre
mes mains, sont précisément celles que Pellisson envoyoit
à Fouquet; elles sont apostillées de sa main et écrites par
un excellent calligraphe. »

Ce miracle ébauché laisse ici frère et sœurs,
Chez vous mâle et femelle il en est une bande :
Un seul étant perdu ne nous rend point nos cœurs ;
De ceux qui sont restés la part sera plus grande.

V.

BALLADE

*Sur le refus que firent les Augustins de prêter
leur Interrogatoire devant Messieurs en* 1658 [1].

Aux Augustins, sans allarmer la Ville,
On fut her soir ; mais le cas n'alla bien.
L'Huissier voyant de cailloux une pile,
Crut qu'ils n'étoient mis là pour aucun
bien :

1. Cette Ballade a paru pour la première fois en 1729 dans les *Œuvres diverses* (tome I, page 10); on lit bien dans le titre *prêter leur interrogatoire*, qui est assez obscur, et que M. Walckenaer, qui du reste a eu sous les yeux une copie manuscrite de Tallemant des Réaux, a changé tour à tour en *passer* puis *porter leur interrogatoire.*

Boileau a fait allusion dans le *Lutrin* au combat des Augustins. Dans le premier chant de ce poème (vers 45-50), la Discorde s'exprime ainsi :

Quoi, dit-Elle, d'un ton qui fit trembler les vitres,
J'aurai pû jusqu'ici brouiller tous les Chapitres,
Diviser Cordeliers, Carmes et Célestins !
J'aurai fait soûtenir un Siege aux Augustins !
Et cette Eglise seule, à mes ordres rebelle,
Nourrira dans son sein une paix éternelle !

et Brossette fait à ce sujet la remarque suivante : « De deux ans en deux ans, les Augustins du grand Couvent de Paris nomment en Chapitre, trois de leur Religieux Bacheliers, pour faire leur Licence en Sorbone. Il y a trois places fondées pour cela. En 1658, le P. Célestin Villiers, Prieur de ce

Très-sage fut, car avec doux maintien,
Il dit : Ouvrez, faut-il tant vous requerre?
Qu'est-ce ceci? Sommes-nous à la guerre?
Messieurs sont seuls, ouvrez, et croyez-moi.
Messieurs, dit l'autre, en ce lieu n'ont que querre,
Les Augustins sont serviteurs du Roi.

Couvent, voulant favoriser quelques Bacheliers, en fit nommer neuf pour les trois Licences suivantes. Ceux qui s'en
virent exclus par cette élection prématurée, se pourvûrent
au Parlement, qui ordonna que l'on feroit une autre nomi-
nation, en présence de Mʳˢ de Catinat et de Saveuse, Conseillers de la Cour; et de Mᵉ Janart, Substitut du Procureur
Général. Les Religieux aïant refusé d'obéïr, la Cour fut
obligée d'emploïer la force pour faire exécuter son Arrêt.
On manda tous les Archers, qui, après avoir investi le
Couvent, essaièrent d'enfoncer les portes. Mais ils n'en
pûrent venir à bout, parce que les Religieux, prévoïant ce
qui devait arriver, les avoient fait murer par derrière, et
avoient fait provision de cailloux, et de toutes sortes d'Armes.
Les Archers tentèrent d'autres voies : les uns montèrent
sur les toits des maisons voisines pour entrer dans le Couvent, tandis que les autres travailloient à faire une ouver-
ture dans la muraille du jardin, du côté de la Ruë
Christine. Les Augustins s'étant mis en défense, sonnèrent
le tocsin, et commencèrent à tirer d'en bas sur les Assiégeans. Ceux-ci postez plus avantageusement qu'eux, et
couverts par les cheminées, tirèrent à leur tour sur les
Moines, dont il y en eut deux de tuez, et autant de
blessez.
» Cependant, la brèche étant faite, les Religieux eurent
la témérité d'y porter le Saint Sacrement, espèrant d'arrêter
par là les Assiégeans. Mais, comme ils virent que cette res-
source étoit inutile, et que l'on ne laissoit pas de tirer sur
eux, ils demandèrent à capituler, et l'on donna des ôtages
de part et d'autre. Le principal article de la capitulation
fut, que les Assiégez auraient la vie sauve, moïennant quoi
ils abandonnèrent la brèche et livrèrent leurs portes. Les
Commissaires du Parlement étant entrez, firent arrêter onze
de ces Religieux, qui furent menez en prison à la Conciergerie. Ce fut le 23. d'Août 1658. veille de St Barthelemi.
Le Cardinal Mazarin, qui n'aimoit pas le Parlement, fit

Dea (répond l'un de Messieurs fort habile,
Conseiller Clerc, et sur-tout bon Chrétien),
Vous êtes troupe en ce monde inutile,
Le Tronc vous perd depuis ne sais combien,
Vous vous battez, faisant un bruit de chien ;
D'où vient cela? Parlez, qu'on ne vous serre :
Car que soyez de Paris ou d'Auxerre,
Il faut subir cette commune loi,
Et n'en déplaise aux suppôts de Saint Pierre,
Les Augustins sont serviteurs du Roi.

Lors un d'entre eux, que ce soit Pierre ou Gille,
Il ne m'en chaut, car le nom n'y fait rien ;
Vraîment, dit-il, voilà bel Evangile,
C'est bien à vous de régler notre bien ;
Que le Tronc serve à l'Autel de soûtien,
Ou qu'on le vuide afin d'emplir le verre,
Le Parlement n'a droit de s'en enquerre,
Et je maintiens, comme article de foi,
Qu'en débridant Matines à grand-erre
Les Augustins sont serviteurs du Roi.

ENVOI.

Sage Héros, ainsi dit Frére Pierre.

mettre les Religieux en liberté, par ordre du Roi, après 27.
jours de prison. Ils furent mis dans les Carrosses du Roi,
et menez en triomphe dans leur Couvent, au milieu des
Gardes Françoises rangées en haie depuis la Conciergerie
jusques aux Augustins. Leurs Confrères allèrent les recevoir
en procession, aïant des palmes à la main. Ils sonnèrent
toutes leurs cloches, et chantèrent le *Te Deum* en actions
de grâces.

» La Fontaine fit à ce sujet une Ballade, dont Mr Despréaux n'avoit retenu que le commencement et la fin. »

Ici Brossette cite les quatre premiers et les trois derniers
vers de la ballade, retenus par Boileau et imprimés dans
cette note pour la première fois avant la publication
complète de la pièce dans les *Œuvres diverses.*

La Cour lui taille un beau pourpoint de pierre;
Et dedans peu me semble que je voi,
Que sur la mer, ainsi que sur la terre,
Les Augustins sont serviteurs du Roi [1].

VI.

SONNET

POUR MAD^{elle} C. [2]

Seve qui peins l'objet dont mon cœur suit la loy,
Son pouvoir sans ton art assez loin peut s'estendre;

1. Dans la copie de Tallemant des Réaux que M. Walckenaer a eue sous les yeux, il y a ici en marge : « Furetière disoit qu'il les falloit tous méttre dans une galère, et l'appeler la galère des Augustins. »

2. Les pièces VI-IX ont paru pour la première fois dans les *Fables nouvelles et autres poësies*, 1671, pages 94-97. Elles y sont précédées d'une lettre d'envoi, que nous avons publiée (tome III, page 288) et à laquelle nous renvoyons le lecteur. Dans les *Œuvres diverses*, 1729, tome II, page 8, le nom de *mademoiselle Colletet* est donné en toutes lettres. Guillaume Colletet, auteur des *Vies des poëtes françois*, dont le manuscrit a été détruit dans l'incendie de la Bibliothèque du Louvre, avait épousé successivement trois servantes. Claudine le Nain, la dernière, avait une grande réputation de beauté et d'esprit. Elle lisait souvent comme siens des vers qui, au dire de Ménage, étaient de son mari : « Il mourut avant elle (le 10 février 1659) : mais peu de tems avant sa mort, afin de couvrir la chose, il fit sept vers sous le nom de la même Claudine, qui sont très beaux, par lesquels elle protestoit qu'après la mort de son Epoux elle renonçoit à la Poësie :

Le cœur gros de soupirs, les yeux noyez de larmes,
Plus triste que la mort, dont je sens les allarmes,

Laisse en paix l'Univers, ne luy va point apprendre
Ce qu'il faut ignorer si l'on veut estre à soy.

Aussi bien manque-t-il icy je ne sçais quoy
Que tu ne peus tracer, ny moy te faire entendre ;
J'en conserve les traits qui n'ont rien que de tendre ;
Amour les a formez plus grand peintre que toy.

Par d'inutiles soins pour moy tu te surpasses ;
Clarice est en mon ame avec toutes ses graces ;
Je m'en fais des Tableaux où tu n'as point de part :

Pour me faire sans cesse adorer cette Belle,
Il n'estoit pas besoin des efforts de ton art,
Mon cœur sans ce Portrait se souvient assez d'elle.

VII.

MADRIGAL

Pour la mesme.

Damon voyant Clarice peinte,
Soudain en ressentit l'atteinte ;
Il s'écria dans ce moment :
Est-il une beauté sur les cœurs plus
Pendant que Clarice est absente,   [puissante?
Son Portrait luy fait un Amant.

Jusques dans le tombeau je vous suy, cher espoux.
Comme je vous aimay d'une amour sans seconde,
Et que je vous louay d'un langage assez doux,
Pour ne plus rien aimer, ny rien loüer au monde,
J'ensevélis mon cœur et ma plume avec vous.

(*Menagiana*, tome II, pages 83–85. Voyez aussi les *Historiettes de Tallemant des Réaux*, 3ᵉ édit. Tome III, pages 106–116.)

VIII.

POUR LA MESME.

Une Muse parle.

Recevez de nos mains cette illustre cou-
ronne,
Dont l'éclat immortel a des charmes si
doux;
Nous n'avons encor veu personne
Qui la meritast mieux que vous.
Vos vers sont d'un tel prix que rien ne les surpasse;
Ce mont en retentit de l'un à l'autre bout;
Vous sçaurez regner au Parnasse,
Qui regne sur les cœurs sçait bien regner par tout.

IX.

CONTRE LA MESME,

*Qui faisoit des vers pendant le vivant de son
Mary, et qui n'en fit plus aprés sa mort.*

Les Oracles ont cessé;
Colletet est trépassé.

Dés qu'il eut la bouche close,
Sa femme ne dit plus rien ;
Elle enterra Vers et Prose
Avec le pauvre Chrestien.

En cela je plains son zele ;
Et ne sçais au pardessus,
Si les Graces sont chez-elle,
Mais les Muses n'y sont plus.

Sans gloser sur le mystere
Des Madrigaux qu'elle a faits,
Ne luy parlons désormais
Qu'en la langue de sa mere.

Les Oracles ont cessé,
Colletet est trépassé.

X.

*M.... ayant dit que je luy devois donner pension
pour le soin qu'il prenoit de faire valoir mes
Vers, j'envoyay quelque temps aprés cette
Lettre-cy à M.* [1]

Je vous l'avouë, et c'est la verité,
Que Monseigneur n'a que trop merité
La pension qu'il veut que je luy donne;
En bonne foy je ne sçache personne
A qui Phœbus s'engageât aujourd'huy
De la donner plus volontiers qu'à luy.
Son souvenir qui me comble de joye
Sera payé tout en belle monnoye,
De Madrigaux, d'ouvrages ayant cours;
(Cela s'entend sans manquer de deux jours

1. Cette pièce a été publiée par La Fontaine en 1685 dans les *Ouvrages de prose et de poësie des s^{rs} de Maucroix, et de La Fontaine* (tome I, page 99). Dans les *Œuvres diverses* (tome I, page 19) le premier espace blanc est rempli par le nom de Fouquet. Cette épître ne semble pas écrite, comme le prétend M. Walckenaer, pour Pellisson, dont il y est question à la troisième personne. Le plus probable est que, comme la ballade portant le n° XIII, elle est adressée à Mme Fouquet, ainsi que le dit du reste Mathieu Marais, qui la place au commencement de 1659.

Aux termes pris, ainsi que je l'espere;)
Cette monnoye est sans doute legere,
Et maintenant peu la sçavent priser;
Mais c'est un fonds qu'on ne peut épuiser.
Plût aux Destins, amis de cet Empire,
Que de l'Epargne on en pût autant dire!
J'offre ce fonds avec affection:
Car aprés tout, quelle autre pension
Aux Demi-dieux pourroit être assinée?
Pour acquiter celle-cy chaque année,
Il me faudra quatre termes égaux;
A la saint Jean je promets Madrigaux,
Courts et troussez, et de taille mignonne;
Longue lecture en esté n'est pas bonne.
Le chef d'Octobre aura son tour aprés,
Ma Muse alors prétend se mettre en frais;
Nôtre Heros, si le beau temps ne change,
De menus vers aura pleine vendange.
Ne dites point que c'est menu present;
Car menus vers sont en vogue à présent.
Vienne l'an neuf, Balade est destinée;
Qui rit ce jour, il rit toute l'année.
Or la Balade a cela, ce dit-on,
Qu'elle fait rire, ou ne vaut un bouton.
Pasque jour saint, veut autre Poësie;
J'envoyeray lors, si Dieu me prête vie,
Pour achever toute la pension,
Quelque Sonnet plein de devotion.
Ce terme-là pourroit être le pire;
On me void peu sur tels sujets écrire:
Mais tout au moins je seray diligent,
Et si j'y manque envoyez un Sergent,
Faites saisir sans aucune remise
Stances, Rondeaux, et vers de toute guise:
Ce sont nos biens, les doctes Nourrissons
N'amassent rien, si ce n'est des Chansons.
Ne pouvant donc presenter autre chose,
Qu'à son plaisir le Heros en dispose:

Vous luy direz qu'un peu de son esprit
Me viendroit bien pour polir chaque écrit.
Quoy qu'il en soit, je me fais fort de quatre;
Et je prétends, sans un seul en rabatre,
Qu'au bout de l'an le compte y soit entier;
Deux en six mois, un par chacun quartier.
Pour seureté, j'oblige par promesse
Le bien que j'ay sur le bord du Permesse.
Même au besoin nôtre ami Pelisson
Me pleigera d'un couplet de Chanson,
Chanson de luy tient lieu de longue Epître,
Car il en est sur un autre Chapitre;
Bien nous en prend; nul de nous n'est fâché
Qu'il soit ailleurs jour et nuit empêché.
A mon égard je juge necessaire
De n'avoir plus sur les bras qu'une affaire;
C'est celle-cy : j'ay donc intention
De retrancher toute autre pension :
Celle d'Iris même, c'est tout vous dire;
Elle aura beau me conjurer d'écrire,
En luy payant pour ses menus plaisirs
Par an trois cens soixante et cinq soûpirs;
(C'est un par jour, la somme est assez grande)
Je n'entends point aprés qu'elle demande
Lettre ny vers, protestant de bon cœur
Que tout sera gardé pour Monseigneur.

XI.

ÉPITAPHE D'UN PARESSEUX[1].

ean s'en alla comme il estoit venu,
Mangea le fonds avec[2] le revenu,
Tint les tresors[3] chose peu necessaire;
Quant à son temps, bien le sceut dis-
penser;

1. La Fontaine a publié cette épitaphe et la suivante en

La Font. V. 2

Deux parts en fit, dont il souloit passer
L'une à dormir, et l'autre à ne rien faire.

XII.

AUTRE ÉPITAPHE.

D'UN GRAND PARLEUR[1].

Sous ce tombeau pour toûjours dort,
Paul qui toûjours contoit merveilles :
Loüange à Dieu, repos au mort,
Et paix en terre à nos oreilles.

1671, à la page 99 des *Fables nouvelles et autres poësies.*
Nous les plaçons ici à cause de cette note autographe de
Pellisson placée au bas de l'épître précédente : « Je ne
fais pas difficulté d'ajouter à cette lettre, que M. de
La Fontaine m'a envoyée, un tableau qu'il fit de la vie
d'un de ses proches, au lieu d'épitaphe, le jour de sa
mort, et une épigramme de six vers que j'ai trouvée assez
belle, et parfaitement bien appliquée au sujet, qui convient
à un paresseux. » (*Histoire de la vie et des ouvrages de La
Fontaine,* par Mathieu Marais, page 24.)
    L'épitaphe d'un paresseux est reproduite par Chardon de
la Rochette, à la suite de cette note ; quant à l'autre, qu'il
ne donne pas, c'est *l'épitaphe d'un grand parleur,* qui
suit immédiatement celle d'un paresseux dans les *Fables
nouvelles* de 1671. *L'épitaphe d'un paresseux* a été réimprimée en 1729, dans les *Poësies diverses,* sous ce
titre : *Epitaphe de M. de La Fontaine, faite par lui-même.*
    2. *Après,* dans le texte de la copie annotée par Pellis-
son.
    3. *Le travail,* dans le texte de Pellisson.
    1. Voyez la note 1 de la pièce précédente.

XIII.

BALADE

Pour le premier Terme.

A MADAME...[1]

Comme je vois Monseigneur vôtre Epoux,
Moins de loisir qu'homme qui soit en
France,
Au lieu de luy, puis-je payer à vous?
Seroit-ce assez d'avoir vôtre quittance?
Oüy? je le crois; rien ne tient en balance
Sur ce point-là mon esprit soucieux.
Je voudrois bien faire un don precieux :
Mais si mes vers ont l'honneur de vous plaire,
Sur ce papier promenez vos beaux yeux;
En puissiez-vous dans cent ans autant faire!

Je viens de ...[2] sçachant bien que sur tous
Les Muses font en ce lieu residence,
Si leur ay dit, en ployant les genoux,
Mes vers voudroient faire la reverence
A deux soleils de vôtre connoissance,

1. La Fontaine a publié cette ballade pour la première fois en 1685, dans les *Ouvrages de prose et de poësie des* s^{rs} *de Maucroix, et de La Fontaine* (t. I, page 105).
Dans les *Œuvres diverses* (tome I, page 23), le titre est ainsi complété : *A madame la Sur-Intendante.*
C'est le premier terme de la pension poëtique annoncée dans la pièce X.
2. Ce blanc est rempli dans les *Œuvres diverses* par le nom de *Vaux.*

Qui sont plus beaux, plus clairs, plus radieux,
Que celuy-là qui loge dans les Cieux;
Partant vous faut agir dans cette affaire,
Non par acquit, mais de tout vôtre mieux.
En puissiez-vous dans cent ans autant faire!

L'une des neuf m'a dit d'un ton fort doux,
(Et c'est Clio, j'en ay quelque croyance;)
Esperez bien de ces yeux et de nous.
J'ay crû la Muse; et sur cette assurance
J'ay fait ces vers, tout remply d'esperance.
Commandez donc en termes gracieux
Que sans tarder, d'un soin officieux,
Celuy des Ris, qu'avez pour Secretaire
M'en expedie un acquit glorieux [1] :
En puissiez-vous dans cent ans autant faire!

[1]. Non-seulement Pellisson fit en son nom l'acquit que La Fontaine demandait, mais il lui en adressa un second au nom de la Sur-Intendante. Ces deux pièces publiées pour la première fois par Chardon de la Rochette en 1811, à la suite de l'*Histoire de la vie et des ouvrages de La Fontaine*, par Mathieu Marais (page 125), y sont précédées de ce petit avertissement :

« A la suite des feuilles volantes qui m'ont fourni les trois pièces que je viens de communiquer au lecteur (voyez ci-dessus, p. 8, note), je trouve, de la main de Pellisson, les pièces suivantes qui accompagnoient probablement l'une de celles que La Fontaine envoyoit à chaque trimestre au Sur-Intendant Fouquet pour lui tenir lieu de quittance de la pension qu'il lui faisoit:»

Je n'ai pas gardé la quittance, parce que je n'ai pas cru qu'elle le valût. Mais si je m'en souviens elle étoit à-peu-près telle :

QUITTANCE PUBLIQUE.

Par devant moi, sur Parnasse Notaire,
Se présenta la Reine des beautés,
Et des vertus le parfait exemplaire,
Qui lut ces vers, puis les ayant comptés,
Pesés, revus, approuvés et vantés,
Pour le passé voulut s'en satisfaire ;

ENVOY.

Reyne des cœurs, objet delicieux,
Que suit l'Enfant qn'on adore en des lieux
Nommez Paphos, Amatonte et Cytere,
Vous qui charmez les hommes et les Dieux;
En puissiez-vous dans cent ans autant faire!

XIV.

*Comme j'étois sur le point d'envoyer le terme de
la Saint-Jean l'on m'a mandé que M. de Mézière
s'en venoit à Vaux en diligence, et que Madame
la Maréchalle d'Aumont y devoit aussi amener
Mademoiselle sa fille; que là, ils s'épouseroient
aussitôt et que ce mariage avoit été conclu si
soudainement que les parties ne se doutoient
quasi pas du sujet de leur voyage. J'aurois
bien voulu pouvoir témoigner, par quelque
chose de poli, le zèle que j'ai pour les deux
familles; mais j'ai cru que l'épithalame ne
devoit pas être plus prémédité que l'hymenée, et*

Se réservant le tribut ordinaire,
Pour l'avenir aux termes arrêtés.
Muses de Vaux et vous leur secrétaire,
Voilà l'acquit tel que vous souhaitez,
En puissiez-vous dans cent ans autant faire.

QUITTANCE, SOUS SEING PRIVÉ
(DE LA SUR-INTENDANTE).

De mes deux yeux, ou de mes deux soleils
J'ai lu vos vers qu'on trouve sans pareils,
Et qui n'ont rien qui ne me doive plaire,
Je vous tiens quitte et promets vous fournir
De quoi par tout vous le faire tenir,
Pour le passé, mais non pour l'avenir.
En puissiez-vous dans cent ans autant faire !

qu'il falloit que tout se sentît de la soudaineté
avec laquelle Monseigneur le Sur-Intendant
entreprend et exécute la pluspart des choses. Je
me suis donc contenté d'ajouter au terme ce
Madrigal[1] :

Belle d'AUMONT et vous MÉZIÈRE,
Quand je regarde la manière
Dont vous vous mariez, l'un venant
 de la Cour,
Et l'autre de Paris, ou bien de la frontière,
J'appelle votre hymen un impromptu d'amour.
 Avec le temps vous en ferez bien d'autres,
Et nous en pourrons voir dans neuf mois, plus un jour,
Un de votre façon qui vaudra tous les nôtres.

XV.

On me donna pour sujet de la Balade du second
terme l'imitation du Rondeau de Voiture Ma
foy c'est fait.

BALADE.

A M^r...[2]

Trois fois dix vers, et puis cinq d'ajoûtez,
Sans point d'abus c'est ma tâche com-
  plete;
Mais le mal est qu'ils ne sont pas
comptez;

1. Publié pour la première fois par Chardon de la
Rochette, en 1811, à la suite de l'*Histoire de la vie et des
ouvrages de La Fontaine*, par Mathieu Marais (page 125).
Voyez ci-dessus, page 8, note.
 2. Cette ballade, envoyée à Fouquet en 1659, a été publiée
par La Fontaine, en 1685, dans les *Ouvrages de prose et*

Par quelque bout il faut que je m'y mette :
Puis que jamais Balade je promette,
Dussay-je entrer au fin fonds d'une tour,
Nenny ma foy, car je suis déja court ;
Si que je crains que n'ayez rien du nôtre.
Quand il s'agit de mettre un œuvre au jour,
Promettre est un, et tenir est un autre.

Sur ce refrein, de grace, permettez
Que je vous conte en vers une sornette.
Colin venant des Universitez
Promit un jour cent francs à Guillemette ;
De quatre-vingt il trompa la fillette,
Qui de dépit luy dit pour faire court :
Vous y viendrez cuire dans nôtre four,
Colin répond, faisant le bon Apôtre :
Ne vous fâchez, belle, car, en amour,
Promettre est un, et tenir est un autre.

Sans y penser j'ay vingt vers ajustez,
Et la besogne est plus d'à demi-faite.
Cherchons-en treize encor de tous côtez,
Puis ma Balade est entiere et parfaite.
Pour faire tant que l'ayez toute nette,
Je suis en eau, tant que j'ay l'esprit lourd,
Et n'ay rien fait si par quelque bon tour
Je ne fabrique encore un vers en ôtre,
Car vous pourriez me dire à vôtre tour,
Promettre est un, et tenir est un autre.

ENVOY.

O vous l'honneur de ce mortel sejour,
Ce n'est pas d'huy que ce proverbe court,
On ne l'a fait de mon temps ny du vôtre ;
Trop bien sçavez qu'en langage de Cour
Promettre est un, et tenir est un autre.

de poësie des s^rs de *Maucroix*, et de *La Fontaine* (tome I,
page 109).

XVI.

A M. LE SUR-INTENDANT.

Epître [1].

Dussai-je une fois vous déplaire,
Seigneur, je ne me saurois taire.
Celui qui plein d'affection
Vous promet une pension,
Bien payable et bien assinée [2]
A tous les quartiers de l'année ;
Qui, pour tenir ce qu'il promet,
Va souvent au sacré Sommet,
Et n'épargnant aucune peine,
Y dort après tout d'une haleine
Huit ou dix heures règlément,
Pour l'amour de vous seulement,
J'entens à la bonne mesure,
Et de cela je vous assûre,
Celui-là, dis-je, a contre vous
Un juste sujet de couroux.
L'autre jour étant en affaire,
Et le jugeant peu nécessaire,
Vous ne daignates recevoir
Le tribut qu'il croit vous devoir
D'une profonde révérence.
Il fallut prendre patience,
Attendre une heure, et puis partir :
J'eus le cœur gros, sans vous mentir,

1. Publiée pour la première fois dans les *Œuvres diverses* (t. I, page 33). Mathieu Marais place cette pièce sous l'année 1659.

2. Les *Œuvres diverses* portent : *assignée;* mais il est certain que La Fontaine avait écrit *assinée.* Voyez page 4 vers 21, et page 16 vers 9.

Un demi jour, pas davantage :
Car enfin ce seroit dommage,
Que prenant trop mon intérêt,
Vous en creussiez plus qu'il n'en est.
Comme on ne doit tromper personne,
Et que votre ame est tendre et bonne,
Vous m'iriez plaindre un peu trop fort,
Si vous mandant mon déconfort,
Je ne contois au vrai l'histoire ;
Peut-être même iriez-vous croire
Que je souhaite le trépas
Cent fois le jour, ce qui n'est pas.
Je me console, et vous excuse ;
Car après tout on en abuse ;
On se bat à qui vous aura.
Je croi qu'il vous arrivera
Choses, dont aux courts jours se plaignent
Moines d'Orbès, et sur-tout craignent,
C'est qu'à la fin vous n'aurez pas
Loisir de prendre vos repas.
Le Roi, l'Etat, votre Patrie,
Partagent toute votre vie ;
Rien n'est pour vous, tout est pour eux.
Bon Dieu ! que l'on est malheureux
Quand on est si grand personnage !
Seigneur, vous êtes bon et sage,
Et je serois trop familier,
Si je faisois le Conseiller.
A joüir pourtant de vous même
Vous auriez un plaisir extrême,
Renvoyez donc en certains temps
Tous les Traitez, tous les Traitans,
Les Requêtes, les Ordonnances,
Le Parlement et les Finances,
Le vain murmure des Frondeurs,
Mais plus que tout les demandeurs,
La Cour, la Paix, le Mariage,
Et la dépense du voyage,

Qui rend nos coffres épuisez,
Et nos Guerriers les bras croisez.
Renvoyez, dis-je, cette troupe,
Qu'on ne vit jamais sur la croupe
Du mont, où les savantes Sœurs
Tiennent boutique de douceurs.
Mais que pour les amans des Muses
Votre Suisse n'ait point d'excuses,
Et moins pour moi que pour pas un,
Je ne serai pas importun.
Je prendrai votre heure et la mienne.
Si je vois qu'on vous entretienne,
J'attendrai fort paisiblement
En ce superbe appartement
Où l'on a fait d'étrange terre,
Depuis peu venir à grand-erre
(Non sans travail et quelques frais)
Des Rois Céphrim et Kiopes
Le cercueil, la tombe ou la biere :
Pour les Rois ils sont en poussiere.
C'est là que j'en voulois venir.
Il me fallut entretenir
Avec ces monumens antiques,
Pendant qu'aux affaires publiques
Vous donniez tout votre loisir.
Certes j'y pris un grand plaisir.
Vous semble-t-il pas que l'image
D'un assez galant personnage
Sert à ces tombeaux d'ornement?
Pour vous en parler franchement,
Je ne puis m'empêcher d'en rire.
Messire Orus, (me mis-je à dire,)
Vous nous rendez tous ébahis :
Les enfans de votre pays
Ont, ce me semble, des bavettes,
Que je trouve plaisamment faites.
On m'eût expliqué tout cela,
Mais il fallut partir de là

Sans entendre l'allégorie.
Je quittai donc la galerie,
Fort content parmi mon chagrin,
De Kiopès et de Céphrim,
D'Orus et de tout son lignage,
Et de maint autre personnage.
Puissent ceux d'Egypte en ces lieux,
Fussent-ils Rois, fussent-ils Dieux,
Sans violence et sans contrainte,
Se reposer dessus leur plainte [1],
Jusques au bout du genre humain !
Ils ont fait assez de chemin
Pour des personnes de leur taille.
Et vous, Seigneur, pour qui travaille
Le temps qui peut tout consumer,
Vous, que s'efforce de charmer
L'Antiquité qu'on idolâtre,
Pour qui le Dieu de Cléopâtre
Sous nos murs enfin abordé,
Vient de Memphis à Saint-Mandé :
Puissiez-vous voir ces belles choses
Pendant mille moissons de roses.
Mille moissons, c'est un peu trop :
Car nos ans s'en vont au galop,
Jamais à petites journées.
Hélas ! les belles destinées
Ne devroient aller que le pas.
Mais quoi ! le Ciel ne le veut pas.
Toute ame illustre s'en console ;
Et, pendant que l'âge s'envole,
Tâche d'acquerir un renom,
Qui fait encore vivre le nom,
Quand le Heros n'est plus que cendre.
Témoin celui qu'eut Alexandre,
Et celui du fils d'Osiris,
Qui va revivre dans Paris.

---

1. *Plinthe*. Richelet et Furetière écrivent *plinte*.

XVII.

BALADE A M. F.

Pour le Pont de Château-Thierry [1].

Dans cet écrit nôtre pauvre Cité
Par moy, Seigneur, humblement vous supplie,
Disant, qu'aprés le penultiéme Esté
L'Hyver survint avec grande furie;
Monceaux de neige, et gros randons de pluye,
Dont maint ruisseau croissant subitement
Traita nos Ponts bien peu courtoisement :
Si vous voulez qu'on les puisse refaire,
De bons moyens j'en sçais certainement;
L'argent sur tout est chose necessaire.

Or d'en avoir, c'est la difficulté;
La Ville en est dés long-temps dégarnie :
Qu'y feroit-on? vice n'est pauvreté:
Mais cependant, si l'on n'y remedie,
Chaussée et Pont s'en vont à la voirie.
Depuis dix ans, nous ne sçavons comment,
La Marne fait des siennes tellement,
Que c'est pitié de la voir en colere.
Pour s'opposer à son débordement,
L'argent sur tout est chose necessaire.

1. Cette ballade a été publiée par La Fontaine en 1671, dans les *Fables nouvelles et autres poësies* (page 103). Le titre de la réimpression faite en 1729 dans les *Œuvres diverses* (tome I, page 48), porte le nom de Fouquet en toutes lettres. Mathieu Marais a donné à cette pièce la date de 1659.

Si demandez combien en verité
L'œuvre en requiert, tant que soit accomplie;
Dix mille écus en argent bien compté,
C'est justement ce dequoy l'on vous prie :
Mais que le Prince en donne une partie;
Le tout, s'il veut, j'ay bon consentement
De l'agréer sans craindre aucunement.
S'il ne le veut, afin d'y satisfaire
Aux Echevins on dira franchement,
L'argent sur tout est chose necessaire.

ENVOY.

Pour ce vous plaise ordonner promptement
Nous estre fait du fonds suffisamment;
Car vous sçavez, Seigneur, qu'en toute affaire
Procés, negoce, hymen, ou bâtiment,
L'argent sur tout est chose necessaire.

XVIII.

*Sur la Paix des Pyrénées et le Mariage du Roy.
Sujet donné pour le troisiéme Terme.*

BALADE[1].

ame Bellone, ayant plié bagage,
Est en Suede avec Mars son Amant :
Laissons-les là, ce n'est pas grand
dommage;
Tout bon François s'en console aisément,

1. Cette pièce a été publiée en 1685 avec le titre qu'elle a ici, dans les *Ouvrages de prose et de poësie des Srs de Maucroix, et de La Fontaine* (tome I, page 112). Elle avoit déjà paru en 1671, dans les *Fables nouvelles et autres poësies* (page 83), où elle étoit intitulée simplement : *Balade pour la Reine.*

Jà n'en battray ma femme assurément.
Car que me chaud si le Nord s'entre-pille [1],
Et si Bellone est mal avec la Cour?
J'ayme mieux voir Venus et sa famille,
Les Jeux, les Ris, les Graces et l'Amour.

Le seul espoir restoit pour tout potage;
Nous en vivions, encor bien maigrement;
Lorsqu'en Traitez Jules ayant fait rage
A chassé Mars ce mauvais garnement.
Avecque nous, si l'almanac ne ment,
Les Castillans n'auront plus de castille;
Mesme au Printemps on doit de leur sejour
Nous envoyer avec certaine fille,
Les Jeux, les Ris, les Graces et l'Amour.

On sçait qu'elle est d'un tres-puissant lignage,
Pleine d'esprit, d'un entretien charmant,
Prudente, accorte, et sur tout belle et sage;
Et l'Empereur y pense aucunement :
Mais ce n'est pas un morceau d'Allemant,
Car en attraits sa personne fourmille;
Et ce jeune Astre, aussi beau que le jour,
A pour sa dot, outre un métail qui brille,
Les Jeux, les Ris, les Graces et l'Amour.

ENVOY.

Prince amoureux de Dame si gentille,
Si tu veux faire à la France un bon tour,
Avec l'Infante enleve à la Castille
Les Jeux, les Ris, les Graces et l'Amour.

---

[1].   Car que me chaut si le Danois on pille.
                          (*Fables nouvelles*, 1671.)

XIX.

POUR LA REINE

En suite de la Balade précédente [1].

Ils sont partis, les Jeux, les Ris, les
    Graces,
    Nous les verrons au temps que j'ay
    prédit.
Le Dieu d'Amour, qui marche sur leurs traces,
De les compter l'autre jour entreprit :
Le pauvre enfant pensa perdre l'esprit
En calculant, tant la somme estoit haute.
Bon, ce dit-il, nous allons moissonner ;
Car le Climat doit en cœurs foisonner.
Petit Amour, vous comptez sans vôtre hôte ;
Tout l'Univers n'en sçauroit tant donner,
Que nostre Reine en merite sans faute.

---

*Je devois donner des Madrigaux en d'autres
temps, et voicy ce que j'envoyay pour un de
ces Termes.*

XX.

DIXAIN.

A M^e.... [2]

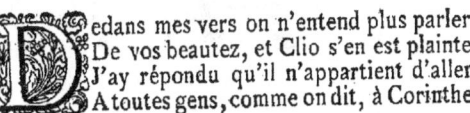

Dedans mes vers on n'entend plus parler.
    De vos beautez, et Clio s'en est plainte.
    J'ay répondu qu'il n'appartient d'aller
    A toutes gens, comme on dit, à Corinthe.

1. Pièce publiée par La Fontaine dans les *Fables nouvelles et autres poësies*, 1671 (p. 85); il ne l'a pas reproduite en 1685 dans les *Ouvrages de prose et de poësie*.
2. Ce *Dixain* et le *Sixain* suivant ont été publiés dans

Par toutes mains qu'aussi vous soyez peinte
C'est un abus, Phœbus sans contredit
Seul y prétend; j'y perdrois mon credit.
Vous me direz, quelle est donc vôtre affaire?
Qu'elle elle est donc? Je l'auray bientôt dit :
C'est d'admirer. Quoy rien plus? et me taire.

XXI.

Pour

LE ROY.

Sixain. [1]

Des que l'heure est venuë Amour parle
     en vainqueur,
Soit de gré, soit de force, il entre dans
     un cœur,
Et veut de nos soûpirs le tribut ou l'offrande;
Alcandre de ce droit s'est long-temps excusé;
Mais par les yeux d'Olimpe Amour le luy demande,
Et jamais à ces yeux on n'a rien refusé.

XXII.

MADRIGAL

POUR LE ROI [2].

Que dites-vous du cœur d'Alcandre,
Qui n'avoit jamais soupiré?
S'il s'est un peu tard déclaré,
Il n'a rien perdu pour attendre.

les *Ouvrages de prose et de poësie des Srs de Maucroix, et de La Fontaine* (tome I, pages 116–118). La première pièce a été réimprimée dans les *Œuvres diverses* (tome I, pages 20) sous ce titre : *Dixain. A Madame la Sur-Intendante.*

1. Voyez la note de la pièce précédente.
2. Cette pièce a été publiée pour la première fois en

*Sur ce que M... souhaittoit un plus grand nombre
de petits ouvrages que celuy qu'il avoit receu;
les deux pieces suivantes luy furent envoyées
pour supplément.*

XXIII.

DIXAIN.

A M...[1]

rois Madrigaux, ce n'est pas vôtre
   compte,
Et c'est le mien; que sert de vous
   flater?

1811, par Chardon de la Rochette, à la suite de l'*Histoire
de la vie et des ouvrages de La Fontaine* (page 124. Voyez
ci-dessus page 8, note). Nous la plaçons ici à cause de
son étroite analogie avec la pièce précédente dont elle
n'est guère qu'une rédaction différente. Nous voyons du
reste par le premier vers du *dixain* suivant :

    Trois Madrigaux, ce n'est pas vôtre compte

que La Fontaine, qui n'a inséré que deux pièces dans les
ouvrages de prose et de poësie, en avait réellement adressé
trois à Fouquet. Peut-être celle-ci était-elle du nombre et
a-t-elle été supprimée précisément en raison de sa trop
grande ressemblance avec celle qui la précédait.

1. Cette pièce et la suivante, adressées à Fouquet, ont
été publiées en 1685, dans les *Ouvrages de prose et de poësie
des Srs de Maucroix et de La Fontaine* (tome I, pages 119
et 121), où elles sont précédées du petit avertissement de
La Fontaine que nous venons de reproduire.

M. Robert a fait lithographier l'autographe de ce *dixain*
dans les *Fables inédites des XIIe, XIIIe et XIVe siècles.*—
Paris, 1825, 8°. Tome I, p. XLII. Il y porte pour titre :
*Epigramme à Monseigneur le Surintendant, qui ne s'estoit
pas contenté de trois madrigaux à la dernière S^t. Jean.*

La Font. V. 3

Dix fois le jour au Parnasse je monte;
Et n'en sçaurois plus de trois ajuster.
Bien vous diray qu'au nombre s'arrêter
N'est pas le mieux, Seigneur, et voicy comme :
Quand ils sont bons, en ce cas tout prud'homme
Les prend au poids au lieu de les compter;
Sont-ils méchans, tant moindre en est la somme
Et tant plûtôt on s'en doit contenter.

XXIV.

ODE

Pour la Paix[1].

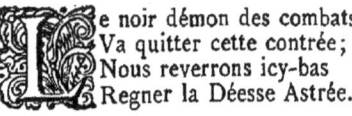e noir démon des combats
Va quitter cette contrée;
Nous reverrons icy-bas
Regner la Déesse Astrée.

La Paix sœur du doux repos,
Et que Jules va conclure,
Fait déja refleurir...
Dont je tire un bon augure[2].

S'il tient ce qu'il a promis,
Et qu'un heureux mariage

1. Voyèz la note précédente. L'auteur parle avant la
conclusion de la paix qui est du 7 novembre 1659.
2. Dans les *Fables nouvelles, et autres poësies* de 1671 où
cette ode a paru pour la première fois (page 80), elle
commence à la seconde strophe qui est ainsi modifiée :

> Quand Jules las de nos maux
> Partit pour la Paix conclure,
> Il alla coucher à Vaux,
> Dont je tire un bon augure.

Rende nos Rois bons amis,
Je ne plains pas son voyage.

Le plus grand de mes souhaits
Est de voir avant les roses,
L'Infante avecque la Paix :
Car ce sont deux belles choses.

O Paix, Infante des Cieux,
Toy que tout heur accompagne,
Vien vîte embellir ces lieux
Avec l'Infante d'Espagne.

Chasse des Soldats gloutons
La troupe fiere et hagarde,
Qui mange tous mes moutons,
Et bat celuy qui les garde.

Délivre ce beau séjour
De leur brutale furie,
Et ne permets qu'à l'Amour
D'entrer dans la Bergerie.

Fay qu'avecque le berger [1]
On puisse voir la Bergere,
Qui coure d'un pied leger,
Qui danse sur la fougere.

Et qui du Berger tremblant
Voyant le peu de courage,
S'endorme, ou fasse semblant
De s'endormir à l'ombrage.

O Paix, source de tout bien,
Viens enrichir cette terre,
Et fay qu'il n'y reste rien
Des images de la guerre.

1. Souffre qu'avec le Berger.
(*Fables nouvelles*, 1671.)

Accorde à nos longs desirs
De plus douces destinées,
Rameine-nous les plaisirs,
Absens depuis tant d'années.

Etoufe tous ces travaux,
Et leurs semences mortelles.
Que les plus grands de nos maux
Soient les rigueurs de nos Belles.

Et que nous passions les jours
Etendus sur l'herbe tendre, –
Prests à conter nos amours
A qui voudra les entendre.

XXV.

Au Roi, et à l'Infante.

MADRIGAL, *en* 1660[1].

Heureux couple d'Amans, race de mille Rois,
Bien que de voir trembler cent peuples sous vos loix
Soit une gloire peu commune,
Vous avouerez pourtant un jour,
Qu'on est mieux couronné par les mains de l'Amour,
Que par celles de la Fortune.

1. Ce madrigal, publié pour la première fois en 1729 dans les *Œuvres diverses* (tome III, page 295), a été probablement écrit vers le 26 août 1660, date de l'entrée de la Reine à Paris. La Fontaine a rendu compte de cette cérémonie dans une lettre mêlée de vers et de prose, adressée d'avance à Fouquet pour le terme d'octobre 1660, et qu'on trouve dans le tome III de la présente édition (page 289).

XXVI.

ÉPIGRAMME

Sur un mot de Scarron qui estoit prés de
mourir [1].

Scarron sentant approcher son trépas,
Dit à la Parque: Attendez, je n'ay pas
Encore fait de tout poinct ma Satyre :
Ah, dit Cloton, vons la ferez là-bas ;
Marchons, marchons, il n'est pas temps de rire.

XXVII.

A Madame la Sur-Intendante, sur la naissance
de son dernier fils à Fontainebleau [2].

Vous avez fait des Poupons le Héros,
Et l'avez fait sur un tres-bon modele.
Il tient déja mille menus propos; [belle:
Sans se méprendre, il rit à la plus
C'est, ce dit-on, la meilleure cervelle
De nourrisson qui soit sous le soleil.

1. Cette épigramme a été publiée en 1671 par La Fontaine dans les *Fables nouvelles, et autres poësies* (page 98). Mathieu Marais fait à l'occasion de cette pièce la remarque suivante qui en explique le titre : « Scarron mourut le 14 d'octobre 1660 : il vouloit, avant de mourir, faire une satire contre le hoquet. »
2. Il s'agit ici du troisième fils de Fouquet, Louis, marquis de Belle-Ile. Cette pièce a paru pour la première fois en 1729, dans les *Œuvres diverses* (tome I, p. 38).

Pour bien tetter il n'a pas son pareil;
Il fait en tout son jugement paroître.
Quelqu'un m'a dit qu'il sera du Conseil,
(Sans y manquer) du Dauphin qui va naître.

Or vous voilà mere de trois Amours [1];
Dieu soit loüé, la Reine de Cythere
N'en a qu'un seul qu'elle monstre toûjours,
Et cet enfant ne va pas sans sa mere :
A se conduire il n'a pas peu d'affaire,
Etant privé de la clarté des cieux;
Mais vos trois fils ont chacun deux beaux yeux,
Deux magasins de lumiere et de flame,
Deux vrais soleils, dont l'éclat radieux
Eblouïra quelque jour plus d'une ame.

De vos aînez d'autres gens ont écrit;
De ce cadet je dirai quelque chose :
C'est un enfant tout sens et tout esprit.
D'un feu de joye au Parnasse il est cause;
A le loüer déja l'on se dispose :
Son nom chanté par cent Auteurs divers,
Sera bientôt le sujet de nos vers,
Et remplira, selon son horoscope,
Tous les échos qui sont dans l'univers :
Pour un tel nom trop petite est l'Europe.

J'ai de mon dire Apollon pour garand.
Voici de plus ce qu'ajoûte Uranie :
Notre Petit doit un jour être Grand.
C'est Jupiter qui réglera sa vie.
Il lui promet des biens dignes d'envie,
De hauts emplois, des honneurs à foison;
Et cet enfant est né dans sa maison,

---

1. La Fontaine avait d'abord écrit *Deux Amours*. Il
signale lui-même cette distraction dans une de ses lettres à
Fouquet (voyez tome III, page 300 de la présente édition
et la note 2 de la même page).

Ce qui présage une grandeur suprême.
Vous voyez bien que la Muse a raison ;
Car Jupiter et Loüis c'est le même.

Dans l'horoscope il est encor parlé
Des qualitez nobles, grandes et belles
Par qui sera cet enfant signalé,
Et dont il a déja des étincelles ;
Je croi qu'en lui la raison a des aîles :
Comme son pere il aimera l'honneur,
Il logera quelque jour dans son cœur
De rares dons une troupe infinie ;
Ce me seroit un insigne bonheur,
Si je logeois en telle compagnie.

XXVIII.

ODE POUR MADAME[1].

Pendant le cours des mal-heurs
Qu'enfante une longue guerre,
L'Olympe émeu de nos pleurs
Voulut consoler la terre :
Il fit naistre la beauté
Qui tient Philippe arresté,
Beauté sur toutes insigne.
D'un present si precieux
Si la terre estoit indigne,
C'est un don digne des Cieux.

1. Publiée par La Fontaine en 1671, dans les *Fables nouvelles, et autres poësies* (page 73). Voyez dans la présente édition (tome III, p. 296) la Lettre en prose et en vers adressée *A M. Fouquet, En lui envoyant l'Ode suivante sur le Mariage de Monsieur, Frère unique du Roi, avec Henriette d'Angleterre, en Mars* 1661. On y apprend, dès les premières lignes, que *lettre* et *ode* ont été envoyées par La Fontaine pour acquitter un terme de sa pension poëtique, celui d'avril 1661.

Des tresors du Firmament
Cette Princesse se pare,
Et les Dieux en la formant,
N'ont rien produit que de rare ;
Ils ont rendu ses appas
L'ornement de nos climats,
Et la gloire de nostre âge.
Le conseil des Immortels
Augmenta par cet ouvrage
Les honneurs de ses Autels.

Elle receut la beauté
De la Reine de Cythere,
De Junon la majesté,
Des Graces le don de plaire ;
L'éclat fut pris du Soleil,
Et l'Aurore au teint vermeil
Donna les levres de roses :
Lorsque d'un mélange heureux
Le Ciel eut uny ces choses,
Il en devint amoureux.

La Tamise sur les bords
Vid briller et disparoistre
Le riche amas des tresors
Qu'à peine elle avoit veus naistre ;
Elle eut honte qu'un objet,
De tant de vœux le sujet,
Cherchast une autre demeure ;
Heureuse si pour toûjours
Le ciel eust à la mesme heure
Cessé d'éclairer son cours.

Les Anglois virent partir
La Princesse et tous ses charmes,
Sans qu'elle pûst consentir
Qu'on la rendist a leurs larmes :
Ces peuples avant ce jour,
Glorieux de son sejour,

Se croyoient seuls dignes d'elle ;
Ils le croyoient vainement,
Car la France est d'une Belle
Le veritable élement.

Bien-tost selon nos desirs
Nous en devinsmes les hostes,
Une troupe de Zephirs
L'accompagna dans nos côtes :
C'est ainsi que vers Paphos
On vit jadis sur les flots
Voguer la fille de l'Onde,
Et les Amours et les Ris
Comme gens d'un autre monde
Estonnerent les esprits.

Telle vint en ce sejour
La merveille que je chante :
Elle creut, et nostre Cour
Reprit sa face riante :
Autant que Mars florissoit,
Amour alors languissoit
Levant à peine les aîles,
L'Astre né chez les Anglois,
A la honte de nos Belles,
Le retablit dans ses droits.

Que de Princes amoureux
Ont brigué son Hymenée ;
Elle a refusé leurs vœux ;
Pour Philippe elle estoit née :
Pour luy seul elle a quitté
Le Portugais indompté [1]
Roy des terres inconnuës,
Le voisin du fier Croissant [2],
Et de nos Alpes chenuës
Le Monarque florissant [3].

1. Alphonse-Henri, roi de Portugal. — 2. L'empereur
d'Autriche. — 3. Charles-Emmanuel, duc de Savoie.

Philippe est un bien si doux,
Que c'est le seul qui l'enflâme;
Sous les Cieux que voyons nous
Qui soit du prix de son ame?
Les heritieres des Rois
Ont souhaité mille fois
D'en faire la destinée;
C'est un plus glorieux sort
Que de se voir couronnée
Reine des sources de l'or.

Mais si son cœur est d'un prix
Pour qui la terre est petite,
L'objet dont il est épris
N'est pas d'un moindre merite;
Si sa beauté le surprit,
Des graces de son esprit
De jour en jour il s'enflâme;
La Princesse tient des Cieux
Du moins autant par son ame
Que par l'éclat de ses yeux.

Ils sont joints ces jeunes cœurs
Qui du Ciel tirent leur race,
Puissent-ils estre vainqueurs
Des ans par qui tout s'efface:
Que de leurs desirs constans
Dure à jamais le printemps,
Remply de jours agreables :
O couple aussi beau qu'heureux,
Vous serez toûjours aimables,
Soyez toûjours amoureux.

Que de vous naisse un Heros
Dont les Palmes immortelles
Ne donnent aucun repos
Aux Nations infidelles ;
Que ce fruit de vos amours

Egale aux herbes leurs tours;
Mette leurs Villes en cendre;
Et puisse un jour l'Univers
Devoir un autre Alexandre
Au Philippe de mes Vers!

XXIX.

ELEGIE

Pour Monsieur Foucquet [1].

Remplissez l'air de cris en [2] vos grottes pro-
fondes;
Pleurez Nymphes de Vaux, faites croistre
vos ondes;

1. Cette pièce a été publiée sous ce titre par La Fontaine dans son *Recueil de Poësies chrestiennes, et diverses,*
1671 (tome III, page 340). Dans les *Fables nouvelles*, où
elle se trouve également, le nom de Fouquet n'est représenté
que par son initiale. L'édition originale imprimée en ita-
lique, sans adresse ni date, en 3 pages in-4°, porte pour
tout titre *Elégie*. La Bibliothèque de l'Arsenal en possède
un exemplaire. Une réimpression fort incorrecte en a été
faite en 1667, dans un *Recueil de quelques pieces nouvelles et galantes tant en Prose qu'en Vers... A Cologne,
chez Pierre du Marteau,* 2 vol. in-12, elle est intitulée :
Pour le malheureux Oronte. Enfin nous devons à l'obligeance
de M. Paul Lacroix la communication d'une copie contenant
un texte fort différent, assez sévère pour Fouquet, et qui
pourrait bien avoir été modifié par un de ses adversaires.
Elle se trouve parmi les manuscrits de l'Arsenal, dans les
Papiers de la famille Arnauld, correspondance privée, tome
III, in-fol. Nous en reproduirons les passages caractéristiques.
Fouquet avait été arrêté à Nantes le 5 septembre
1662, peu de jours après la fête qu'il avait offerte au Roi
à Vaux. (Voyez dans la présente édition *Lettres* XI et XII,
tome III, page 301 et 308.)
2. On lit *et* au lieu d'*en*, dans l'édition originale.

Et que l'Anqueüil* enflé ravage les tresors
Dont les regards de Flore ont embelly ses bors.
On ne blâmera point vos larmes innocentes ;
Vous pouvez donner cours à vos douleurs pressantes ;
Chacun attend de vous ce devoir genereux :
Les destins sont contens, Oronte est malheureux [1].
Vous l'avez vû n'aguere [2] au bord de vos fontaines,
Qui sans craindre du sort les faveurs incertaines,
Plein d'éclat, plein de gloire, adoré des mortels,
Recevoit des honneurs qu'on ne doit qu'aux autels.
Helas qu'il est déchû de ce bonheur suprême !
Que vous le trouveriez different de luy-mesme !
Pour luy les plus beaux jours sont de secondes nuits :
Les soucis devorans, les regrets, les ennuis,
Hostes infortunez de sa triste demeure,
En des gouffres de maux le plongent à toute heure.
Voilà le precipice où l'ont enfin jetté
Les attraits enchanteurs de la prosperité ! [3]

* *L'Anqueüil est une petite riviere qui passe à Vaux.*
(Note de La Fontaine.)

1.   La cabale est contente, Oronte est malheureux.

Dans sa *lettre écrite sous le nom de M. de la Visclède, à M. le Secrétaire perpétuel de l'Académie de Pau*, en 1776, Voltaire cite ainsi ce vers, puis il ajoute : « Il (*La Fontaine*) changea ce mot de *cabale* quand on l'eut fait apercevoir que le grand Colbert servait le roi et l'État avec une équité sévère et n'étoit point cabaleur ; mais La Fontaine l'avoit entendu dire, et il avoit cru bonnement que c'étoit là le mot propre. »
Si le fait est exact, La Fontaine, en faisant ce changement, a plutôt obéi à la prudence qu'à la conviction.
Dans l'édition originale in-4° il y a *malhûreux*, ici et au dernier vers de l'*élégie*.
2. *Reigner* au lieu de *n'aguere*, dans la copie manuscrite.
3. Au lieu de ces deux vers on lit dans la copie manuscrite :

Il se hait de tant vivre apprez un tel malheur,
Et s'il espere encor ce n'est qu'en sa douleur.

Dans les palais des Rois cette plainte est commune;
On n'y connoist que trop les jeux de la fortune,
Ses trompeuses faveurs, ses appas inconstans;
Mais on ne les connoist que quand il n'est plus temps.
Lors que sur cette mer on vogue à pleines voiles,
Qu'on croit avoir pour soy les vents et les étoiles,
Il est bien malaisé de regler ses desirs;
Le plus sage s'endort sur la foy des zephirs.
Jamais un favory ne borne sa carriere;
Il ne regarde point ce qu'il laisse en arriere;
Et tout ce vain amour des grandeurs et du bruit,
Ne le sçauroit quitter qu'aprés l'avoir détruit.
Tant d'exemples fameux que l'histoire en raconte,
Ne suffisoient-ils pas sans la perte d'Oronte?
Ha si ce faux éclat n'eust point fait ses plaisirs!
Si le sejour de Vaux eust borné ses desirs!
Qu'il pouvoit doucement laisser couler son âge!
Vous n'avez pas chez vous ce brillant équipage[1],
Cette foule de gens qui s'en vont chaque jour
Saluër à longs flots le soleil de la cour :
Mais la faveur du ciel vous donne en recompense
Du repos, du loisir, de l'ombre, et du silence,
Un tranquille sommeil, d'innocens entretiens,
Et jamais à la cour on ne trouve ces biens.
Mais quittons ces pensers, Oronte nous appelle :
Vous dont il a rendu la demeure si belle,
Nymphes, qui luy devez vos plus charmans appas,
Si le long de vos bords Loüis porte ses pas,

C'est là le seul plaisir qui flatte son courage,
Car des autres plaisirs on luy deffend l'usage.
Voyla, voyla l'effet de cette ambition
Qui faict de ses pareilz l'unique passion.

1. Au lieu de ces quatre derniers vers, on lit dans la
copie manuscrite :

Ah si l'ambition n'eust point faict ses desirs,
Si le sejour de Vaux eust borné ses plaisirs,
Qu'il pouvoit estre heureux, et qu'il eust esté sage!
Vous n'avez plus chez vous ce superbe équipage.

Tâchez de l'adoucir, fléchissez son courage ;
Il aime ses sujets, il est juste, il est sage ;
Du titre de clement rendez-le ambitieux :
C'est par là que les Rois sont semblables aux Dieux.
Du magnanime HENRY qu'il contemple la vie [1],
Dés qu'il put se vanger, il en perdit l'envie :
Inspirez à LOUIS cette mesme douceur ;
La plus belle victoire est de vaincre son cœur.
Oronte est à present un objet de clemence ;
S'il a crû les conseils d'une aveugle puissance,
Il est assez puny par son sort rigoureux,
Et c'est être innocent que d'estre malheureux.

XXX.

ODE

AU ROY,

Sur le mesme sujet [2].

Prince qui fais nos destinées,
Digne Monarque des François
Qui du Rhin jusqu'aux Pirenées
Portes la crainte de tes loix ;
Si le repentir de l'offense

1. Du grand, du grand Henry qu'il contemple la vie.
(Edition originale in-4°.)

2. Publiée par La Fontaine dans son *Recueil de Poësies chrestiennes, et diverses*, 1671 (tome III, page 34), et aussi dans les *Fables nouvelles*. L'auteur avait soumis cette pièce à Fouquet prisonnier qui lui avait adressé des objections auxquelles il répond dans une lettre du 30 janvier 1663. (Voyez la présente édition, *lettre* XIII, tome III, page 309.)

Sert aux coupables de défense
Prés d'un courage genereux,
Permets qu'Appollon t'importune;
Non pour les biens et la fortune,
Mais pour les jours d'un malheureux.

Ce triste objet de ta colere
N'a-t-il point encore effacé
Ce qui jadis t'a pû déplaire
Aux emplois où tu l'as placé?
Depuis le moment qu'il soûpire,
Deux fois l'hyver en ton empire
A ramené les Aquilons;
Et nos climats ont vû l'année
Deux fois de pampre couronnée
Enrichir côtaux et valons.

Oronte seul, ta creature,
Languit dans un profond ennuy,
Et les bienfaits de la nature
Ne se répandent plus pour luy.
Tu peux d'un éclat de ta foudre
Achever de le mettre en poudre;
Mais si les Dieux à ton pouvoir
Aucunes bornes n'ont prescrites,
Moins ta grandeur a de limites,
Plus ton courroux en doit avoir.

Reserve-le pour des rebelles;
Ou si ton peuple t'est soûmis,
Fais-en voler les étincelles
Chez tes superbes ennemis.
Déja Vienne est irritée
De ta gloire aux astres montée;
Ses Monarques en sont jaloux :
Et Rome t'ouvre une carriere
Où ton cœur trouvera matiere

D'exercer ce noble courroux[1].

Va-t'en punir l'orgueil du Tybre;
Qu'il se souvienne que ses loix
N'ont jadis rien laissé de libre
Que le courage des Gaulois.
Mais parmy nous sois debonnaire :
A cet empire si severe
Tu ne te peux accoûtumer;
Et ce seroit trop te contraindre :
Les étrangers te doivent craindre,
Tes sujets te veulent aimer.

L'amour est fils de la clemence;
La clemence est fille des Dieux;
Sans elle toute leur puissance
Ne seroit qu'un titre odieux.
Parmy les fruits de la victoire,
Cesar environné de gloire,
N'en trouva point dont la douceur
A celuy-cy pûst estre égale;
Non pas mesme aux champs où Pharsale
L'honora du nom de vainqueur[2].

Je ne veux pas te mettre en compte

1. Allusion à l'attentat des Corses de la garde d'A-
lexandre VII, qui, le 20 août 1662, tirèrent sur le carrosse
du duc de Créqui, ambassadeur de France, dont ils tuèrent
un page et blessèrent plusieurs domestiques. Fléchier composa à ce sujet une *plainte de la France à Rome sur l'as-
sassinat de son ambassadeur*, qu'on a souvent considérée à
tort comme étant de Pierre Corneille. (Voyez notre
édition des *Œuvres* de ce poëte, tome X, page 367.) On
voit par la lettre *à Fouquet* citée dans la note précédente
que le prisonnier n'avait rien su d'un événement qui avoit
fait tant de bruit.

2. Voyez, au sujet de ce passage, la lettre *à Fouquet*
citée dans la note 1.

Le zele ardent ny les travaux
En quoy tu te souviens qu'Oronte
Ne cedoit point à ses rivaux;
Sa passion pour ta personne,
Pour ta grandeur, pour ta couronne,
Quand le besoin s'est vû pressant,
A toujours esté remarquable;
Mais si tu crois qu'il est coupable,
Il ne veut point estre innocent.

Laisse-luy donc pour toute grace
Un bien qui ne luy peut durer,
Aprés avoir perdu la place
Que ton cœur luy fit esperer.
Accorde-nous les foibles restes
De ses jours tristes et funestes;
Jours qui se passent en soûpirs :
Ainsi les tiens filez de soye
Puissent se voir comblez de joye,
Mesme au delà de tes desirs.

XXXI.

ÉPISTRE

A Monsieur le Duc de Bouillon[1].

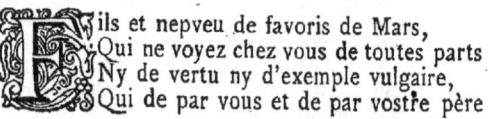ils et nepveu de favoris de Mars,
Qui ne voyez chez vous de toutes parts
Ny de vertu ny d'exemple vulgaire,
Qui de par vous et de par vostre père

1. L'autographe de cette épître se trouve à la page 821 du tome Iᵉʳ d'un recueil de pièces en 2 volumes petit in-4° qui fait partie des manuscrits de la Bibliothèque de l'Arsenal où il est classé dans les Belles-Lettres sous le nº 151. C'est d'après ce manuscrit que la pièce a été donnée pour

Avez acquis l'amour de tous les cœurs,
Digne heritier d'un peuple de vainqueurs,
Ecoutez moy; qu'un moment de contrainte
Tienne vostre ame attentive à ma plainte :
Sur mon malheur daignez vous arrester;
En ce temps cy c'est beaucoup d'écouter.
La sotte peur d'importuner un prince,
Vice non pas de cour mais de province,
Comme Phœbus est mauvais courtisan
M'avoit lié la voix jusqu'à present :
Une autre peur à son tour me domine,
Et j'ay chassé cette honte enfantine;

la première fois dans les *Mémoires de M. de Coulanges, suivis de lettres inédites de.. Jean de La Fontaine...* publiés par M. de Monmerqué... — *Paris, Blaise,* 1820, in-12 (page 359, avec fac-simile à la page 561).

M. Monmerqué s'exprime ainsi au sujet de cette pièce dans l'avertissement particulier relatif aux *Opuscules de La Fontaine :*

« Ce recueil commence par une épître au duc de Bouillon, que l'on peut regarder comme un des meilleurs ouvrages de La Fontaine. Voici en quelle occasion il l'a écrite.

» Dès le règne de Henri IV, il arrivait souvent que des roturiers, dans l'espoir de se soustraire au paiement de la taille, prenaient le titre d'écuyer. Le roi en fit d'expresses prohibitions par un édit du mois de mars 1600. Louis XIII, au mois de janvier 1634, défendit également d'usurper la noblesse et de prendre la qualité d'écuyer, à peine de 2,000 livres d'amende. De semblables déclarations furent rendues par Louis XIV, les 30 décembre 1656 et 8 février 1661. Il paraît qu'en vertu de ces ordonnances on produisit des actes dans lesquels La Fontaine était qualifié d'écuyer; les traitants dirigèrent des poursuites contre lui, et en son absence un arrêt par défaut le condamna à deux mille livres d'amende. La Fontaine s'adresse au duc; il le supplie de mettre ses doléances sous les yeux de Colbert, et d'employer son crédit à le faire décharger de cette condamnation. Les faits rappelés dans l'épître montrent qu'elle a été écrite en 1662. »

Je parle enfin, et fais parler encor
Non mon merite, il n'est pas assez fort,
Mais mon seul zele et sa ferveur constante,
Car tout Heros de cela se contente :
Puis pour toucher un prince genereux,
C'est bien assez que l'on soit malheureux.
Je le suis donc graces à l'écurie,
Et ne suis pas seul de ma confrairie.
Un partisan nous ruine tout net :
Ce partisan c'est La Vallée Cornay.
Dessous sa grife il faut que chacun danse;
D'autre Antechrist je ne connois en France :
Homme rusé, Janus à double front,
L'un de rigueur, l'autre à composer prompt.
Les distinguer n'est pas chose facile;
L'un après l'autre ils exercent ma bile :
Quand La Vallée, en se faisant prier,
Dit qu'il me veut manger tout le dernier,
Cornay poursuit, et quand Cornay retarde,
A La Vallée il me faut prendre garde.
Prince, je ris, mais ce n'est qu'en ces vers.
L'ennuy me vient de mille endroits divers,
Du Parlement, des aydes, de la chambre,
Du lieu fameux par le sept* de septembre,
De la Bastille, et puis du Limosin,
Il me viendra des Indes à la fin.
Je ne dis pas qu'il soit juste qu'on voye
Le nom de noble à toutes gens en proye;
C'est un abus, il faut le prevenir,
Et sans pitié les coupables punir :

---

* *C'est le jour où Mr Foucquet fut aresté.* (Note de La
Fontaine.) — Le poëte avait d'abord placé l'étoile au-
dessus de *lieu*, et il avait écrit : *Nantes*; puis il a transporté l'étoile après *sept* et a substitué à *Nantes*, *c'est le
jur*. Du reste, cette date du 7 n'est pas exacte. Il résulte
d'un grand nombre de textes cités par Walckenaër, que
c'est le 5 septembre que Fouquet a été arrêté. Voyez ci-
dessus page 43, note.

Il le faut dis-je, et c'est où nous en sommes :
Mais le moins fier, mais le moins vain des hommes !
Qui n'a jamais pretendu s'appuyer
Du vain honneur de ce mot d'écuyer,
Qui rit de ceux qui veulent le parêtre,
Qui ne l'est point, qui n'a point voulu l'estre !
C'est ce qui rend mon esprit estonné.
Avec cela je me vois condamné :
Mais par défaut ; j'estois lors en Champagne,
Dormant, resvant, allant par la campagne,
Mon procureur dessus quelque autre poinct,
Et ne songeant à moy ny peu ny point,
Tant il croyoit que l'affaire estoit bonne :
On l'a surpris, que Dieu le luy pardonne :
Il est bon homme, habile, et mon ami,
Sçait tous les tours ; mais il s'est endormi.
Thomas Bousseau n'en a pas fait de mesme :
Sa vigilance en tels cas est extreme ;
Il prend son temps, et fait tout ce qu'il faut
Pour obtenir un arrest par defaut.
Le rapporteur m'en a donné l'endosse
En celuy cy mettant toute la sausse.
S'il eust voulu quelque peu differer,
La Cour, seigneur, eust pu considerer
Que j'ay tousjours esté compris aux tailles,
Qu'en nul partage, ou contract d'épousailles,
En jugemens intitulez de moy,
En acte aucun qui puisse nuire au Roy,
Je n'ay voulu passer pour gentilhomme ;
Thomas Bousseau n'a sceu produire en somme
Que deux contracts, si chetifs que rien plus,
Signez de moy, mais sans les avoir leus :
Et lisez-vous tout ce qu'on vous apporte ?
J'aurois signé ma mort de mesme sorte.
Voyla, seigneur, le fait en peu de mots :
Je vous arreste à d'estrange propos :
N'en accusez que ma raison troublée ;
Sous le chagrin mon ame est accablée ;

L'exces du mal m'oste tout jugement.
Que me sert il de vivre innocemment?
D'estre sans faste, et cultiver les Muses?
Helas qu'un jour elles seront confuses
Quand on viendra leur dire en soupirant,
Ce nourriçon que vous cherissiez tant,
Moins pour ses vers que pour ses mœurs faciles,
Qui preferoit à la pompe des villes
Vos antres cois, vos chants simples et doux,
Qui des l'enfance a vescu parmi vous,
Est succombé sous une injuste peine!
Et d'affecter une qualité vaine
Repris à faux, condamné sans raison,
Couvert de honte est mort dans la prison!
Voyla le sort que les Dieux me promettent :
Et sous Louïs ces choses se permettent!
Louïs, ce sage et juste Souverain,
Que ne sçait il qu'un arrest inhumain
M'a condamné moy qui n'ay point fait faute!
A quelle amande? Elle est, seigneur, si haute
Qu'en la payant je ne feray point mal
De stipuler qu'au moins dans l'hospital,
Puisqu'il ne faut esperer nulles graces,
Pour mon argent j'obtiendray quatre places :
Une pour moy, pour ma femme une aussi,
Pour mon frere une, encor que de cecy
Il soit injuste apres tout qu'il pâtisse,
Bref pour mon fils y compris sa nourrice;
Sans point d'abus les voila justement,
Contant pour un la nourrice et l'enfant;
Il est petit, et la chose est bien juste;
Si toutefois nostre monarque auguste
Cassoit l'arrest, cela seroit, seigneur,
Selon mon sens, bien plus à son honneur.
De luy parler, je n'en vaux pas la peine.
S'il s'agissoit de quelque grand domaine,
De quelque chose importante à l'estat,
Si c'étoit, dis-je, une affaire d'éclat,

Je vous prierois d'implorer sa justice :
A ce defaut il est bon que j'agisse
Pres de celuy qui dispose de tout,
Qui par ses soins peut seul[1] venir à bout
De reformer, de restablir la France,
Chasser le luxe, amener l'abondance,
Rendre le prince et les sujets contans,
Mais il luy faut encor un peu de temps,
Et le mal est que je ne puis attendre ;
Moy mort de faim, on aura beau m'apprendre
L'heureux estat où seront ces climats
Pour en jouir je ne reviendray pas.
Demandez donc à ce ministre rare
Que par pitié du reste il me separe :
Il le fera, n'en doutez point, seigneur :
Si vostre espouse estoit mesme d'humeur
A dire encore un mot sur cette affaire
Comme elle sçait persuader et plaire,
Inspire un charme à tout ce qu'elle dit,
Touche tousjours le cœur quant et l'esprit,
Je suis certain qu'une double entremise
De cette amande obtiendroit la remise.
Demandez la, seigneur, et m'en croyez ;
Mais que ce soit si bien que vous l'ayez ;
Et vous l'aurez, j'engage à vostre altesse
Ma foy, mon bien, mon honneur, ma promesse,
Que ce ministre aymé de nostre Roy,
Si vous parlez inclinera pour moy.

---

1. *Peut seul*, écrit au-dessus du vers, remplace le mot :
prétend, qui a été barré.

XXXII.

BALADE

Sur Escobar [1].

C'est à bon droit que l'on condamne à
    Rome
    L'Evêque d'Ypre[2], auteur de vains[3]
    débats ;
Ses sectateurs nous défendent en somme
Tous les plaisirs que l'on goûte ici-bas.
En paradis allant au petit pas,
On y parvient, quoi qu'ARNAULD nous en die :
La volupté sans cause il a bannie.
Veut-on monter sur les célestes tours,
Chemin pierreux est grande rêverie,
Escobar sait [4] *un chemin de velours.*

1. Mathieu Marais place cette pièce sous l'année 1664. Dans la première édition du *Dictionnaire françois* de Richelet, publiée en 1680, on lit à l'article *velours :*
« Ce mot se dit quelquefois en riant *au figuré.* Exemple :

> Veut-on monter sur les célestes tours
> Escobar fait un *chemin de velours.*
> (La Fontaine, balade.)

C'est à dire qu'Escobar fait un chemin aisé, doux et facile pour gagner le Ciel. »
C'est probablement d'après une copie manuscrite que Richelet citait cette ballade. Le texte que nous donnons d'après Walckenaër est celui d'une copie tirée des manuscrits de Tallemant des Réaux. Barbier en a trouvé une autre dans les papiers d'Adry et l'a publiée dans le 4e volume du *Dictionnaire des Anonymes*, page 48, n° 22611.
2. Jansénius.
3. Maints (Adry).
4. *Fait*, ici et partout où ce vers est répété (Richelet et Adry).

Il ne dit pas qu'on peut tuer un homme
Qui sans raison nous tient en altercas,
Pour un fétu ou bien pour une pomme,
Mais qu'on le peut pour quatre ou cinq ducats.
Même il soutient qu'on peut, en certain cas,
Faire un serment plein de supercherie,
S'abandonner aux douceurs de la vie,
S'il est besoin, conserver ses amours.
Ne faut-il pas après que l'on s'écrie [1] :
Escobar sait un chemin de velours?

Au nom de Dieu, lisez-moi quelque somme
De ces écrits dont chez lui l'on fait cas ;
Qu'est-il besoin qu'à présent je les nomme ?
Il en est tant qu'on ne les connoît pas.
De leurs avis servez-vous pour compas ;
N'admettez qu'eux en votre librairie,
Brûlez ARNAULD, quittez sa confrérie,
Près de ceux-ci ce ne sont qu'esprits lourds.
Si, m'en croyez, ce n'est point raillerie [2],
Escobar sait un chemin de velours.

ENVOI.

Toi que l'orgueil poussa dans la voirie,
Qui tiens là-bas noire [3] conciergerie,
Lucifer, chef des infernales cours,
Pour éviter les traits de ta furie,
Escobar sait un chemin de velours.

1.　　Ne faut-il pas après cela qu'on crie.
　　　　　　　　　　　　(Adry.)
2.　　Brûlez Arnaud avec sa coterie,
　　　　Près d'Escobar ce ne sont qu'esprits lourds.
　　　　Je vous le dis, ce n'est point raillerie.
　　　　　　　　　　　　(Ibidem.)
3. *Notre* (Adry).

XXXIII.

MADRIGAL EN DIALOGUE[1].

Soupez le soir, et jeûnez à dîner.
Cela me cause un léger mal de tête.
Ne jeûnez point. Arnauld me fait jeûner.
Escobar dit qu'Arnauld n'est qu'une bête.
Fi des auteurs qu'on crut au temps jadis !
Qu'ont-ils d'égal aux maximes du nôtre ?
Ils promettoient au plus un paradis
En voici deux : pour ce monde et pour l'autre.

XXXIV.

Imitation d'un livre intitulé

LES ARRESTS D'AMOURS[2].

Les gens tenant le Parlement d'amours
Informoient pendant les grands jours,
D'aucuns abus commis en l'Isle de
Cythere.
Pardevant eux se plaint un Amant mal-traité,

1. Trouvé par Walckenaër dans les manuscrits de Tallemant des Réaux, à la suite de la pièce précédente, et publié pour la première fois dans l'édition de 1827 (tome VI, p. 280).
2. Cet opuscule a paru pour la première fois à la page 72 des *Contes et Nouvelles en vers de M. de La Fontaine*. — A Paris, chez Claude Barbin. M. DC. LXV. L'achevé d'imprimer du recueil est du « 10. Ianvier 1665 ». Voyez ce que

Disant que de long-temps il s'éfforce de plaire
A certaine ingrate beauté.
Qu'il a donné des serenades,
Des concerts, et des promenades :
Item mainte collation,
Maint bal, et mainte Comedie :
A consacré le plus beau de sa vie
A l'objet de sa passion :
S'est tourmenté le corps et l'ame,
Sans pouvoir obliger la Dame
A payer seulement d'un sousris son amour.
Partant conclud que cette belle
Soit condamnée à l'aymer à son tour.
Fut allegué d'autre part à la Cour :
Que plus la Dame estoit cruelle,
Plus elle avoit d'embonpoint et d'attraits :
Que perdant ses appas amour perdoit ses traits :
Qu'il avoit interest au repos de son ame :
Que quand on a le cœur en flame,
Le teint n'en est jamais si frais.
Qu'il estoit à propos pour la grandeur du Prince,
Qu'elle traitast ainsi toute cette Province,
Fist mille soupirans sans faire un bienheureux,
Dormist a son plaisir, conservast tous ses charmes,
Augmentast les tributs de l'empire amoureux,

La Fontaine dit de cette pièce dans la préface (tome II,
page 4 de la présente édition). L'ouvrage dont il s'agit a
été composé par Martial de Paris, dit d'Auvergne. Voici la
description d'une de ses plus anciennes éditions : « Sen-
suyuent les cinquante et vng arrest damours. (à la fin) Par
Michel le noir Libraire... Demourant en la grant rue Sainct
iacques a l'enseigne de la rose blanche couronnee. » In-4°
gothique de 54 feuillets à 2 colonnes. C'est le seizième
arrêt qui semble avoir servi de point de départ à l'imitation de La Fontaine. En voici l'argument : « Vn amoureux
se plaint de sa dame, disant luy avoir fait plusieurs dons
et presens, et apres les avoir receus, ne luy monstre aucun
signe d'amour. »

Qui sont les soupirs et les larmes.
Que souffrir tels procés estoit un grand abus :
Et que le cas meritoit une amande :
Concluant pour le surplus
Au renvoy de la demande.
Le Procureur d'amours intervint là dessus,
Et conclut aussi pour la belle.
La Cour, leurs moyens entendus,
La renvoya : permis d'estre cruelle;
Avec dépens; et tout ce qui s'ensuit.
Cét arrest fit un peu de bruit
Parmy les gens de la Province.
La raison de douter estoit tous les cadeaux,
Bijoux donnez, et des plus beaux :
Qui prend se vend. Mais l'interest du Prince
Souvent plus fort qu'aucunes loix,
L'emporta de quatre ou cinq voix.

XXXV.

BALADE[1].

Hier je mis chez Cloris en train de dis-
courir
Sur le fait des Romans Alizon la sucrée.
N'est-ce pas grand'pitié, dit-elle, de souf-
Que l'on méprise ainsi la legende dorée, [frir,
Tandis que les Romans sont si chere denrée?
Il vaudroit beaucoup mieux, qu'avec maint vers du
De Messire Honoré l'histoire fût brulée. [temps

1. Cette Ballade a paru à la page 87 du recueil décrit
dans la note 2 de la p. 57. Elle y est précédée de l'Avertissement que nous avons reproduit dans le tome III (pages
233-234) de la présente édition. Elle est citée dans le
Menagiana (tome I, page 134) sous le titre de *Ballade des
livres d'amour*.

Ouy, pour vous, dit Cloris, qui passez cinquante
    ans :
Moy qui n'en ai que vint, je pretens que l'Astrée
Fasse en mon cabinet encor quelque sejour ;
Car pour vous decouvrir le fond de ma pensée,
    Je me plais aux Livres d'amour.

Cloris eut quelque tort de parler si crûment,
Non que monsieur d'Urfé n'ait fait une œuvre exquise.
Estant petit garçon je lisois son Roman,
Et je le lis encor ayant la barbe grise.
Aussi contre Alizon je faillis d'avoir prise ;
Et soutins haut et clair, qu'Urfé par cy, par là,
De preceptes moraux nous instruit à sa guise.
De quoy, dit Alizon, peut servir tout cela?
Vous en void-on aller plus souvent à l'Eglise?
Je hais tous les menteurs ; et pour vous trancher court,
Je ne puis endurer, qu'une femme me dise,
    Je me plais aux Livres d'amour.

Alizon dit ces mots avec tant de chaleur,
Que je crus qu'elle estoit en vertus accomplie ;
Mais ses pechez écrits tomberent par malheur :
Elle n'y prit pas garde. Enfin estant sortie,
Nous vîmes que son fait estoit papelardie ;
Trouvant entre autres points dans sa confession :
J'ai lû maître Louïs [1] mille fois en ma vie ;
Et même quelquefois j'entre en tentation,
Lors que l'Hermite trouve Angelique endormie [2] :
Revant à tel fatras souvent le long du jour.
Bref, sans considerer censure ny demie,
    Je me plais aux Livres d'amour.

Ah! ah! dis-je, Alizon! vous lisez les Romans,
Et vous vous arrestez à l'endroit de l'Hermite!

1. Lodovico Ariosto.
2.   *Già resupina nell' arena giace*
    A tutte voglie del vecchio rapace.
    (Voyez *Orlando forioso*, canto VIII, XLVIII-L.)

Je crois qu'ainsi que vous pleine d'enseignemens
Oriane préchoit, faisant la chate-mite.
Apres mille façons, cette bonne hypocrite
Un pain sur la fournée emprunta, dit l'Auteur[1] :
Pour un petit poupon l'on sçait qu'elle en fut quite[2] :
Mainte belle sans doute en a ry dans son cœur.
Cette histoire, Cloris, est du Pape maudite :
Quiconque y met le nez devient noir comme un four.
Parmy ceux qu'on peut lire, et dont voicy l'elite,
    Je me plais aux Livres d'amour.

Clitophon a le pas par droit d'antiquité[3] :
Heliodore[4] peut par son prix le pretendre :
Le Roman d'Ariane[5] est tres-bien inventé :
J'ai lu vint et vint fois celuy du Polexandre[6] :
En fait d'evenemens, Cleopatre et Cassandre[7],
Entre les beaux premiers doivent être rangez :
Chacun prise Cyrus[8], et la carte du Tendre[9],

1. « Oubliant Amadis son accoustumee discretion, à la charge d'estre importun, il lascha la bride à ses desirs : si auantageusement, que quelque priere et foyble resistance que feist Oriane, elle ne sceust exempter de scauoir par experience le bien et le mal ioinctz ensemble, qui rend les filles femmes. » (*Le premier livre de Amadis, de Gaule... Traduict nouuellement D'espaignol en Francoys, par le Seigneur des Essars, Nicolas de Herberay* [ch. xxxv]. — 1540. Nouuellement imprimé à Paris par Denys Ianot, fol.)

2. Comment Oriane se trouua en grande perplexité, non seulement à cause du departement d'Amadis, mais pource qu'elle se sentit grosse d'enfant. (*Le second livre*, ch. xxii.)

3. Les *Amours de Clitophon et de Leuccippe*, roman d'Achille Tatius ou Statius.

4. Héliodore, évêque de Tricca en Thessalie, auteur du roman intitulé les *Ethiopiques*, ou *les Amours de Théagène et de Chariclée*.

5. Par Desmarets. — 6. Par Gomberville.

7. Par la Calprenède.

8. *Artamene ou le Grand Cyrus*, roman de Mlle de Scudéry, publié sous le nom de son frère.

9. Cette carte et son explication se trouvent dans la

Et le frere et la sœur ont les cœurs partagez.
Même dans les plus vieux je tiens qu'on peut aprendre.
Perceval le Galois[1] vient encore à son tour :
Cervantes me ravit ; et pour tout y comprendre,
    Je me plais aux Livres d'amour.

ENVOY.

A Rome on ne lit point Bocace sans dispense :
Je trouve en ses pareils bien du contre et du pour.
Du surplus (honny soit celuy qui mal y pense)
    Je me plais aux Livres d'amour.

XXXVI.

POUR S. A. R.

Mademoiselle d'Alençon.

SONNET[2].

Ne serons nous jamais affranchis des alarmes ?
Six estez n'ont point veu la Paix dans ces
    climats,
Et déja le Demon qui preside aux combats
Recommence à forger l'instrument de nos larmes.

Clélie de Mlle Scudéry (p. 396-405). Voyez à ce sujet
Œuvres de Molière, édition de M. Eugène Despois, tome II,
page 64, note 1.

    1. *Tres plaisante et Recreatrice Hystoire du Trespreulx et
vaillant cheuallier Perceval le galloys iadis cheualier de la
Table ronde. Lequel acheua les aduentures du sainct Graal...*
— On les vend au Pallais à Paris. En la boutique de
Jehan Longis (*à la fin :*) Et fut acheué de imprimer le
premier iour de septembre. L'an mil cinq cens trente.
Petit in-folio.

    2. Publié pour la première fois en 1671, dans les
Fables nouvelles, et autres poësies de M. DE LA FON-
TAINE (p. 113). La Fontaine paraît avoir adressé ce sonnet

Opposez vous, Olimpe, à la fureur des armes.
Faites parler l'Amour ; et ne permettez pas
Qu'on décide sans luy du sort de tant d'Etats :
Souffrez que vôtre hymen interpose ses charmes.

C'est le plus digne prix dont on puisse acheter
Ce bien qui ne sçauroit aux mortels trop coûter ;
Je sçais qu'il nous faudra vous perdre en recompense :

Un souverain bon-heur pour l'Empire François,
Ce seroit cette paix avec vôtre presence ;
Mais le Ciel ne fait pas tous ses dons à la fois.

XXXVII.

Pour Mademoiselle de Poussay.

SONNET[1].

J'avois brisé les fers d'Aminte et de Sylvie :
J'estois libre, et vivois content et sans amour :
L'innocente beauté des Jardins et du jour
Alloit faire à jamais le charme de ma vie.

Quand du milieu d'un cloistre Amarante est sortie ;

à Elisabeth d'Orléans, duchesse d'Alençon, en 1666, après
la mort de Philippe IV, lorsque Louis XIV se disposait à faire
valoir par la force des armes les droits qu'il prétendait
avoir sur le Brabant par son mariage avec l'infante
d'Espagne.

1. Publié pour la première fois en 1671 dans les *Fables
nouvelles* (p. 115).

La mère de Mlle de Poussay était dame d'atour de madame la duchesse douairière d'Orléans, qui habitait au
Luxembourg. C'est ainsi qu'Amarante, Mlle Poussay, se
trouvait faire partie de la cour d'Olympe, mademoiselle
d'Alençon.

Que de graces, bons Dieux ! tout rit dans Luxembourg:
La jeune Olimpe void maintenant à sa cour
Celle que tout Paphos en ces lieux a suivie.

Sur ce nouvel objet chacun porte les yeux :
Mais en considerant cet ouvrage des Cieux
Je ne sçay quelle crainte en mon cœur se réveille.

Quoy qu'Amour toutesfois veuïlle ordonner de moy,
Il est beau de mourir des coups d'une merveille
Dont un regard feroit la fortune d'un Roy.

XXXVIII.

POUR MIGNON,

CHIEN DE S. A. R.

Madame Doüairiere d'Orleans [1].

Petit Chien, que les destinées
T'ont filé d'heureuses années !
Tu sors de mains dont les appas
De tous les Sceptres d'icy bas
Ont pensé porter le plus riche :
Les mains de la maison d'Autriche
Leur ont ravy ce doux espoir :

1. Cette pièce a paru en 1671 dans les *Fables nouvelles*
(page 116).
Mignon avait été donné à la duchesse douairière, par
Marguerite-Louise d'Orléans, sa fille aînée. L'évêque de
Bethléem, dont La Fontaine engage Mignon à redouter la
censure, était François de Batailler qui avait été promu le
25 juin 1664. Le territoire de son évêché se réduisait au
faubourg de Panthenoz-lez-Clamecy, ou Bethléem, sur la
rive droite de l'Yonne, qui le séparait de la ville de Cla-
mecy, dans l'intendance d'Orléans.

Nous ne pouvions que bien échoir.
Tu sors de mains pleines de charmes :
Heureux le Dieu de qui les larmes
Meriteroient par leur amour
De s'en voir essuyer un jour.
De ces mains, hostesses des Graces,
Petit Chien en d'autres tu passes,
Qui n'ont pas eu moins de beauté,
Sans mettre en compte leur bonté.
Elles te font mille carresses :
Tu plais aux Dames, aux Princesses,
Et si la Reine t'avoit veu,
Mignon à la Reine auroit pleu.
Mignon a la taille mignonne :
Toute sa petite personne
Plaist aux Iris des petits chiens,
Ainsi qu'à celles des Chrestiens.
Las, qu'ay-je dit qui te fait plaindre?
Ce mot d'Iris est-il à craindre?
Petit Chien qu'as-tu? dis le moy :
N'es-tu pas plus aise qu'un Roy?
Trois ou quatre jeunes fillettes
Dans leurs Manchons aux peaux douillettes
Tout l'Hyver te tiennent placé :
Puis de Madame de Crissé
N'as-tu pas maint devot sourire?
D'où vient donc que ton cœur soupire?
Que te faut-il? un peu d'amour.
Dans un costé de Luxembourg,
Je t'apprens qu'Amour craint le Suisse;
Mesme on luy rend mauvais office
Auprés de la divinité,
Qui fait ouvrir l'autre costé.
Cela vous est facile à dire,
Vous qui courez par tout, beau sire;
Mais moy.... parle bas petit Chien,
Si l'Evesque de Bethleem
Nous entendoit, Dieu sçait la vie :

La Font. V. 5

Tu verras pourtant ton envie
Satisfaite dans quelque temps. :
Je te promets à ce Printemps
Une petite Camusette,
Friponne, druë, et joliette,
Avec qui l'on t'enfermera ;
Puis s'en démesle qui pourra.

XXXIX.

A S. A. S.

Madame la Princesse de Baviere [1].

Vostre Altesse Serenissime
A, dit-on, pour moy quelque estime ;
Et veut que je luy mande en Vers
Les affaires de l'Univers ;
J'entends les affaires de France :
J'obeïs et romps mon silence.
L'interest et l'ambition
Travaillent à l'élection
Du Monarque de la Pologne.
On croit icy que la besogne
Est avancée ; et les esprits
Font tantost accorder le prix
Au Lorrain [2], puis au Moscovite [3],
Condé, Nieubourg [4] ; car le merite

1. Mauricette-Fébronie de la Tour, sœur du duc de
Bouillon et femme de Maximilien de Bavière. Cette pièce
a paru pour la première fois dans les *Fables nouvelles*,
1671 (page 119). Elle doit avoir été écrite vers juillet 1669.
2. Le duc Charles de Lorraine.
3. Alexis Mikhaïlovitch, czar de Russie.
4. Au grand Condé et à Philippe-Guillaume, duc de
Neubourg.

De tous costez fait embarras;
Condé, je croy, n'en manque pas.
Si vostre Epoux vouloit, Madame,
Regner ailleurs que sur vostre ame,
On ne peut faire un meilleur choix :
Heureux qui vivroit sous ses loix.
Ceux qui des affaires publiques
Parlent toûjours en Politiques,
Reglant cecy, jugeant cela,
(Et je suis de ce nombre-là)
Les raisonneurs, dis-je, pretendent
Qu'au Lorrain plusieurs Princes tendent :
Quant à Moskou, nous l'excluons :
Voicy surquoy nous nous fondons :
Le Schisme y regne, et puis son Prince
Mettroit la Pologne en Province.
Nieubourg nous accommoderoit :
Au Roy de France il donneroit
Quelque fleuron pour sa Couronne,
Moyennant tant, comme l'on donne,
Et point autrement, icy bas.
Nous serions voisins des Estats [1],
Ils en ont l'alarme, et font brigue.
Contre Loüys chacun se ligue.
Cela luy fait beaucoup d'honneur,
Et ne luy donne point de peur.
Que craindroit-il, luy dont les armes
Vont aux Turcs causer des alarmes [2]?
Nous attendons du Grand-Seigneur
Un bel et bon Ambassadeur :
Il vient avec grande cohorte :
Le nôtre est flaté par la Porte :
Tout cecy la paix nous promet

1. De la Hollande.
2. Les Turcs assiégeaient alors l'île de Candie qui appartenait aux Vénitiens, à qui Louis XIV avait envoyé du renfort.

Entre saint Marc, et Mahomet.
Nôtre Prince en sera l'Arbitre :
Il le peut estre à juste titre,
Et feroit mesme contre soy,
Justice au Turc en bonne foy.
Pendant que je suis sur la guerre
Que saint Marc souffre dans sa terre,
Deux de vos freres[1] sur les flots
Vont secourir les Candiots.
O combien de Sultanes prises !
Que de Croissans dans nos Eglises !
Quel nombre de Turbans fendu !
Teste et Turban, bien entendu.
Puisqu'en parlant de ces matieres
Me voicy tombé sur vos freres,
Vous sçaurez que le Chambellan[2]
A couru cent Cerfs en un an.
Courir des hommes, je le gage,
Luy plairoit beaucoup davantage ;
Mais de long-temps il n'en courra ;
Son ardeur se contentera,
S'il luy plaist, d'une ombre de guerre.
D'Auvergne[3] s'est dans nôtre terre
Rompu le bras ; il est guery.
Ce Prince a dans Chasteau-Thierry
Passé deux mois et davantage.
Rien de meilleur, rien de plus sage,
Et de plus selon mes souhaits,
Parmy les grands ne fut jamais.
Le duc d'Albret[4] donne à l'estude
Sa principale inquietude.
Toûjours il augmente en sçavoir.

1. Les plus jeunes : Constantin-Ignace et Henri Maurice, tous deux chevaliers de Malte.
2. Godefroy–Maurice de la Tour, duc de Bouillon, mari de Marie-Anne Mancini.
3. Frédéric–Maurice de la Tour, comte d'Auvergne.
4. Voyez la pièce suivante et la note qui l'accompagne.

Je suis jeune assez pour le voir
Au dessus des premieres testes.
Son bel esprit, ses mœurs honnestes,
L'éleveront à tel degré
Qu'enfin je m'en contenteray.
Veüille le Ciel à tous ses freres
Rendre toutes choses prosperes,
Et leur donner autant de nom,
Autant d'éclat et de renom,
Autant de lauriers et de gloire,
Que par les mains de la victoire
L'Oncle [1] en reçoit depuis long-temps :
Si leurs desirs n'en sont contens,
Et que plus haut leur ame aspire,
Je seray le premier à dire
Qu'ils auront tort, et que les cœurs
Ne sont jamais saouls de grandeurs;
Trouveront-ils en des familles,
Par les garçons, et par les filles,
Par le Pere, et par les Ayeux,
Un tel nombre de demi-Dieux
Et de Deesses tout entieres ?
Car demi-Deesses n'est gueres
En usage à mon sentiment;
Puis quand je n'aurois seulement
Qu'à parler de vôtre merite,
L'expression seroit petite.
Veüille le Ciel, à vôtre tour,
Vous donner un petit Amour
Qui par la suite des années,
D'un grand Mars ait les destinées.
Au moment que j'écris ces Vers,
Et m'informe des bruits divers,
Je viens d'apprendre une nouvelle :
C'est que pour éviter querelle,
On s'est en Pologne choisi

1. Turenne.

Un Roy dont le nom est en ski [1].
Ces Messieurs du Nort font la nique
A toute nôtre Politique.
Nôtre argent, celuy des Estats,
Et celuy d'autres Potentats
Bien moins en fonds, comme on peut croire,
Force santez aura fait boire,
Et puis c'est tout : Je crois qu'en paix
Dans la Pologne désormais
On pourra s'élire des Princes ;
Et que l'argent de nos Provinces
Ne sera pas une autre fois
Si friand de faire des Rois.

XL.

POUR S. A. E.

M. LE CARDINAL DE BOUILLON

Aprés son Brevet de Cardinalat [2].

Je n'ay pas attendu pour vous un moindre
        prix ;
De vôtre dignité je ne suis point surpris ;
S'il m'en souvient, Seigneur, je crois l'avoir
prédite [3] :
Vous voilà deux fois Prince, et ce rang glorieux
Est en vous désormais la marque du merite
Aussi bien qu'il l'estoit de la faveur des Cieux.

1. Michel Koribut Wiesnowieski, élu le 19 juin 1669.
2. Publié en 1671, dans les *Fables nouvelles, et autres poësies* (p. 125). Emmanuel-Théodore de Bouillon, duc d'Albret, reçut le chapeau de cardinal le 4 août 1669.
3. Voyez la pièce précédente (p. 68-69).

XLI.

A MONSEIGNEUR
LE PRINCE DE CONTY[1].

Prince chery du Ciel, qui fais voir à la France
Les fruits de l'âge meur joints aux fleurs
      de l'enfance;   [ans
Conty, dont le merite avant-courier des
A des astres benins épuisé les presens ;
A l'abry de ton nom les Manes des Malherbes
Paroistront desormais plus grands et plus superbes :
Les Racans, les Godeaux, auront d'autres attraits :
La Scene semblera briller de nouveaux traits.
Par ton nom tu rendras ces ouvrages durables ;
Aprés mille soleils ils seront agreables.
Si le Pieux y regne, on n'en a point banny
Du profane innocent le meslange infiny,
Pour moy je n'ay de part en ces dons du Parnasse
Qu'à la faveur de ceux que je suis à la trace.
Esope me soûtient par ses inventions ;
J'orne de traits legers ses riches fictions.
Ma muse cede en tout aux muses favorites

1. Henri-Louis de Loménie, comte de Brienne, ancien secrétaire d'Etat, retiré à l'Oratoire, composa, pour l'éducation d'Armand de Bourbon, prince de Conti, un choix de poësies que La Fontaine publia sous son nom, et auquel cette pièce sert de dédicace. L'ouvrage est intitulé : *Recueil de Poësies chrestiennes et diverses. Dédié à Monseigneur le Prince de Conty*. Par M. de La Fontaine. — Paris, Pierre le Petit. M. DC. LXXI, 3 vol. in-12. Ce *Recueil* est accompagné d'un privilége « Donné à Paris le vingtiéme jour de Ianvier de l'an de grace mil six cens soixante-neuf », au bas duquel on lit : « Achevé d'imprimer pour la premiere fois le 20. Decembre 1670. »

Que l'Olympe doüa de differens merites.
Cependant à leurs vers je sers d'introducteur.
Cette temerité n'est pas sans quelque peur.
De ce nouveau recueil je t'offre l'abondance,
Non point par vanité, mais par obeïssance.
Ceux qui par leur travail l'ont mis en cet estat,
Te le pouvoient offrir en termes pleins d'éclat :
Mais craignant de sortir de cette paix profonde
Qu'ils goûtent en secret loin du bruit et du monde,
Ils m'engagent pour eux à le produire au jour,
Et me laissent le soin de t'en faire leur cour.
Leur main l'eust enrichy d'un plus beau frontispice ;
La mienne leur a plû simple et sans artifice.
Conty, de mon respect sois du moins satisfait;
Et regarde le don, non celuy qui le fait.

XLII.

PARAPHRASE DU PSEAUME XVII.

Diligam te Domine [1].

Où sont ces troupes animées?
Où sont-ils ces fiers ennemis?
Je les ay vaincus et soûmis :
Gloire en soit au Dieu des armées,
Par luy je me voy triomphant;
Il me protege, il me défend ;
Je n'ay qu'à l'invoquer, comme il n'a qu'à m'entendre.
Que de l'aimer toûjours loüable est le dessein !
Quelle place en mon cœur ne doit-il point pretendre,
Aprés m'avoir offert un azyle en son sein?

1. Publié dans le *Recueil* décrit dans la note précédente (tome I, page 413).

De leur triste et sombre demeure,
Les demons, esprits malheureux,
Venoient d'un poison dangereux
Menacer mes jours à toute heure.
Ils entroient jusqu'en mes sujets,
Jusqu'en mon fils dont les projets
Me font encor fremir de leur cruelle envie;
Jusqu'en moy mesme enfin par un secret effort;
Et mon esprit troublé des horreurs de ma vie,
M'a plus causé de maux, que l'enfer ny la mort.

Les méchans enflez de leurs ligues,
Contre moy couroient irritez,
Comme torrens precipitez,
Dont les eaux emportent les digues;
Lors que Dieu touché de mes pleurs,
De mes soupirs, de mes douleurs,
Arresta cette troupe à me perdre obstinée.
Ma priere parvint aux temples étoilez,
Parut devant sa face, et fut enterinée
D'un mot qui fit trembler les citoyens aislez.

Tout fremit; sa voix qui balance
Les rochers sur leurs fondemens,
Alla troubler des monumens
Le profond et morne silence.
Que d'éclairs sortans de ses yeux,
Et sur la terre et dans les cieux
Firent étinceler le feu de sa colere!
Que son front en brilloit! qu'il en fut allumé!
Et qu'avecque raison l'un et l'autre hemisphere
Craignit devant les temps d'en estre consumé!

N'approche pas; car nostre veuë
Ne peut souffrir tant de rayons :
Sans te voir Seigneur, nous croyons
Que ta presence en est pourveuë.
Quoy tu viens pour tes alliez!
Les cieux s'abaissent sous tes pieds :

Les vents, les Cherubins, te portent sur leurs aisles :
Et ce nuage épais qui couvre ta grandeur,
Veut rendre supportable à nos foibles prunelles,
De ton trône enflâmé l'éclatante splendeur.

Tel tu trompas la gent noircie,
Dont le Nil arrose les champs,
Quand la foule de ces méchans
Fut par les vagues éclaircie :
Tel ton courroux suivy d'éclairs
Fondit sur eux du haut des airs,
Envoya dans leur camp la terreur et la foudre,
Frapa leur appareil d'orages redoublez,
Le brisa comme verre, et fit mordre la poudre,
Aux tyrans d'Israël sous leurs chars accablez.

Que les tiens ont de privileges !
La mer fit rempart aux Hebreux,
Noyant les peuples tenebreux
De l'Ost aux testes sacrileges.
On vid, et furent decouverts,
Les fondemens de l'univers,
Du liquide élement les canaux et les sources,
Le centre de la terre : et l'enfer obligé
D'abandonner ces chars à leurs aveugles courses,
Dans ses murs de métail craignit d'estre assiegé.

Ainsi les torrens de l'envie
Croyoient m'arrester en chemin,
Quand tu m'as conduit par la main,
En des lieux plus seurs pour ma vie.
Ainsi monstroient leurs cœurs felons
Les Saüls et les Absalons,
Quand tu les as soûmis à celuy qui t'adore ;
Qui peche quelquefois, mais se repent toûjours ;
Et qui pour te loüer n'attend pas que l'aurore
Se leve par ton ordre, et commence les jours.

Ouy Seigneur, ta bonté divine,

Est toûjours presente à mes yeux ;
Soit que la nuit couvre les cieux,
Soit que le jour nous illumine.
Je ne sens d'amour que pour toy,
Je crains ton nom, je suy ta loy,
Ta loy pure et contraire aux loix des infidelles :
Je fuis des voluptez le charme decevant,
M'éloigne des méchans, prends les bons pour modelles,
Sçachant qu'on devient tel que ceux qu'on voit souvent.

Non que je vëuille en tirer gloire :
Par toy l'humble acquiert du renom,
Et peut des temps et de ton nom
Penetrer l'ombre la plus noire.
A leurs erreurs par toy rendus,
Sages et forts sont confondus,
S'ils n'ont mis à tes pieds leur force et leur sagesse.
Ce que j'en puis avoir, je le sçay rapporter
Au don que m'en a fait ton immense largesse,
Par qui je voy le mal, et peux luy resister.

Par toy je vaincray des obstacles,
Dont d'autres Rois sont arrestez ;
Plus tard offerts que surmontez,
Ils me seront jeux et spectacles.
Par toy j'ay déja des mutins,
Dont les cœurs estoient si hautains,
Évité comme un cerf les dents pleines d'envie ;
Puis retournant sur eux frappé d'un bras d'airain
Ceux qui d'un œil cruel envisageant ma vie
Voyoient d'un œil jaloux mon pouvoir souverain.

Qu'ils soient jaloux, il ne m'importe :
D'entre leurs pieges échapé,
J'ay des rebelles dissipé
L'union peu juste et peu forte.
Par mon bras vaincus et reduits,
Un Dieu vangeur les a conduits
Aux chastimens gardez pour les testes impies :

Leurs desseins tost conceus, se sont tost avortez :
Et n'ont beaucoup duré leurs sacrileges vies
Aprés les vains projets qu'ils avoient concertez.

Cette hydre aux testes renaissantes,
Preste à mourir de son poison,
A vers le ciel hors de saison
Poussé des clameurs impuissantes.
Ny Belial ny ses supposts,
N'ont sceu l'assurer du repos ;
Aussi n'est-il de Dieu que le Dieu que j'adore,
Que le Dieu qui commande à l'une et l'autre gent,
Depuis les peuples noirs jusqu'à ceux que l'aurore
Eveille les derniers par son cours diligent.

C'est luy qui par des soins propices
Au combat enseigne mes mains,
Qui pour mes pieds fait des chemins
Sur le penchant des precipices :
C'est luy qui comble avec honneur
Mes jours de gloire et de bonheur,
Mon ame de vertus, mon esprit de lumieres ;
Il me dicte ses loix ; me les fait observer ;
Jusqu'aux derniers secrets de leurs beautez premieres
Ses Oracles divins ont daigné m'élever.

Dés qu'il m'aura presté sa foudre,
Les méchans pour luy sans respect,
S'écarteront à mon aspect,
Comme au vent s'écarte la poudre.
Pour fuir ils n'auront qu'à me voir :
Déja mon nom et mon pouvoir,
Sont connus des voisins du Gange et de l'Eufrate :
Israël redouté de cent peuples divers
Me craint et m'obeït ; et, sans que l'on me flate,
On me peut appeler le Chef de l'univers.

Rendons-en des graces publiques,
Au Dieu jaloux de son renom :

Faisons en l'honneur de son nom
Retentir l'air par nos cantiques.
Que ses bienfaits soient étalez;
Peuples voisins et reculez,
Jusqu'aux voûtes du ciel portez-en les nouvellés :
Dites qu'il est un Dieu qui répond à mes vœux;
Et que m'ayant comblé de graces immortélles
Il en reserve encor pour mes derniers neveux.

XLIII.

LE DIFFERENT

De beaux yeux et de belle bouche [1].

Belle bouche et beaux yeux plaidoient pour
                  les honneurs
                  Devant le juge d'Amatonte.
Belle bouche disoit : Je m'en rapporte aux
Et leur demande s'ils font conte   [cœurs;
De beaux yeux ainsi que de moy.
    Qu'on examine nostre employ,
    Nos traits, nos beautez, et nos charmes.
Que dis-je nostre employ ! j'ai bien plus d'un mestier :
Mais j'ignore celuy de répandre des larmes :
De bon cœur je le laisse à beaux yeux tout entier.
Je satisfais trois sens ; eux seulement la veuë.
    Ma gloire est bien d'autre estendue ;
L'oüye et l'odorat ont part à mes plaisirs.
Outre qu'aux doux propos je joins les chansonnettes,
    Belle bouche fait des soûpirs

1. Publié dans les *Contes, troisiesme partie,* p. 112.
L'achevé d'imprimer est du 27 janvier 1671.

Tels à peu prés que les Zephyrs
En la saison des violettes.
Je sçais par cent moyens rendre heureux un Amant,
Vous me dispenserez de vous dire comment.
S'il s'agit entre-nous d'une conqueste à faire,
    On void beaux yeux se tourmenter :
    Belle bouche n'a qu'à parler ;
    Sans artifice elle sçait plaire.   [affaire ;
Quand beaux yeux sont fermez : ce n'est pas grande
Belle bouche à toute heure étale des tresors :
La nacre est en dedans, le corail en dehors.
Quand je daigne m'ouvrir, il n'est richesse égale.
Les presens que nous fait la rive Orientale
N'approchent pas des dons que je prétens avoir.
    Trente-deux perles se font voir,
    Dont la moins belle et la moins claire
Passe celles que l'Inde a dans ses regions :
    Pour plus de trente-deux millions
    Je ne m'en voudrois pas défaire.
    Belle bouche ainsi harangua.
    Un amant pour beaux yeux parla,
Et, comme on peut penser, ne manqua pas de dire
Que c'est par eux qu'Amour s'introduit dans les cœurs.
    Pourquoy leur reprocher les pleurs!
    Il ne faut donc pas qu'on soûpire?
Mais tous les deux sont bons ; belle bouche a grand
    Il est des larmes de transport,   [tort.
    Il est des soûpirs au contraire
    Qui fort souvent ne disent rien,
    Belle bouche n'entend pas bien
    Pour cette fois-là son affaire.
    Qu'elle se taise au nom des Dieux,
Des appas qui luy sont départis par les Cieux,
Qu'a-t elle sur ce poinct qui nous soit comparable?
    Nous sçavons plaire en cent façons ;
Par l'éclat, la douceur, et cet art admirable
    De tendre aux cœurs des hameçons,
Belle bouche le blasme, et nous en faisons gloire.

Si l'on tient d'elle une victoire,
On en tient cent de nous ; et pour une chanson
    Où belle bouche est en renom,
    Beaux yeux le sont en plus de mille.
    La Cour, le Parnasse, et la Ville,
    Ne retentissent tout le jour
Que du mot de beaux yeux et de celuy d'Amour.
Dès que nous paroissons chacun nous rend les armes.
    Quiconque nous appelleroit
    Enchanteurs il ne mentiroit,
    Tant est prompt l'effet de nos charmes.
Sous un masque trompeur leur éclat fait si bien,
Que maint objet tel quel, en plus d'une rencontre,
    Par ce moyen passe à la montre :
On demande qui c'est ; et souvent ce n'est rien :
    Cependant beaux yeux sont la cause
    Qu'on prend ce rien pour quelque chose.
Belle bouche dit j'aime ; et le disons nous pas ?
    Sans aucun bruit : Notre langage,
    Muet qu'il est plaist davantage
Que ces perles, ce chant et ces autres appas
    Avec quoy belle bouche engage.
L'Avocat des beaux yeux fit sa peroraison
    Des regards d'une intervenante.
Cette belle approcha d'une façon charmante :
    Puis il dit en changeant de ton :
J'amuse icy la Cour par des discours frivoles.
    Ay-je besoin d'autres paroles
Que des yeux de Philis ! Juge, regardez-les ;
    Puis prononcez vostre Sentence :
    Nous gagnerons nostre procez.
Philis eut quelque honte ; et puis sur l'assistance
Répandit des regards si remplis d'éloquence,
    Que les papiers tomboient des mains.
    Frapé de ces charmes soudains,
L'auditoire inclinoit pour beaux yeux dans son ame.
Belle bouche, en faveur des regards de la Dame,
Voyant que les esprits s'alloient préoccupant,

Prit la parole, et dit : à cette Rhetorique
Dont beaux yeux vont ainsi les Juges corrompant,
Je ne veux opposer qu'un seul mot pour replique.
　　　La nuit mon employ dure encor :
　　　Beaux yeux sont lors de peu d'usage ;
On les laisse en repos ; et leur muet langage
　　　Fait un assez froid personnage.
　　　Chacun en demeura d'accord.
　　　Cette raison regla la chose ;
　On préfera belle bouche à beaux yeux.
En quelques chefs pourtant ils eurent gain de cause.
Belle bouche baisa le juge de son mieux.

XLIV.

CONTRE LE MARIAGE

ÉPIGRAMME

Tirée d'Athenée [1].

Homme qui femme prend se met en un estat
Que de tous a bon droit on peut nommer
　　　le pire :
Fol estoit le second qui fit un tel contrat,
A l'égard du premier, je n'ay rien à luy dire.

---

1. Cette épigramme, publiée en 1671 à la page 100 des *Fables nouvelles, et autres poësies*, est tirée, non d'Athénée, mais d'un passage, cité par lui, de *Calonide*, comédie grecque d'Aristophon (Liv. XIII).
　Mathieu Marais la place, ainsi que la suivante et le *Rondeau* qui vient après, à l'année 1660, mais sans indiquer pourquoi. Nous avons préféré laisser ces pièces à la date de publication du volume dont elles sont tirées. On y lit : « Acheué d'imprimer pour la première fois le 12ᵉ jour de mars 1671. »

XLV.

AUTRE EPIGRAMME

Tirée d'Athenée [1].

Ubi lavantur qui hic lavantur ?

e cherchons point en ce bain nos amours;
Nous y voyons frequenter tous les jours
De gens crasseux une mal-propre bande;
Sire baigneur, ostez-moy de soucy,
Je voudrois bien vous faire une demande;
Où lave-t-on ceux que l'on lave icy?

XLVI.

RONDEAU REDOUBLÉ[2].

Qu'un vain scrupule à ma flâme s'oppose,
Je ne le puis souffrir aucunement;
Bien que chacun en murmure et nous glose;
Et c'est assez pour perdre vostre Amant.

Si j'avois bruit de mauvais garnement,
Vous me pourriez bannir à juste cause;
Ne l'ayant point, c'est sans nul fondement
Qu'un vain scrupule à ma flâme s'oppose.

1. Cette épigramme, publiée dans les *Fables nouvelles,* à
la suite de la précédente, ne se trouve pas dans Athénée,
mais dans Diogène Laërce, qui attribue ce trait à Diogène
le cynique (lib. VI, § XLVII). Voyez la note précédente.
2. Ce *Rondeau* a été publié en 1671 à la page 101 des
Fables nouvelles. Voyez page 80, note 1.

Que vous m'aimiez, c'est pour moy lettre close ;
Voire on diroit que quelque changement
A m'alleguer ces raisons vous dispose ;
Je ne le puis souffrir aucunement.

Bien moins pourrois vous cacher mon tourment,
N'ayant pas mis au contrat cette clause ;
Toûjours feray l'amour ouvertement,
Bien que chacun en murmure et nous glose.

Ainsi s'aimer est plus doux qu'eau de rose ;
Souffrez-le donc, Philis, car autrement
Loin de vos yeux je vais faire une pose ;
Et c'est assez pour perdre vostre Amant.

Pourriez-vous voir ce triste éloignement ?
De vos faveurs doublez plûtost la dose :
Amour ne veut tant de raisonnement ;
Ce poinct d'honneur, ma foy, n'est autre chose
            Qu'un vain scrupule.

XLVII.

ELEGIE PREMIERE[1].

Amour, que t'ay-je fait ? dy-moy quel est
      mon crime :
   D'où vient que je te sers tous les jours de
      victime?
Qui t'oblige à m'offrir encor de nouveaux fers ?
N'es-tu point satisfait des maux que j'ay soufferts?
Considere cruel quel nombre d'inhumaines
Se vante de m'avoir appris toutes tes peines ;
Car quant à tes plaisirs, on ne m'a jusqu'icy

1. Cette *Elegie* et les trois suivantes ont été publiées,
en 1671, dans les *Fables nouvelles* (p. 126).

Fait connoître que ceux qui sont peines aussi.
J'aimay; je fus heureux; tu me fus favorable
En un âge où j'estois de tes dons incapable.
Cloris vint une nuit; je crus qu'elle avoit peur;
Innocent! Ah pourquoy hâtoit-on mon bonheur?
Cloris se pressa trop; au contraire Amarille
Attendit trop long temps à se rendre facile.
Un an s'estoit déja sans faveurs écoulé,
Quand l'époux de la belle aux champs estant allé,
J'apperceus dans les yeux d'Amarille gagnée
Que l'heure du Berger n'estoit pas éloignée.
Elle fit un soûpir; puis dit en rougissant :
Je ne vous aime point; vous estes trop pressant :
Venez sur le minuit, et qu'aucun ne vous voye.
Quel Amant n'auroit crû tenir alors sa proye?
En fût-il jamais un que l'on vît approcher
Plus prés du bon moment sans y pouvoir toucher?
Amarille m'aimoit; elle s'estoit renduë
Aprés un an de soins, et de peine assiduë.
Les chagrins d'un jaloux irritoient nos desirs :
Nos maux nous promettoient des biens et des plaisirs.
La nuit que j'attendois tendit enfin ses voiles,
Et me déroba mesme aux yeux de ses étoiles;
Ny joüeur, ny filou, ny chien ne me troubla.
J'approchay du logis, on vint, on me parla,
Ma fortune ce coup me sembloit assurée.
Venez demain, dit-on, la clef s'est égarée.
Le lendemain l'époux se trouva de retour.
Et bien, me plains-je à tort? me joües-tu pas Amour?
Te souvient-il encor de certaine Bergere?
On la nomme Philis; elle est un peu legere :
Son cœur est soupçonné d'avoir plus d'un vainqueur;
Mais son visage fait qu'on pardonne à son cœur.
Nous nous trouvâmes seuls; la pudeur et la crainte
De roses et de lis à l'envy l'avoient peinte.
Je triomphay des lys et du cœur dés l'abord;
Le reste ne tenoit qu'à quelque rose encor :
Sur le poinct que j'allois surmonter cette honte

On me vint interrompre au plus beau de mon conte :
Iris entre; et depuis je n'ay pû retrouver
L'occasion d'un bien tout prest de m'arriver.
Si quelque autre faveur a payé mon martyre,
Je ne suis point ingrat, Amour, je vais la dire.
La severe Diane en l'espace d'un mois,
Si je sçais bien compter, m'a soûry quatre fois;
Chloë pour mon trépas a fait semblant de craindre;
Amarante m'a plaint; Doris m'a laissé plaindre;
Clarice a d'un regard mon tourment couronné;
Je me suis veu languir dans les yeux de Daphné.
Ce sont-là tous les biens donnez à mes souffrances;
Les autres n'ont esté que vaines esperances;
Et mesme en me trompant cet espoir a tant fait,
Que le regret que j'ay les rend maux en effet.   [grate,
Quant aux tourmens soufferts en servant quelque in-
C'est où j'excelle, Amour, tu sçais si je me flate.
Te souvient-il d'Aminte? il falût soûpirer,
Gemir, verser des pleurs, souffrir sans murmurer,
Devant que mon tourment occupât sa memoire;
Y songeoit-elle encore? helas, l'osay-je croire?
Caliste faisoit pis; et cherchant un détour,
Répondoit d'amitié quand je parlois d'amour.
Je luy donne le prix sur toutes mes Cruelles.
Enfin, tu ne m'as fait adorer tant de Belles
Que pour me tourmenter en diverses façons :
Cependant ce n'est pas assez de ces leçons :
Tu me fais voir Climene; elle a beaucoup de charmes;
Mais pour une ombre vaine elle répand des larmes;
Son cœur dans un tombeau fait vœu de s'enfermer,
Et capable d'Amour ne me sçauroit aymer.
Il ne me restoit plus que ce nouveau martyre :
Veux-tu que je l'éprouve? Amour, tu n'as qu'à dire :
Quand tu ne voudrois pas, Climene aura mon cœur;
Dy-le luy, car je crains d'irriter sa douleur.

XLVIII.

ELEGIE DEUXIÉME[1].

Me voicy rembarqué sur la mer amoureuse,
Moy pour qui tant de fois elle fut malheu-
    reuse,
Qui ne suis pas encore du naufrage essuyé,
Quitte à peine d'un vœu nouvellement payé.
Que faire? mon destin est tel qu'il faut que j'ayme.
On m'a pourveu d'un cœur peu content de luy-mesme,
Inquiet, et fecond en nouvelles amours :
Il aime à s'engager, mais non pas pour toûjours.
Si faut-il une fois brûler d'un feu durable :
Que le succez en soit funeste ou favorable,
Qu'on me donne sujet de craindre ou d'esperer,
Perte ou gain, je me veux encor avanturer.
Si l'on ne suit l'amour, il n'est douceur aucune :
Ce n'est point prés des Rois que l'on fait sa fortune :
Quelque ingrate beauté qui nous donne des loix,
Encore en tire-t-on un soûris quelquefois,
Et pour me rendre heureux un soûris peut suffire :
Climene, vous pouvez me donner un Empire,
Sans que vous m'accordiez qu'un regard d'un instant ;
Tiendra-t-il à vos yeux que je ne sois content?
Helas qu'il est aisé de se flater soy-mesme!
Je me propose un bien dont le prix est extréme,
Et ne sçais seulement s'il m'est permis d'aimer ;
Pourquoy non, s'il vous est permis de me charmer?
Je verray les plaisirs suivre en foule vos traces,
Vostre bouche sera la demeure des Graces,
Mille dons prés de vous me viendront partager,
Et mille feux chez-moy ne viendront pas loger?

1. Voyez page 82, note 1.

Et je ne mourray pas? non, Climene, vos charmes
Ne paroistront jamais sans me donner d'alarmes;
Rien ne peut empescher que je n'aime aussi-tost :
Je veux brûler, languir, et mourir s'il le faut.
Vôtre aveu là-dessus ne m'est pas necessaire.
Si pourtant vous aimer, Climene, estoit vous plaire,
Que je serois heureux! quelle gloire! quel bien !
Hors l'honneur d'estre à vous je ne demande rien.
Consentez seulement de vous voir adorée,
Il n'est condition des mortels reverée
Qui ne me soit alors un objet de mépris.
Jupiter, s'il quittoit le celeste pourpris,
Ne m'obligeroit pas à luy ceder ma peine.
Je suis plus satisfait de ma nouvelle chaîne
Qu'il ne l'est de sa foudre : il peut regner là haut,
Vous servir icy bas c'est tout ce qu'il me faut.
Pour me recompenser, avoüez moy pour vôtre;
Et si le sort vouloit me donner à quelque autre,
Dites, je le reclame, il vit dessous ma loy;
Je vous en avertis, cet esclave est à moy;
Du pouvoir de mes traits son cœur porte la marque;
N'y touchez point : alors je me croiray Monarque.
J'en sçay de bien traitez, d'autres il en est peu,
Je seray plus Roy qu'eux aprés un tel aveu.
Daignez donc approuver les transports de mon zele;
Il vous sera permis aprés d'estre cruelle.
De ma part le respect, et les soûmissions,
Les soins toûjours enfans des fortes passions,
Les craintes, les soucis, les frequentes alarmes,
L'ordinaire tribut des soûpirs et des larmes,
Et, si vous le voulez, mes langueurs, mon trépas,
Climene, tous ces biens ne vous manqueront pas.

XLIX.

ELEGIE TROISIÉME[1].

Ah Climene, j'ay crû vos yeux trop de leger;
Un seul mot les a fait de langage changer;
Mon amour vous déplaist, je vous nuis, je
[vous gêne ;
Que ne me laissiez-vous dissimuler ma peine ?
Ne pouvois-je mourir sans que l'on sceût pourquoy ?
Vouliez-vous qu'un rival pût triompher de moy ?
Tandis qu'en vous voyant il gouste des delices,
Vous le rendez heureux encor par mes supplices ;
Il en joüit Climene, et vous y consentez !
Vos regards et mes jours par luy seront comptez.
J'ose à peine vous voir, il vous parle à toute heure :
Honte, Dépit, Amour, quand faut-il que je meure ?
Hélas ! estois-je né pour un si triste sort ?
Sont-ce là les plaisirs qui m'attendoient encor ?
Vous me deviez, Climene, une autre destinée ;
Mais, puisque mon ardeur est par vous condamnée,
Le jour m'est ennuyeux, le jour ne m'est plus rien.
Qui me consolera ? je fuis tout entretien ;
Mon cœur veut s'occuper sans relâche à sa flâme :
Voilà comme on vous sert ; on n'a que vous dans l'ame.
Devant que sur vos traits j'eusse porté les yeux,
Je puis dire que tout me rioit sous les Cieux.
Je n'importunois pas au moins par mes services :
Pour moy le monde entier estoit plein de delices :
J'estois touché des fleurs, des doux sons, des beaux
[jours ;
Mes amis me cherchoient, et par fois mes amours :

1. Voyez page 82, note 1.

Que si j'eusse voulu leur donner de la gloire,
Phœbus m'aimoit assez pour avoir lieu de croire
Qu'il n'eust en ce besoin osé se démentir :
Je ne l'invoque plus que pour vous divertir.
Tous ces biens que j'ay dits n'ont plus pour moy de
[charmes :
Vous ne m'avez laissé que l'usage des larmes;
Encor me prive-t-on du triste reconfort
D'en arroser les mains qui me donnent la mort.
Adieu plaisirs, honneurs, loüange bien aimée;
Que me sert le vain bruit d'un peu de renommée?
J'y renonce à present; ces biens ne m'étoient doux
Qu'autant qu'ils me pouvoient rendre digne de vous
Je respire à regret, l'ame m'est inutile;
J'aymerois autant estre une cendre infertile
Que d'enfermer un cœur par vos traits méprisé :
Climene, il m'est nouveau de le voir refusé.
Hier encor ne pouvant maîtriser mon courage,
Je dis sans y penser, Tout changement soulage;
Amour vien me guerir par un autre tourment.
Non, ne vien pas, Amour, dis-je au mesme moment;
Ma cruelle me plaist, voy ses yeux et sa bouche :
O Dieux, qu'elle a d'appas! qu'elle plaît! qu'elle
[touche!
Dy moy s'il fut jamais rien d'égal dans ta Cour?
Ma cruelle me plaist; non, ne vien pas Amour.
Ainsi je m'abandonne au charme qui me lie :
Les nœuds n'en finiront qu'avec ceux de ma vie.
Puissent tous les malheurs s'assembler contre moy
Plûtost que je vous manque un seul moment de foy.
Comme ay-je pû tomber dans une autre pensée?
Un premier mouvement vous a donc offensée!
Punissez-moy, Climene, et vangez vos appas;
Avancez s'il se peut l'heure de mon trépas.
Lorsque je vous rendis ma derniere visite,
Vôtre accueüil parut froid, vous fustes interdite :
Climene, assurément mon amour vous déplaît;
Pourquoy donc de ma mort retardez-vous l'arrest?

Faut-il long-temps souffrir pour l'honneur de vos
[charmes?
Et bien, j'en suis content; baignez-vous dans mes
[larmes;
Je suis à vous, Climene; heureux si quelque jour
Je vous plais par ma mort plus que par mon amour.

L.

ELEGIE QUATRIÉME[1].

J'avois crû jusqu'icy bien connoître l'amour :
Je me trompois, Climene; et ce n'est que
[d'un jour
Que je sçais à quel poinct peuvent monter
[ses peines :
Non pas qu'ayant brûlé pour beaucoup d'inhumaines
Un esclavage dur ne m'ait assujeti;
Mais je compte pour rien tout ce que j'ay senti.
Des douleurs qu'on endure en servant une Belle
Je n'avois pas encor souffert la plus cruelle.
La jalousie aux yeux incessamment ouverts,
Monstre toûjours fecond en fantômes divers,
Jusques-là, grace aux Dieux, n'en avoit pû produire,
Que mon cœur eût trouvez capables de luy nuire.
Pour les autres tourmens, ils m'estoient fort communs,
Je nourrissois chez moy les soucis importuns,
La folle inquietude en ses plaisirs legere,
Des lieux où l'on la porte hostesse passagere :
J'y nourrissois encor les desirs sans espoir,
Les soins toûjours veillans, le chagrin toûjours noir,
Les peines que nous cause une eternelle absence :

1. Voyez page 82, note 1.

Tous ces poisons mélez composoient mà souffrance :
La jalousie y joint à present son ennuy :
Hélas, je ne connois l'amour que d'aujourd'huy.
Un mal qui m'est nouveau s'est glissé dans mon ame :
Je meurs ; Ah, ci c'estoit seulement de ma flâme !
Si je ne perissois que par mon seul tourment !
Mais le vôtre me perd ; Climene, un autre Amant
Mesme aprés son trépas vit dans vôtre memoire.
Il y vivra long-temps, vos pleurs me le font croire.
Un mort a dans la tombe emporté vôtre foy.
Peut-estre que ce mort sceut mieux aimer que moy?
Certes il en donna des marques bien certaines,
Quand pour le soulager de l'excés de ses peines
Vous luy voulustes bien conseiller par pitié
De reduire l'amour aux termes d'amitié.
Il vous crut ; et pour moy je n'ay d'obeïssance
Que quand on veut que j'aime avecque violence.
Tant d'ardeur semblera condamnable à vos yeux ;
Mais n'aimez plus ce mort, et vous jugerez mieux.
Comment ne l'aimer plus? on y songe à toute heure,
On en parle sans cesse, on le plaint, on le pleure ;
Son bon-heur avec luy ne sçauroit plus vieillir ;
Je puis vous offenser, il ne peut plus faillir.
O trop heureux Amant, ton sort me fait envie.
Vous l'appelez amy : je crois qu'en vôtre vie
Vous n'en fistes un seul qui le fust à ce poinct ;
J'en sçais qui vous sont chers, vous ne m'en parlez
                                              [point.
Pour celuy-cy, sans cesse il est dans vostre bouche.
Climene, je veux bien que sa perte vous touche ;
Pleurez-la, j'y consens, ce regret est permis ;
Mais ne confondez point l'Amant et les amis.
Vôtre cœur juge mal du motif de sa peine ;
Ces pleurs sont pleurs d'amour, je m'y connois, Cli-
Des amis si bien faits meritent entre nous   [mene.
Que sous le nom d'Amans ils soient pleurez par vous.
Ne déguisez donc plus la cause de vos larmes :
Avoüez que ce mort eut pour vous quelques charmes.

Il joignoit les beautez de l'esprit et du corps :
Ce n'estoient cependant que ses moindres tresors :
Son ame l'emportoit. Quoy qu'on prise la mienne,
Je la reformerois de bon cœur sur la sienne.
Exceptez en un poinct qui fait seul tous mes biens;
Je ne changerois pas mes feux contre les siens.
Puisqu'il n'estoit qu'amy, je le surpasse en zele;
Et mon amour vaut bien l'amitié la plus belle.
Je n'en puis relâcher; n'engagez point mon cœur
A tenter les moyens d'en estre le vainqueur;
Je me l'arracherois, et vous en seriez cause :
Moy, cesser d'estre Amant! et puis-je estre autre chose?
Puis-je trouver en vous ce que j'ay tant loüé,
Et vouloir pour amy sans plus estre avoüé?
Non, Climene, ce bien encor qu'inestimable
N'a rien de vôtre part qui me soit agreable;
D'une autre que de vous je pourrois l'accepter;
Mais quand vous me l'offrez je dois le rejetter.
Il ne m'importe pas que d'autres en joüissent :
Gardez vôtre present à ceux qui me haïssent.
Aussi-bien ne m'est-il reservé qu'à demy :
Dites, me traitez vous encor comme un amy?
Tâchez-vous de guerir mon cœur de sa blessure?
On diroit que ma mort vous semble trop peu sûre.
Depuis que je vous vois, vous m'offrez tous les jours
Quelque nouveau poison forgé par les Amours.
C'est tantôt un clin d'œil, un mot, un vain sourire,
Un rien; et pour ce rien nuit et jour je soûpire :
L'ay-je à peine obtenu, vous y joignez un mal
Qu'aprés moy l'on peut dire à tous Amans fatal.
Vous me rendez jaloux; et de qui? quand j'y songe,
Il n'est excez d'ennuis où mon cœur ne se plonge.
J'envie un rival mort; m'ajoûtera-t-on foy
Quand je diray qu'un mort est plus heureux que moy?
Cependant il est vray : si mes tristes pensées
Vous sont avec quelque art sur le papier tracées,
Cleandre, dites-vous, avoit cet art aussi.
Si par de petits soins j'exprime mon soucy,

Il en faisoit autant, mais avec plus de grace.
Enfin, si l'on vous croit, en rien je ne le passe.
Vous vous representez tout ce qui vient de luy,
Tandis que dans mes yeux vous lisez mon ennuy.
Ce n'est pas tout encor, vous voulez que je voye
Son Portrait où vostre ame a renfermé sa joye.
Remarquez, me dit-on, cet air remply d'attraits :
J'en remarque aprés vous jusques aux moindres traits.
Je fais plus : je les loüe, et souffre que vos larmes
Arrosent à mes yeux ce Portrait plein de charmes.
Quelquefois je vous dis, c'est trop parler d'un mort :
A peine on s'en est teu qu'on en reparle encor.
Je porte, dites-vous, mal-heur à ceux que j'aime;
Le Ciel, dont la rigueur me fut toûjours extrême,
Leur fait à tous la guerre; et sa haine pour moy
S'estendra sur quiconque engagera ma foy.
Mon amitié n'est pas un sort digne d'envie :
Cleandre, tu le sçais, il t'en couste la vie.
Helas, il m'a long-temps aimée eperduëment.
En presence des Dieux il en faisoit serment.
Je n'ay reduit son feu qu'avec beaucoup de peine :
Si vous l'avez reduit, avoüez-moy, Climene,
Que le mien dont l'ardeur augmente tous les jours
Mieux que celuy d'un mort merite vos amours.

LI.

VIRELAY.

SUR LES HOLLANDAIS [1].

A vous Marchands de fromage [2],
Salut, révérence, hommage,
A vous Marchands de fromage.
C'est à vous d'être en ombrage [3]
De ce terrible équipage
Qu'on fait sur votre rivage.
C'est vous, Pêcheurs de haran,
C'est vous, vendeurs de saffran,
Qui prétendez d'un fromage
Faire au soleil un écran.

1. Ce virelai, transcrit, sous la date du 1er mai 1672, dans la correspondance de Bussy Rabutin, a suivi de près, comme on le voit, la déclaration de guerre de la France et de l'Angleterre à la Hollande, qui est du 7 avril.

La Bibliothèque de l'Arsenal en possède une copie manuscrite intitulée : *Lettre aux Hollandois* (n° 151, in-4°. B. L. F. Tome II, p. 895). Elle présente d'assez nombreuses variantes recueillies dans les notes qui vont suivre. Ce virelai n'est pas le seul que la guerre de Hollande ait fait naître: dans les *Œuvres inédites de J. de La Fontaine* (p. 111). M. Paul Lacroix en a publié un qui commence par :

Les pauvres marchands d'épice
Crèvent comme une saucisse.

Il peut être intéressant de le rapprocher de celui de La Fontaine, mais nous ne pensons pas qu'il y ait lieu de le lui attribuer.

2. La copie manuscrite de l'Arsenal contient ici ce vers en plus :

Portefaix de l'Ocean

3. *Variante :* Ne soyez plus en ombrage.

Peuple hérétique et Maran,
Ennemi du Vatican [1],
Sur qui va fondre l'orage,
C'est trop faire de cancan [2],
Et parler en Maître-Jean;
Il faut changer de langage,
Et baisser de plus d'un cran
Cette fierté de courage.
En vain votre Aréopage,
Votre nouvelle Carthage,
Met toute chose en usage
Pour détourner l'ouragan [3],
Et vous sauver du naufrage :
La foudre part du nuage,
Et va secher marécage,
Rompre Digue et Watergan [4].
Vous avez beau mettre en gage
La juppe et le Calandran [5],
Appeller le Castillan,
Le Walon et le Flaman,
Le Maure et l'Européan;
Vous avez beau comme un pan,
Déployer votre plumage,
Et faire grand étalage [6]

1. Dans le manuscrit de l'Arsenal ces six derniers vers
sont disposés autrement, et il y en a deux d'ajoutés :

C'est pour pescher du haran,
Portefaix de l'Ocean,
Bourg-mestres de village,
Peuple hérétique et Maran,
Ennemy du Vatican
C'est vous, vendeur de saffran,
Qui prétendez d'un fromage
Faire au soleil un ecran.

2. *Variante :* Du cancan.
3. *Variante :* L'ouracan.
4. *Variante :* Va sécher le Marecage,
    Rompre fosse et vatregan.
5. *Variante :* Calape et le Balandran.
6. *Variante :* Et faire un grand étalage.

De bois, de mâts, de cordage,
Et de Soldats de louage ;
Votre lâche païsan,
Plus poltron à l'abordage
Et plus timide qu'un fan,
Tournera bien-tôt visage,
Et fuira[1] comme un crocan.
Mandez lettres et message
Chez le Goth, et l'Alleman[2],
Et dans tout le voisinage
Criez au meurtre, à l'outrage,
On me pille, on me saccage[3] ;
Proposez un Arbitrage,
Offrez des Places d'otage ;
Eussiez-vous pour partisan
Belzebuth, Leviathan,
Et les pages de Satan ;
Malgré votre tripotage,
Et votre patelinage,
Notre Roi, vaillant et sage,
Notre invincible Sultan [4]
Ruinera ville et pâcage[5],
Mettra votre or au pillage,
Vos personnes au carcan,
Et vos meubles à l'encan.
Ainsi l'on voit le milan,
A travers ronce et feuillage,
Fondre dessus l'ortolan,
La corneille ou le faisan[6],

1. Nous avons suivi ici le texte du manuscrit qui donne *fuira*, tandis que celui de Bussy Rabutin donne *fera* et les éditions de Walckenaër *sera*.

2. *Vers ajouté :*

> Faites la presse et la rage.

3. Ravage.
4. Vers supprimé.
5. *Variante :* Passage.
6. *Variante :* Et le faisan.

De même le cormoran [1]
Gobe [2] dans l'eau l'éperlan,
La sardine et le merlan [3].
Jamais le grand Tamerlan
Ne fit chez le Musulman
Tant de bruit ni de ravage,
Lorsqu'il vainquit le Persan,
Extermina le Soudan,
Et qu'il mit en esclavage
L'illustre Mahométan [4],
Qu'il traîna dans une cage.
De son heureux mariage
Avec l'Infante du Tage
Doit naître un puissant lignage,
Qui portera le carnage
Jusqu'aux terres du Liban,
Qui détruira l'Alcoran,
Et du Monarque ottoman
Arrachera le Turban.
Tandis, pour apprentissage,
Il verra dans son bas âge
Louis commencer l'ouvrage,
Lui tracer route et passage,
Et d'un superbe héritage
Augmenter son appanage.
Je ne suis Sorcier ni Mage [5];
Mais je prédis, et je gage,
Qu'on verra croître l'herbage
Dans les places d'Amsterdam;
Que Dordrecht, et Rotterdam

1. Vers supprimé.
2. *Variante :* Gober.
3. Vers supprimé.
4. *Vers ajouté :*
   Ce redoutable sultan
5. *Vers ajoutés :*
   Et je n'ay point l'avantage
   Qu'eut l'ânesse de Baalam.

Ne seront qu'un hermitage,
Qu'un lieu desert et sauvage.
Croyez-moi, pliez bagage,
Rompez trafic et ménage,
Vendez cruches et laitage[1],
Et passez à l'Indostan,
Dans quelque Isle de Sauvage,
De Negre ou d'Anthropophage;
Allez chez le Prête-Jean[2]
Debiter l'orviétan,
La clinquaille et le ruban,
Et faire le personnage
De Médecin, d'Artisan,
De Juif, ou de Charlatan.
Mais, ma foi, c'est grand dommage
De s'amuser davantage
A barbouiller cette page
Pour y peindre votre image,
Et chercher depuis Adam,
Depuis Sem, Japhet et Cam,
Jusques aux neiges d'antan,
Toutes les rimes en an,
Pour les avaleurs de bran[3].
Bonjour, bon soir et bon an.
Quand le pinson au bocage
Commencera son ramage;
Dès que le premier fourage
Nous permettra le voyage,
Vous verrez que mon présage
N'est rien moins qu'un badinage,
Et qu'un conte de Roman.
A vous Marchands de fromage[4],

---

1. *Variante :* Quittez champs, et labourage.
2. Vers supprimé.
3. Vers supprimé.
4. *Variante :* Adieu, Marchands de fromage.
   Portefaix de l'Ocean

A vous Pêcheurs de haran [1],
Salut, révérence, hommage,
A vous Marchands de fromage [2].

LII.

EPITAPHE DE MOLIERE [3].

Sous ce tombeau gisent Plaute et Te-
    rence,
Et cependant le seul Moliere y gît.
Il les faisoit revivre en son esprit
Par leur bel art réjouissant la France [4].
Ils sont partis et j'ai peu d'esperance
De les revoir malgré tous nos efforts.
Pour un long temps, selon toute apparence,
Terence, et Plaute, et Moliere sont morts.

LIII.

LETTRE
A MONSIEUR DE TURENNE [5].

Vous avez fait, Seigneur, un Opera.
Quoi? le vieux Duc suivi de Caprara [6],
Quoi, la bravoure et la matoiserie?
Grande est la gloire ainsi que la tuërie.

1. Vers supprimé.
2. *Variante :* Adieu, Marchands de fromage.
3. Molière mourut le 17 février 1673; le 19 mars mademoiselle du Pré adressa cette épitaphe à Bussy Rabutin.
4. Dans les *Œuvres diverses,* 1729 (t. I, p. 61), on lit :
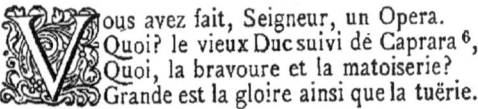
    Leurs trois talens ne formoient qu'un esprit
    Dont le bel art réjouissoit la France.
5. *Œuvres postumes* (p. 201); *Nouveau choix* de Duval de
Tours (tome II, p. 10); *Œuvres diverses* (tome I, p. 85).
6. Turenne avait battu, le 16 juin 1674, à Sintzeim, les

Vous sçavez coudre avec encor plus d'art,
Peau de Lion avec peau de Renard.
La joye en est parvenuë à sa cime,
Car on vous aime autant qu'on vous estime.
Qui n'aimeroit un Mars plein de bonté?
En telles gens ce n'est pas qualité
Trop ordinaire. Ils sçavent déconfire,
Bruler, razer, exterminer, détruire ;
Mais qu'on m'en montre un qui sçache Marot.
Vous souvient-il, Seigneur, que mot pour mot,
Mes creanciers qui de dixains n'ont cure [1],
Frere Lubin [2], et mainte autre écriture,
Me fut par vous recitée en chemin ?
Vous alliez lors rembarrer le Lorrain.
Reviens au fait, Muse, va plus grande erre,
Laisse Marot, et reparle de Guerre.
En surmontant Charles et Caprara,
Vous avez fait, Seigneur, un Opera.
Nous en faisons un nouveau [3], mais je doute
Qu'il soit si bon, quelqu'effort qu'il m'en coute.
Le vôtre est plein de grands évenemens :
Gens envoyez peupler les monumens,
Beaucoup d'effets de fureur Martiale,
D'amour tres-peu, tres-peu de Pastorale,
Mars sans armure y fut veu, ce dit-on,
Meslé trois fois comme un simple piéton [4].
Bien lui valut la longue experience,

troupes du prince Charles, duc de Lorraine et celles d'Albert, comte de Caprara, général de l'Empereur.

1. Premier vers de l'Epigramme intitulée : *Replique à la Royne de Navarre.*

2. Titre d'une Ballade.

3. Probablement *Galatée,* dont La Fontaine n'a écrit que les deux premiers actes publiés seulement en 1682, à la suite du *Poëme du quinquina* (tome IV, p. 210 de notre édition).

4. *Les Œuvres postumes* portent *Pithon,* au lieu de *piéton.*

Et le bon sens, et la rare prudence.
Dans le Combat ces trois Divinitez
Alloient toûjours marchant à ses costez.
Ce Mars, Seigneur, n'est le Mars de la Thrace,
Mais pour cet an c'est le Mars de l'Alsace;
Ainsi qu'il fut et sera d'autres fois
Tres-bien nommé le Mars d'autres endroits.
Enfin c'est Vous, afin qu'on ne s'y trompe.
Or en sont faits feux de joye en grand'pompe,
Bien est-il vrai qu'il nous en coûte un peu,
Mais gagne-t'on sans rien perdre à ce jeu?
Louis lui-même, Effroy de tant de Princes,
Preneur de Murs, Subjugueur de Provinces,
A-t'il conquis ces Etats et ces Murs
Sans quelque sang, non de Guerriers obscurs,
Mais de Heros qui mettoient tout en poudre?
Les Bourguignons[1] en éprouvant sa foudre
Ont fait pleurer celui qui la lançoit.
Sous les Remparts que son bras renversoit
Sont enterrez, et quelques Chefs fidelles,
Et les Titans à sa valeur rebelles[2].

1. Les habitants de la Bourgogne Comté, appelée plus tard Franche-Comté.
2. Dans le Recueil de Duval de Tours, cette pièce se termine ainsi :

> Bien est-il vrai qu'il vous en coûte un peu.
> Mais gagne-t-on, sans rien perdre, à ce jeu?
> Il ôte aux gens dans le tems qu'il leur donne.
> J'en fais temoins ces Enfans de Bellone,
> Qui ne sont morts, helas! en leur foyer,
> Non plus qu'a fait le pauvre S. Loyer.
> Que sans soüiller de pleurs votre Victoire,
> Nous honorions à jamais leur memoire;
> Et que le Ciel, parmi tant de Lauriers,
> Ainsi que vous, épargne nos Guerriers.

Une note désigne S. Loyer comme « Ecuyer de Mr de Turenne. »
Dans les *Œuvres diverses* la pièce finit comme dans les *Œuvres postumes*.

LIV.

EPITRE

A M. DE TURENNE[1].

Hé! quoi, Seigneur, toujours nouveaux
    combats?
Toujours dangers? Vous ne croyez
    donc pas
Pouvoir mourir? Tout meurt, tout Héros passe.
Clothon ne peut nous[2] faire d'autre grace
Que de filer nos jours plus lentement :
Mais Clothon va toujours étourdiment.
Songez-y bien. Si ce n'est pour vous-même,
Pour nous, Seigneur, qui sans douleur extrême
Ne pourrions[3] voir un triomphe acheté
Du moindre sang qu'il vous auroit coûté.
C'est un avis qu'en passant je vous donne ;
Et je reviens à ce que fait Bellone.
A peine un bruit fait faire ici des vœux,
Qu'un autre bruit y fait faire des feux.
C'est un concours[4] de victoires nouvelles.

1. Publiée pour la première fois dans le *Nouveau choix
de Duval de Tours* (tome II, p. 8), réimprimée dans les
Œuvres diverses (tome I, p. 82) et donnée ensuite plus
complètement dans le même recueil (t. I, p. 356). On lit
en note au bas de ce dernier texte : « Cette Epître se trouve
ci-devant p. 82. Mais la copie que nous suivons ici, est
plus correcte, et plus étenduë. »
    2. *Vous* ici et *vos* au vers suivant, dans le premier
texte.
    3. *Saurions* à la page 82 des *Œuvres diverses*.
    4. *Retour*, dans le premier texte.

La Renommée a-t-elle encor des ailes,
Depuis le temps qu'elle vient annoncer :
Tout est perdu, l'Hydre va s'avancer ;
Tout est gagné, Turenne l'a vaincuë ;
Et se voyant mainte tête abattuë,
Elle retourne en son antre à grands pas.
Quelque démon, que l'on ne connoît pas,
Lui rend en hâte un nombre d'autres têtes,
Qui sous vos coups sont à cheoir toutes prêtes.
Voilà, Seigneur, ce qui nous en paroît.
Car d'aller voir sur les lieux ce que c'est,
Permettez-moi de laisser cette envie
A vos guerriers, qui n'estiment la vie
Que comme un bien qui les doit peut toucher,
Ne laissant pas de là ¹ vendre bien cher.
Toute l'Europe admire leur vaillance,
Toute l'Europe en craint l'expérience.
Bon fait de loin regarder tels acteurs.
Ceux de Strasbourg, devenus spectateurs
Un peu voisins, comme tout se dispose,
Pourroient bien-tôt devenir autre chose.
Je ne suis pas un Oracle; et ceci
Vient de plus haut. Apollon, Dieu-merci,
Me l'a dicté. Souvent il ne dédaigne
De m'inspirer. Maint auteur nous enseigne
Qu'Apollon sait un peu de l'avenir.
L'autre jour donc j'allai l'entretenir
Du grand concours des Germains tous en armes.
L'Hélicon même avoit quelques allarmes.
Le Dieu soûrit, et nous tint ce propos :
Je vous enjoins de dormir en repos,
Poëtes Picards et Poëtes de Champagne.
Ni les Germains, ni les troupes d'Espagne,
Ni le Batave, enfant de l'Océan,
Ne vous viendront visiter ² de cet an,

1. *Le*, dans le premier texte.
2. *Eveiller*, dans le premier texte.

Tout aussi peu la campagne prochaine.
Je vois Louis qui des bords de la Seine,
La foudre en main, au Printemps partira.
Malheur alors à qui ne se rendra.
Je vois Condé, prince à haute avanture,
Plutôt démon qu'humaine créature :
Il me fait peur de le voir plein de sang,
Souillé, poudreux, qui court de rang en rang.
Le plomb volant siffle autour sans l'atteindre,
Le fer, le feu, rien ne l'oblige à craindre.
Quand de tels gens couvriront vos ramparts,
Je vous dirai : Dormez, Poëtes Picards ;
Devers la Somme on est en assurance ;
Devers le Rhin tout va bien pour la France,
Turenne est là ; l'on n'y doit craindre rien :
Vous dormirez, ses soldats dorment bien :
Non pas toujours. Tel a mis mainte lieuë
Entre eux et lui, qui les sent à sa queuë [1].
Deux de la troupe avec peine marchoient,
Les pauvres gens à tout coup trébuchoient,
Et ne laissoient de tenir ce langage :
Le Conducteur, car il est bon et sage,
Quand il voudra, nous fera reposer.
Après cela, qui peut vous excuser
De n'avoir pas une assurance entiere?
Morphée eut tort de quitter la frontiére.
Dormez sans crainte à l'ombre de vos bois,
Poëtes Picards et Poëtes Champenois.
Ainsi parla le Dieu qui nous inspire,
Et je ne fais, Seigneur, que vous redire,
Mot après mot, le discours qu'il nous tint.
Un temps viendra que ceci sera peint
Sur les lambris du Temple de Mémoire.
Les deux soldats sont un point de l'Histoire
A mon avis, digne d'être noté.
Ces vers, dit-on, seront mis à côté.

1. La pièce s'arrête ici dans le premier texte.

Turenne eut tout, la valeur, la prudence,
L'art de la guerre, et les soins sans repos.
Romains et Grecs, vous cédez à la France,
Opposez-lui de semblables Héros.

LV.

J'ay composé ces stances en vieil stile, à la ma-
niere du blazon des fausses amours, et de celuy
des folles amours, dont l'auteur est inconnu. Il
y en a qui les attribüent à l'un des Saint-
Gelais. Je ne suis pas de leur sentiment, et je
crois qu'ils sont de Cretin[1].

JANOT ET CATIN.

Un beau matin
Trouvant Catin
Toute seulette,
Pris son tetin
De blanc satin,
Par amourette:
Car de gallette,
Tant soit mollette,
Moins friand suis pour le certain.
Adonc me dit la bachelette;
Que vostre coq cherche poulette;
Icy ne fera grand butin.

Telle censure
Ne fut si sure
Qu'elle esperoit :
De ma fressure

1. Imprimé pour la première fois en 1675 dans les
Nouveaux contes, p. 125.

Dame Luxure
Ja s'emparoit.
En tel détroit
Mon cas estoit,
Que je quis meilleure avanture :
Catin ce jeu point n'entendoit ;
Mieux attaquois, mieux défendoit :
Dont je souffris peine tres-dure.

Pendant l'étrif,
D'un ton plaintif
Dis chose telle :
Las moy chetif,
En son esquif
Caron m'appelle.
Cessez donc belle
D'estre cruelle
A cetuy vostre humble captif.
Il est à vous, foye et ratelle.
Bien gran mercy, répondit elle ;
Besoin n'ay d'un tel apprentif.

JANOT.

Je vous affie,
Et certifie,
Que quelque jour
J'ai bonne envie
Ne vous voir mie
Dure à l'étour :
Le Dieu d'amour
Sçait plus d'un tour ;
Que vostre cœur trop ne s'y fie ;
Car quant à moy, j'ay belle paour
Qu'à vous ferir n'ayt le bras gourd ;
Le contemner est donc folie.

CATIN.

Vous n'avez pas

Bien pris mon càs
Ne ma sentence;
De tomber, las,
D'amour es las,
Ne fais doutance :
Mais telle offense,
En conscience,
Ne commettrois pour cent ducats.
Que ce soit donc vostre plaisance,
De me laisser en patience,
Et de finir cet altercas.

JANOT.

Alors qu'on use
De vaine excuse,
C'est grand defaut ;
Telle refuse,
Qui aprés muse,
Dont bien peu chault :
Car point ne fault
Tout homme caut
A chercher mieux quand on l'amuse,
Dont je conclus qu'en amours faut
Batre le fer quand il est chaud,
Sans chercher ny détour ny ruse.

Onc en amours
Vaines clamours
Ne me reviennent;
Roses et flours,
Tous plaisans tours,
Mieux y conviennent :
Assez tost viennent,
Voire et proviennent
Du temps qu'on perd douleurs et plours :
Tant que tels cas aux gens surviennent.
C'est bien raison qu'ils entretiennent
En tout déduit leurs plus beaux jours.

Ainsi preschois,
Et j'émouvois
Cette mignonne ;
Mes mains fourrois,
Usant des droits
Qu'Amour nous donne.
Humeur friponne
Chez la Pouponne
Se glissa lors en tapinois.
Son œil me dit en son patois,
Berger, berger, ton heure sonne ;
J'entendis clair, car il n'est homme
Plus attentif à telle voix.
Ami lecteur qui cecy vois,
Ton serviteur qui Jean se nomme,
Dira le reste une autre fois.

LVI.

ÉPITRE A M. DE NIERT [1]

Sur l'Opéra. 1677.

Niert, qui, pour charmer le plus juste des
rois,
Inventas le bel art de conduire la voix,
Et dont le goût sublime à la grande justesse,
Ajouta l'agrément et la délicatesse ;

1. Un fragment de cette épître a paru dans le *Nouveau choix* de Duval de Tours, mais elle n'a été publiée en entier qu'en 1765, dans les *Variétés sérieuses et amusantes* de l'abbé Sablier (tome II, 1re partie, p. 115).

Pierre de Niert ou de Nyert, qui est appelé aussi de Nière et même de Niel, fut valet de chambre de Louis XIII, sur‑nommé le Juste, et de Louis XIV, et dirigea longtemps les concerts de ces deux rois.

Toi qui sais mieux qu'aucun le succès que jadis
Les Pieces de Musique eurent dedans Paris,
Que dis-tu de l'ardeur dont la Cour échauffée
Frondoit en ce tems-là les grands Concerts d'Or-
Les passages d'Atto, et de Leonora [2],   [phée [1],
Des Machines d'abord le surprenant spectacle
Eblouit le Bourgeois et fit crier miracle ;
Mais la seconde fois il ne s'y pressa plus :
Il aima mieux le Cid, Horace, Heraclius.
Aussi, de ces objets l'ame n'est point émue,
Et même rarement ils contentent la vue.
Quand j'entends le sifflet, je ne trouve jamais
Le changement si prompt que je me le promets.
Souvent au plus beau char, le contre-poids résiste ;
Un Dieu pend à la corde, et crie au Machiniste ;
Un reste de Forêt demeure dans la mer,
Ou la moitié du Ciel au milieu de l'Enfer.
Quand le Théâtre seul ne réussiroit guère,
La Comédie, au moins, me diras-tu, doit plaire.
Les Ballets, les Concerts, se peut-il rien de mieux
Pour contenter l'esprit et réveiller les yeux ?
Ces beautés, néanmoins, toutes trois séparées,
Si tu veux l'avouer, seroient mieux savourées.
Des genres si divers le magnifique amas
Aux regles de chaque art ne s'accommode pas.
Il ne faut point, suivant les préceptes d'Horace,
Qu'un grand nombre d'Acteurs le théâtre embarrasse ;

---

1. *Orfeo e Euridice*, opéra italien, représenté en 1647.
On en trouve la relation dans l'Extraordinaire de la *Gazette*
du 8 mars.

2. Ainsi dans les *Œuvres diverses* de 1758. On lit dans
le Recueil de Sablier :

Les longs passages d'Atto et de Leonora.

Cette leçon, évidemment défectueuse, est accompagnée
de la remarque suivante : « Le vers est ainsi dans deux
copies que j'ai. »

Qu'en sa machine un Dieu vienne tout ajuster [1].
Le bon Comédien ne doit jamais chanter.
Le Ballet fut toujours une action muette.
La Voix veut le Théorbe, et non pas la Trompette ;
Et la Viole, propre aux plus tendres amours,
N'a jamais, jusqu'ici, pu se joindre aux Tambours.
Mais en cas de vertus, LOUIS, qui, par pratique,
Sait que pour en avoir une seule héroïque,
Il faut en avoir mille, et toutes à la fois,
Veut voir si, comme il est le plus puissant des Rois,
En joignant, comme il fait, mille plaisirs de même,
Il en peut avoir un dans le degré suprême.
Comme il porte au-dehors la terreur et l'amour,
Humain dans son armée autant que dans sa Cour
Il veut sur le théâtre, ainsi qu'à la campagne,
La foule qui le suit, l'éclat qui l'accompagne ;
Grand en tout, il veut mettre en tout de la grandeur.
La guerre fait sa joie et sa plus forte ardeur ;
Ses divertissements ressentent tous la guerre :
Ses concerts d'instruments ont le bruit du tonnerre,
Et ses concerts de voix ressemblent aux éclats,
Qu'en un jour de combat font les cris des soldats.
Les danseurs, par leur nombre, éblouissent la vue,
Et le Ballet paroît, exercice, revue,
Jeu de gladiateurs, et tel qu'au champ de Mars,
En leurs jours de triomphe en donnoient les Césars.
Glorieux, tous les ans, de nouvelles conquêtes,
A son peuple il fait part de ses nouvelles fêtes ;
Et son peuple qui l'aime et suit tous ses desirs,
Se conforme à son goût, ne veut que ses plaisirs.
Ce n'est plus la saison de Raymond ni d'Hilaire ;
Il faut vingt clavecins, cent violons pour plaire.
On ne va plus chercher au bord de quelque bois
Des amoureux Bergers la Flute et le Hautbois.
Le Théorbe charmant, qu'on ne vouloit entendre

---

1. Nec Deus intersit, nisi dignus vindice nodus
   Inciderit ; nec quarta loqui persona laboret.
   (Horat. *de Arte poetica*, V, 191.)

Que dans une ruelle avec une voix tendre,
Pour suivre et soutenir par des accords touchants
De quelques airs choisis les mélodieux chants,
Boisset, Gaultier, Hémon, Chambonniere, La Barre,
Tout cela seul déplaît, et n'a plus rien de rare.
On laisse là Dubut, et Lambert, et Camus ;
On ne veut plus qu'Alceste [1], ou Thésée [2], ou Cadmus [3].
Que l'on n'y trouve point de machines nouvelles,
Que les vers soient mauvais, que les voix soient
    cruelles :
De Baptiste [4] épuisé les compositions
Ne sont, si vous voulez, que répétitions :
Le François pour lui seul contraignant sa nature,
N'a que pour l'Opéra de passion qui dure.
Les jours de l'Opéra, de l'un à l'autre bout,
Saint Honoré, rempli de carrosses par tout,
Voit, malgré la misere à tous états commune,
Que l'Opéra tout seul fait leur bonne fortune.
Il a l'or de l'Abbé, du Brave, du Commis ;
La Coquette s'y fait mener par ses amis ;
L'Officier, le Marchand tout son rôti retranche
Pour y pouvoir porter tout son gain le Dimanche.
On ne va plus au Bal, on ne va plus au Cours :
Hiver, Été, Printemps, bref, Opéra toujours ;
Et quiconque n'en chante, ou bien plutôt n'en gronde
Quelque récitatif, n'a pas l'air du beau monde.
Mais que l'heureux Lully ne s'imagine pas
Que son mérite seul fasse tout ce fracas.

1. Opéra de Quinault, représenté en avril 1674.
2. Opéra de Quinault, joué à Saint-Germain, en 1675.
3. Opéra de Quinault, joué en avril 1673.
4. Jean-Baptiste Lully. Walckenaër remarque qu'il était
de bon ton à la Cour de désigner ce musicien par son
prénom et cite, à ce propos, ce passage des *Fâcheux*
(acte I, scène IV) :

> Baptiste le tres-cher
> N'a point veu ma courante, et je le vais chercher.

Si Louis l'abandonne à ce rare mérite,
Il verra si la Ville et la Cour ne le quitte [1].
Ce grand Prince a voulu tout écouter, tout voir ;
Mais il sait de nos sens jusqu'où va le pouvoir,
Et que si notre esprit a trop peu de portée,
Leur puissance est encor beaucoup plus limitée ;
Que lorsqu'à quelque objet l'un d'eux est attaché,
Aucun autre de rien ne peut être touché.
Si les yeux sont charmés, l'oreille n'entend gueres :
Et tel, quoiqu'en effet il ouvre les paupieres,
Suit attentivement un discours sérieux,
Qui ne discerne pas ce qui frappe ses yeux.
Car ne vaut-il pas mieux, dis-moi ce qu'il t'en semble,
Qu'on ne puisse saisir tous les plaisirs ensemble,
Et que, pour en goûter les douceurs purement,
Il faille les avoir chacun séparément?
La Musique en sera d'autant mieux concertée;
La grave Tragédie, à son point remontée,
Aura les beaux sujets, les nobles sentimens,
Les vers majestueux, les heureux dénouemens :
Les Ballets reprendront leurs pas et leurs machines,
Et le Bal éclatant de cent Nimphes divines,
Qui de tout tems des Cours a fait la Majesté,
Reprendra de nos jours sa première beauté.
Ne crois donc pas que j'aie une douleur extrême
De ne pas voir Isis [2] pendant tout le Carême.
Si nous ne pouvons pas de l'auguste Louis
Savoir encor sitôt les projets inouïs,
Le jour de son départ, sa marche et quelles Places
Foudroyent ses canons, embrasent ses carcasses,
Avec mille autres biens, le Jubilé fera

---

1. La Fontaine se rappelle ici les paroles d'Auguste à Cinna dans la pièce de Corneille (acte V, scène 1) :

Ta fortune est bien haut, tu peux ce que tu veux,
Mais tu ferois pitié mesme à ceux qu'elle irrite,
Si je t'abandonnois à ton peu de mérite:

2. Opéra de Quinault, représenté le 5 janvier 1677.

Que nous serons un temps sans parler d'Opera.
Mais aussi, de retour de mainte et mainte Eglise,
Nous irons, pour causer de tout avec franchise,
Et donner du relâche à la dévotion,
Chez l'illustre Certain faire une station :
Certain, par mille endroits également charmante,
Et dans mille beaux Arts également savante,
Dont le rare génie et les brillantes mains
Surpassent Chambonniere, Hardel, les Couperins.
De cette aimable Enfant le Clavecin unique
Me touche plus qu'Isis et toute sa Musique :
Je ne veux rien de plus, je ne veux rien de mieux
Pour contenter l'esprit, et l'oreille et les yeux;
Et si je puis la voir une fois la semaine,
A voir jamais Isis je renonce sans peine.

LVII.

VERS POUR DES BERGERS

ET DES BERGERES,

Dans une Fête donnée à Troyes, en 1678 [1].

Telles étoient jadis ces illustres Bergeres
    Que le Lignon tenoit si chères;
Tels étoient ces Bergers qui, le long de
    ses eaux,
    Menoient leurs paisibles troupeaux,
Et passoient dans les jeux leurs plus belles années.

1. Ces vers ont été publiés pour la première fois dans
l'*Almanach littéraire, ou Etrennes d'Apollon* pour l'année
1778, p. 72. Ils sont accompagnés de la note suivante :
« M. Grosley, très-connu dans la République des Lettres,
nous a conservé ce morceau précieux que personne ne
connoissoit. »

Parmi ces troupes fortunées,
Les plaisirs de campagne et les plaisirs de Cour
Trouvoient leur place tour-à-tour.
Comme eux, tantôt on nous voit sur l'herbette
Marquer nos pas au son de la musette,
Cueillir et présenter des fleurs,
En y mêlant quelques douceurs;
Tantôt aux bords de nos fontaines
Nous chantons de l'amour les plaisirs et les peines;
Et le divin Tircis mêle aussi quelquefois
Son Thuorbe divin aux accens de nos voix.
Parfois à sa Bergere on donne sérénade;
Avec elle on fait mascarade,
On danse même des ballets.
On fait des vers galans, on en fait de follets,
Nous lisons de Renaud les douces aventures,
Et les magiques impostures
De la Belle qui l'enchanta;
Tout ce que le Tasse chanta,
Et mille autres récits que la galanterie
Semble avoir inventés pour notre Bergerie.
Nous vous dirons aussi que nos brillants guérets
Et nos sombres forêts
Nous fournissent parfois de quoi faire grand'chere;
Mais cela paroîtroit vulgaire,
Et l'on diroit qu'en discours de Berger
On ne parle jamais de boire et de manger.
Ainsi passe le temps, sans tracas, sans cabale;
Gens d'une humeur assez égale,
Voilà nos douces libertés :
Qu'ont de mieux vos sociétés?

LVIII.

ODE POUR LA PAIX[1].

oin de nous fureurs homicides,
Et toy démon qui leur présides,
Va dans le fonds du Nort séjour
    des Aquilons,
Mendier une retraite :
Nos Bergers dans ces vallons
Contans leur peine secrete,
Désormais ne seront plus
Par ton bruit interrompus.

Déja la Déesse Astrée,
Par toute cette contrée,
Reconnoist ses derniers pas ·
Encore empreints sur la terre :
Comme elle nous quita les derniers d'icy bas,
    Ses temples dans nos états
Ne se sont point sentis des suites de la Guerre.
Elle ne change point cette fois de séjour;
Car l'Olimpe est partout où Loüis tient sa Cour.

Fleuve qui la revois, va-ten dire à Neptune
    Que tout est calme parmi nous :
Mars a quité ces lieux; d'autres démons plus doux
S'en vont courir les mers et tenter la fortune.

1. Cette pièce importante, relative à la paix de Nimègue,
a échappé à Walckenaër, mais elle a été recueillie par
M. Paul Lacroix dans les *Œuvres inédites de la Fontaine.*—
Paris, Hachette, 1863 (p. 152). Voici la description
bibliographique de l'édition originale de cette *ode*, dont la
Bibliothèque nationale possède un exemplaire : *Ode pour
la paix.* — A Paris, chez Claude Barbin, M. DC. LXXIX.
Avec permission. In-4° de 8 p. Cette *Ode* est signée en
toutes lettres : DE LA FONTAINE. On lit à la fin : Permis
d'imprimer. Fait ce 18 Juin 1679.

On ne verra nos Matelots
Combatre à l'avenir que les vents et les flots.
Loüis nous rend la Paix : son bras et sa conduite
Aux yeux de l'Univers ont assez éclaté;
Et l'envie à la fin pleure d'être reduite
    A connoistre aussi sa bonté.

Ainsi disoit Acante, et le Dieu de la Seine,
Que l'horreur des combats retenoit sous les eaux,
    N'osant le croire qu'avec peine
    Sortit du fonds de ses roseaux
    Pour écouter cette nouvelle.
    Toutes ses Nymphes accourant
    Aupres d'Acante, et·l'entourant,
    Contez-nous, luy dit la plus belle,
Ce fruit inesperé des Armes de Loüis.
Acante satisfit en ces mots l'immortelle :
Zéphire estoit present, et les ayant oüis,
    Il m'en fit ce recit fidele.

    O Nymphe, il faut vous accorder
    Ce que vôtre troupe souhaite :
C'est à moy d'obeïr, à vous de commander :
Sçachez donc que Bellone impuissante et muette
Souffre que ses enfans taschent de la bannir.
Celle dont les faveurs ont ennobli la France,
    Se laisse oster toute esperance
    D'y pouvoir jamais revenir.

    Loüis consent qu'elle nous quite.
Elle luy dit en vain que bien-tôt ses exploits
A l'un et l'autre Rhein auront joint sous ses lois
    Les deux ceintures d'Amphitrite.
    Il eust pû tenter ces projets;
    Mais le repos de ses sujets,
Celuy de ses voisins, les soupirs de l'Europe,
Ont à la fin changé l'objet de ses desirs;
    Et la sçavante Calliope
Ne nous chantera plus que jeux et que plaisirs.

Acante en eust dit davantage,
Mais on cessa de l'écouter.
Les Nymphes au transport se laissant emporter
Du doux nom de la Paix remplirent leur rivage.
Toutes plaçoient déja Louïs entre les Dieux.
Elles voyoient que de ces lieux
A la fin Bellone exilée
D'alarmes pour toûjours nous avoit garentis.
Telle éclata la joye aux Noces de Pelée,
Chez les Suivantes de Thétis.

Acante alla porter l'allegresse au Parnasse ;
Il trouva dans ses bois les doctes nourrissons
Occupez encore aux chansons
Que cherit le Dieu de la Thrace.
Ils disoient qu'un de ses Rivaux,
Un conquerant, par ses travaux,
Alloit sous son pouvoir ranger la terre entiere.
Adoucissez, dit Acante, vos voix :
Chantez la Paix donnée; aussi bien, tant d'exploits
Sont une trop ample matiere.
Et vous, divinitez, à qui je dois les vers
Qui de jeux et d'amour ont rempli l'Univers,
Si j'ay toûjours suivi vôtre troupe immortelle,
Faites qu'estant épris d'une nouvelle ardeur
Je chante de Louïs, non toute la grandeur,
Vôtre voix y suffiroit-elle ?
Vous-mesmes pourriez-vous d'un si rapide cours
De victoire en victoire, à ce Mars de nos jours
Accommoder vos sons? non, Déesses, ma Lire
N'a point ce but, et je n'aspire
Qu'à chanter une Paix digne de plus d'Autels
Que les combats des immortels.

Le Dieu des vers sourit. C'est aux sçavantes Fées
D'en estre seules les Orphées,
Non aux hommes, dit-il. Je t'apprens que ton Roy
Fera plus pour son nom que tes pareils ni toy.
La Paix couronnera l'ouvrage de la guerre;

Et comme Jupiter ton Prince fera voir
Qu'il sçait par des bien-faits exercer son pouvoir,
    Aussi bien qu'user du Tonnerre.
L'Univers va changer : l'avenir m'est caché,
Ou le temps des beaux Arts s'est enfin raproché;
Ils refleuriront tous : on verra dans les nuës,
D'autres Louvres cherchans des routes inconnuës
Toucher de leur sommet la demeure des Dieux.
    J'évoquerai pour le Theâtre
Les grands morts, grands sujets dont je suis idolâtre,
Tandis que d'autre part d'un soin laborieux
Par l'ordre de Louïs cent Traducteurs celebres
    Tireront du sein des tenebres
Ce que Rome et la Grece ont produit de plus beau.
Homere et ses enfans ressortis du Tombeau
    Vont éterniser vôtre Empire.
Tout deviendra François; Louïs le veut ainsi.
    Apollon t'annonce ceci,
    Va chez les mortels le redire.

LIX.

PRÉDICTIONS

POUR LES QUATRE SAISONS DE L'ANNÉE,

*Mises dans un Almanac écrit à la main sur du
velin, garni d'or et de diamants et présenté
à Mme de Montespan par Mme de Fontanges,*
Le 1er de l'an 1680 [1].

L'HIVER.

out est faict pour Louis et dans leur con-
    sistoire,
Les dieux ont résolu de suivre ses desirs :
Mars a passé le Rhin jusqu'icy pour sa gloire;
L'Amour le va bien tost passer pour ses plaisirs.

1. Ces *prédictions* sont données d'après le texte qui se

LE PRINTEMPS.

Le retour des zephirs nous annonçoit la guerre,
Les cœurs sont à présent pleins d'un autre soucy :
Et jamais le printemps n'amena sur la terre
Tant d'amoureux desirs que fera celuy cy.

L'ESTÉ.

Flore a faict son devoir; Ceres, Bacchus, Pomone,
Feront aussy le leur, si je lis dans les cieux :
Le sort le veut ainsy, Louis ainsy l'ordonne.
Son vouloir est le sort, ses ministres les dieux[1].

L'AUTOMNE.

Des fruits d'un doux himen je vois l'heureux presage,
Avant que de cet an on aist atteint le bout :
Il doit naistre un enfant qui surmonteroit tout
Si son aïeul n'avoit achevé son ouvrage.

trouve à la page 192 du tome 1 des manuscrits de Coulanges en trois volumes in-4° conservés à la Bibliothèque
de l'Arsenal. Le titre, que nous avons reproduit fidèlement,
est suivi de ces mots : *Les vers sont de M^r de La Fontaine.*
Dans le *Nouveau choix* de Duval de Tours et dans les
Œuvres diverses le titre est fort différent : *Vers mis au bas
de chaque saison à un Almanach donné pour étrenne par le
Roy à madame de Fontange, en* 1681. Au lieu de l'indication des saisons les *prédictions* y portent celle des mois
et les sous-titres sont : *Janvier, Février et Mars. — Avril,
May et Juin. — Juillet, Août et Septembre. — Octobre,
Novembre et Décembre.*
1. Dans le *Nouveau choix* de Duval de Tours et dans les
Œuvres diverses on lit au lieu de ces deux vers :

> Un printemps éternel, une éternelle automne,
> En faveur de Louis vont régner dans ces lieux.

LX.

LE FLORENTIN [1].

e Florentin
Montre à la fin
Ce qu'il sçait faire :
Il ressemble à ces loups qu'on
nourrit, et fait bien :
Car un loup doit toûjours garder son caractere
Comme un mouton garde le sien.
J'en étois averti, l'on me dit prenez garde,
Quiconque s'associe avec lui se hazarde :
Vous ne connoissez pas encor le Florentin,
C'est un paillard, c'est un mâtin
Qui tout devore,
Happe tout, serre tout, il a triple gosier,
Donnez-lui, fourrez-lui, le Glou demande encore,
Le Roi-même auroit peine à le rassasier.
Malgré tous ces avis il me fit travailler.
Le paillard s'en vint reveiller
Un enfant des neuf Sœurs, enfant à barbe grise,
Qui ne devoit en nulle guise
Estre dupe : il le fut, et le sera toûjours.
Je me sens nai pour être en butte aux méchans tours.
Vienne encor un trompeur, je ne tarderai guere ;
Celui-ci me dit veux-tu faire,
Prestò, Prestò, quelque Opera,
Mais bon, ta Muse repondra
Du succez pardevant Notaire.

1. Cette pièce a paru d'abord dans les *Contes* publiés à Amsterdam en 1691 (tome II, p. 1); elle a ensuite été réimprimée dans les *Œuvres diverses* (tome I, p. 94). Elle est dirigée contre Jean Baptiste Lully, qui, après avoir déterminé La Fontaine à composer l'opéra de *Daphné*, refusa de le mettre en musique (voyez tome IV, p. 153, note 1 de notre édition).

Voici comment il nous faudra
Partager le gain de l'affaire.
Nous en ferons deux lots, l'argent et les chansons :
L'argent pour moi, pour toi les sons :
Tu t'entendras chanter, je prendrai les testons,
Volontiers je paye en gambades.
J'ai huit ou dix Trivelinades
Que je sçai sur mon doigt; cela joint à l'honneur
De travailler pour moi, te voilà grand Seigneur.
Peut être n'est-ce pas tout à fait sa harangue;
Mais s'il n'eût ces mots sur la langue,
Il les eût dans le cœur. Il me persuada;
A tort, à droit me demanda
Du doux, du tendre, et semblables sornettes,
Petits mots, jargons d'amourettes
Confits au miel; bref il m'enquinauda.
Je n'épargnai ni soins, ni peines
Pour venir à son but et pour le contenter :
Mes amis devoient m'assister :
J'eusse en cas de besoin disposé de leurs veines.
Des amis disoit le Glouton,
En a t on?
Ces gens te tromperont, ôteront tout le bon,
Mettront du mauvais en la place.
Tel est l'esprit du Florentin,
Soupçonneux, tremblant, incertain,
Jamais assez sûr de son gain
Quoi que l'on dise ou que l'on fasse.
Je lui rendis en vain sa parole cent fois;
Le B..... avoit juré de m'amuser six mois.
Il s'est trompé de deux, mes amis, de leur grace,
Me les ont épargné, l'envoiant où je croi
Qu'il va bien sans eux et sans moi.
Voilà l'histoire en gros, le détail a des suites
Qui valent bien d'être déduites :
Mais j'en aurois pour tout un an,
Et je ressemblerois à l'homme de Florence,
Homme long à conter, s'il en est un en France.

Chaqu'un voudroit qu'il fût dans le sein d'Abraham.
    Son Architecte, et son Libraire,
    Et son voisin, et son compère,
        Et son Beau-pere,
Sa femme, et ses enfants, et tout le genre-humain,
    Petits et grands, dans leurs prieres,
    Disent le soir et le matin,
Seigneur par vos bontez pour nous si singulières,
    Delivrez-nous du Florentin.

LXI.

A MADAME DE THIANGE

Epître au sujet de la Pièce précédente [1].

ous trouvez que ma Satyre
    Eût pû ne se point écrire,
    Et que tout ressentiment,
    Quel que soit [2] son fondement,
La plupart du temps peut nuire,
    Et ne sert que rarement.
J'eusse ainsi raisonné si le Ciel m'eût fait Ange,
        Ou Thiange :
Mais il m'a fait Auteur, je m'excuse par là :
    Auteur, qui pour tout fruit moissonne

---

1. Cette *épître* a été publiée, en 1715, par Duval de
Tours, dans son *Nouveau choix* (tome II, p. 1), et, la
même année, en tête du *Theatre de M*ʳ *Quinault,* dans la
vie de ce poëte. Elle a été réimprimée dans les *Œuvres
diverses* (tome I, p. 98).
   Dans *la Vie de Quinault,* cette pièce est précédée de la note
suivante qui indique qu'elle n'est pas complète : « Cette
Epître n'ayant pas été imprimée, je me crois obligé d'en
donner ce Fragment... »
2. Quel que fût... (*Vie de Quinault.*)

Un peu de gloire. On le lui ravira,
    Et vous croyez, qu'il s'en taira?
Il n'est donc plus Auteur [1] : la consequence est bonne.
    S'il s'en rencontre un qui pardonne,
Je suis cet indulgent. S'il ne s'en trouve point,
Blâmez la qualité, mais non pas la personne.
Je pourrois alleguer encore un autre point :
Les conseils. Et de qui? Du Public; c'est la Ville,
C'est la Cour, et ce sont toute sorte de gens [2],
    Les Amis, les indifférens,
Qui m'ont fait employer le peu que j'ai de bile [3].
Ils ne pouvoient souffrir cette atteinte à mon nom.
    La meritois-je [4]? On dit, que non.
Mon Opera, tout simple, et n'étant, sans spectacle,
Qu'un Ours qui vient de naître, et non encor léché,
Plaît déja. Que m'a donc S. Germain reproché?
Un peu de Pastorale; enfin ce fut l'obstacle.
J'introduisois d'abord des Bergers; et le Roi
Ne se plaît à donner qu'aux Héros de l'emploi.
Je l'en louë. Il faloit qu'on lui vantât la suite :
Faute de quoi, ma Muse aux plaintes est réduite [5].
Que si le Nourrisson de Florence eût voulu,
    Chacun eût fait ce qu'il eût pû,

1.   Quelque petit honneur qu'un autre ravira,
        Et vous croyez qu'il se taira?
    . Il n'est donc pas Auteur... (*Vie de Quinault.*)

2. Les conseils; et de qui? du Public, de la Ville,
De la Cour; oüi, ce sont toutes sortes de gens.
                    (*Vie de Quinault.*)

3. ... tout ce que j'ai de bile. (*Vie de Quinault.*)

4. Le meritois-je ?... (*Vie de Quinault.*)

5. J'ai fait un Opera: que m'a-t'on reproché,
Sinon que c'est un Ours non encore léché;
        Et qui denué du spectacle
        D'ailleurs ne trouve aucun obstacle?
J'introduisois d'abord des Bergers ; mais le Roi
Ne se plaît plus qu'à voir des Héros. Quant à moi,
Je l'en loüe. Il faloit qu'on lui fit voir la suite.
Et c'est pourquoi ma Muse aux plaintes est reduite.

Celui qui nous a peint un des travaux d'Alcide[1]
  (Je ne veux dire Euripide,
Mais Quinault), Quinault donc pour sa part auroit eu
Saint-Germain, où sa Muse au grand jour eût paru ;
  Et la mienne moins parfaite [2]
Eût eu du moins Paris, partage de Cadette :
Cadette, que peut-être on eût cru quelque jour
Digne de partager en Aînée à son tour.
Quelque jour j'eusse pû divertir le Monarque.
Heureux sont les Auteurs connus à cette marque !
Les neuf Sœurs proprement n'ont qu'eux pour favoris.
  Qu'est-ce qu'un Auteur de Paris ?
Paris a bien des voix ; mais souvent, faute d'une,
  Tout le bruit qu'il fait, est fort vain.
Chacun attend sa gloire, ainsi que sa fortune
  Du suffrage de Saint-Germain.
Le Maître y peut beaucoup, il sert de regle aux autres [3],
  Comme Maître premiérement,
Puis comme ayant un sens meilleur que tous les nôtres.
Qui voudra l'éprouver, obtienne seulement
  Que le Roi lui parle un moment.
Ah ! si c'étoit ici le lieu de ses loüanges !
Que ne puis-je en ces vers avec grace parler
   Des qualitez qui font voler
   Son nom jusqu'aux Peuples Etranges !
   On verroit, qu'entre tous les Rois
   Le nôtre est digne qu'on l'estime :
   Mais il faut pour une autre fois
   Réserver le feu qui m'anime.
Je ne puis seulement qu'étaler aujourd'hui

1. Allusion à la délivrance d'*Alceste* qui, dans l'opéra
de ce nom, comme dans la tragédie d'Euripide, est tirée
des enfers par Hercule.
 2. Et la mienne moins satisfaite. (*Vie de Quinault.*)
 3. Une copie qui se trouve dans les manuscrits de Coulanges (Bibliothèque de l'Arsenal, ms. 64, t. III, au commencement) donne ici *nôtres* au lieu d'*autres*, et, par suite,
autres au lieu de *nôtres*, deux vers plus loin.

Son esprit, et son goût à juger d'un Ouvrage;
L'honneur et le plaisir de travailler pour lui.
Ceux dont je me suis plaint, m'ôtent cet avantage :
    Puis-je jamais vouloir du bien
    A leur cabale trop heureuse?
D'en dire aussi du mal, la chose est dangereuse;
    Je croi, que je n'en dirai rien.
    Si pourtant notre homme se pique
D'un sentiment d'honneur, et me fait à son tour[1]
    Pour le Roi travailler un jour,
    Je lui garde un Panégyrique.
Il est homme de Cour, je suis homme de Vers :
    Joüons-nous tous deux des paroles[2];
    Ayons deux langages divers,
    Et laissons les hontes[3] frivoles.
Retourner à Daphné[4] vaut mieux que se vanger.
Je vous laisse d'ailleurs ma gloire à ménager.
Deux mots de votre bouche et belle et bien-disante,
    Feront des merveilles pour moi.
    Vous êtés bonne et bien-faisante,
    Servez ma Muse auprés du Roi.

1. ... à mon tour. (*Vie de Quinault.*)
2. ... de paroles. (*Vie de Quinault.*)
3. On lit dans la *Vie de Quinault sottes* au lieu de *hontes*, ce qui est une faute évidente de copie ou de lecture.
4. Voyez la note 1 de la page 119.

LXII.

A MADAME

DE FONTANGES[1].

Charmant objet, digne present des Cieux,
Et ce n'est point langage de Parnasse;
Vostre beauté vient de la main des
    Dieux,
Vous l'allez voir au recit que je trace.
Puissent mes vers meriter tant de grace
Que d'estre offerts au Dompteur des humains,
Accompagnez d'un mot de vostre bouche,
Et presentez par vos divines mains,
De qui l'Ivoire embellit ce qu'il touche.

Je me trouvay chez les Dieux l'autre jour.
Par quel moien, j'en perdis la memoire;
Il me suffit que de l'humain sejour
Je fus porté dans ce lieu plein de gloire.
Un Dieu s'en vint, et m'aiant abordé;
Mortel, dit-il, Jupin m'a commandé

1. Cette *épître* a été publiée pour la première fois dans les *Œuvres postumes* (p. 228). Les deux épithalames qu'elle renferme ont pour objet le mariage du prince de Conti avec mademoiselle de Blois, fille naturelle de madame de la Vallière, le 16 janvier 1680, et l'union du dauphin avec la princesse de Bavière, le 7 mars suivant.

Madame de Sévigné, à qui son fils avait communiqué une copie manuscrite de cette pièce, fait, dans une lettre du 22 septembre 1680, cette remarque à propos du premier vers : « Il est vrai que ceux qui ont vu cette belle beauté *prunier*, ont peine à se persuader qu'elle vienne directement du troisième ciel ; je pense qu'on auroit plus de peine que jamais à se l'imaginer. On dit que les visites ne se font plus que pour l'amour de Dieu, c'est le contraire du temps passé. »

De te montrer par grace singuliere
L'Olimpe entier et tout le Firmament.
Ce Dieu, c'estoit Mercure assûrement ;
Il en avoit tout l'air et la maniere.

Aprés l'abord, il me montra du doigt
Force clartez qui partoient d'un endroit.
Vois-tu, dit-il, cet enclos de lumiere?
C'est le Palais du Monarque des Dieux.
Et moy d'ouvrir incontinent les yeux.

Ce que je vis estoit d'une matiere
Qui ne sçauroit dignement s'exprimer.
Figurez-vous tout ce qui peut charmer,
Tout ce qui peut éblouir tout ensemble,
Astres brillans, et Soleils radieux.
N'y comprenez toutefois vos beaux yeux,
Car leur éclat n'a rien qui lui ressemble.

Avec Mercure en ce Palais entré,
Selon leur rang je vis sur maint degré
Les Dieux assis, Jupiter à la teste ;
Tous paroissoient en des atours de feste.
Le Sort ouvrit un Livre à cent fermoirs,
Puis fit crier dans les sacrez Manoirs
Par trois Herauts à trois fois differentes
Le contenu des paroles suivantes.

De par Jupin soient les Dieux avertis,
Conformement à nos divins Usages,
Que l'on va faire au Ciel deux Mariages
Avant qu'ils soient sur la Terre accomplis.

Au mot d'Hymen je vis chacun se taire,
Et les ouïs par trois fois publier :
L'un pour Conty, l'autre pour l'heritier
Du Jupiter de ce bas Hemisphere.
On aplaudit : puis, silence estant fait,

Le Dieu des Vers lût deux Epithalames.
En voici l'un. Couple heureux et parfait,
Couple charmant, faites durer vos flâmes
Assez long-temps pour nous rendre jaloux ;
Soiez Amans aussi long-temps qu'Epoux.
Douce journée, et nuit plus douce encore !
Heures, tardez, laissez au lit l'Aurore.
Le temps s'envole, il est cher aux Amans.
Profitez donc de ses moindres momens,
Jeune Princesse, aimable autant que belle,
Jeune Heros non moins aimable qu'elle,
Le temps s'envole, il faut le menager ;
Plus il est doux, et plus il est leger.
Phœbus se tût, et bien que dans leur ame
Les Immortels enviassent Conty,
Du Couple heureux et si bien assorty
L'on dit au Sort qu'il prolongeast la trame,
S'il se pouvoit. Puis le Pere des Vers,
Changeant de ton pour l'autre Epithalame,
Lût ce qui suit. Chantez, Peuples divers,
Que tout fleurisse aux Terres leurs demeures.
Ne tardez plus, avancez, lentes heures,
Allez porter aux humains un Printemps
Tel que celui qui commença les temps.
Heures, volez, hastez l'heur et la joye
Du Fils des Dieux à qui l'Olympe envoye
Une Princesse au regard enchanteur :
Mille beaux dons éclatent dans son cœur.
En son esprit, en son corps mille charmes ;
Amour la suit, Amour a pris des armes
Qui soûtiendront l'honneur de son carquois.
Prince, il faudra se rendre cette fois.
Ces chants finis, je ne sçaurois vous dire
Comment enfin chacun se separa.
Mercure seul avec moi demeura.
J'obtins de lui que de ce vaste Empire
L'on m'ouvriroit les Temples, et je vis
Deux noms fameux, deux noms rivaux pretendre

Le premier rang aux celestes lambris :
L'un, c'est Louis, l'autre c'est ALEXANDRE.
De ces deux Rois je comparai les faits,
Non la personne, elle est trop differente :
Et Statira, qui se méprit aux traits
Du Conquerant dont la Grece se vante,
Au Roi des Francs n'auroit jamais erré :
Toûjours ce Prince aux regards se presente
Mieux fait qu'aucun dont il soit entouré.
Je vis encor une jeune merveille ;
Si ce n'est vous, c'en est une pareille :
Mais c'est vous-même ; et Mercure me dit
Comment le Ciel un tel œuvre entreprit.
Mortel, dit-il, il est bon de t'apprendre
Par quel motif ce chef-d'œuvre fut fait.
Un jour Jupin se trouvant satisfait
Des vœux qu'en terre on venoit de lui rendre,
Nous dit à tous : Je veux recompenser
De quelque don la terrestre demeure.
Le don fut beau comme tu peux penser ;
Minerve en fit un patron tout à l'heure.
L'éclat fut pris des feux du firmament ;
Chaque Deesse et chaque objet charmant,
Qui brille au Ciel avec plus d'avantage,
Contribua du sien à cet ouvrage.
Pallas y mit son esprit si vanté,
Junon son port, et Venus sa beauté,
Flore son teint, et les Graces leurs graces.
Heureux mortel, en un point tu surpasses
Tous tes pareils : car lequel d'entre vous,
Favorisé jusqu'à ce point par nous,
A jamais vû l'Olimpe et sa structure !
Retourne-t'en, conte ton avanture,
Chante aux Humains ces miracles divers.
Il n'eut pas dit, que sans autre machine
Je me revis dans le bas Univers.
Divin objet, voilà vôtre origine,
Agréez-en le recit dans ces Vers.

LXIII.

TRADUCTION DES VERS

CITÉS DANS

LES EPISTRES DE SENEQUE [1].

I

Nous ne nous devons point l'effet de nos souhaits [2].

II

Ne contons point à nous les presens du hazard [3].

III

On peut ravir le bien que l'on a pû donner [4].

1. Antoine Pintrel, parent et ami de La Fontaine, avoit laissé à sa mort une traduction manuscrite des épîtres de Sénèque. La Fontaine la revit, traduisit en vers français tous les passages des poëtes anciens cités par le philosophe et prit soin de publier l'ouvrage en 2 volumes in–12, sous ce titre : *Les Epistres de Seneque, nouvelle traduction.* — A Paris, chez Claude Barbin, M. D. C. LXXXI. Le privilége est daté du 17 juillet 1681 et l'achevé d'imprimer du 1er août de la même année. Ce livre n'ayant pas réussi, le titre du premier volume fut ainsi modifié : *Les Epistres de Seneque, nouvelle traduction par feu Mr Pintrel, reveuë et imprimée par les soins de Mc de La Fontaine;* l'ouvrage eut beaucoup de succès sous cette nouvelle forme; Walckenaër, qui le signala le premier à l'attention du public, inséra, en 1823, ces vers dans les *Œuvres de La Fontaine,* mais il ne recueillit que les morceaux de quelque étendue et ne donna que vingt-trois fragments au lieu de quatre-vingt-trois. On les trouve tous ici dans l'ordre qu'ils occupent dans l'ouvrage.

2. *Epistre* VIII, tome I, p. 33.

3. *Ibid.*

4. *Ibid.*

IV

Je ne trouve d'heureux que ceux qui pensent l'estre [1].

V

J'ay parcouru les ans marquez par mes destins [2].

VI

Soyez digne des Dieux par le mépris de l'or [3].

VII

Couple heureux, si mes vers sont des ans respectez,
Vos noms ne mourront point par ma muse chantez.
Jé les feray durer tant que la destinée
Rendra Rome soûmise aux descendans d'Ænée,
Tant que ceux de son sang par leurs honneurs divers
Regneront sur ces murs, ces murs sur l'univers [4].

VIII

Nous mourons tous les jours, mais on n'appelle mort,
Que celle enfin qui vient terminer nostre sort [5].

IX

Elle s'agite et cherche à se voir délivrée
De la divinité qui chez elle est entrée [6].

X

Le pauvre seulement doit compter son troupeau [7].

XI

Combien de gens armés courent sur les rempars,
Et combien à la porte on voit luire de dards [8] !

1. *Epistre* IX, tome I, p. 43. Publius Syrus.
2. *Epistre* XII, tome I, p. 55. Virg. *Æneid.* IV, 654.
3. *Epistre* XVIII, tome I, p. 96. Virg. *Æneid.* VIII, 364.
4. *Epistre* XXI, tome I, p. 114. Virg. *Æneid.* IX, 446.
5. *Epistre* XXIV, tome I, p. 143.
6. *Epistre* XXVIII, tome I, p. 161. Virg. *Æneid.* VI, 78.
7. *Epistre* XXXIII, tome I, p. 190. Ovid. *Metam.* XIII, 824.
8. *Epistre* XLIX, tome I, p. 262. Virg. *Æneid.* VIII, 385.

XII

La nuit avoit par tout répandu ses pavots
Et donnoit aux humains un paisible repos [1].

XIII

Moy qui n'estois ému ny des armes lancées,
Ny des Grecs m'entourans de Phalanges pressées,
Je tremble maintenant, et crains au moindre bruit
Pour celuy que je porte et celle qui me suit [2].

XIV

Aupres du mont Alburne, et du bois de Siler,
On voit par Escadrons un insecte voler.
Il est craint des troupeaux ; au seul bruit de son aisle
Ils semblent agitez d'une fureur nouvelle :
Tout s'enfuit aux forests sans prendre aucun repos.
Le nom de cet insecte chez les Grecs est Æstros,
Asilus parmi nous [3].

XV

Car vous sçavez que cette nuit derniere
En faux plaisirs se passa toute entiere [4].

XVI

Il voudroit rencontrer un sanglier, un lion [5].

XVII

La beauté rend toûjours la vertu plus aimable [6].

XVIII

O mille fois heureux
Le sort de ces Troyens hardis et genereux,
Qui deffendant les murs de leur chere patrie,

1. *Epistre* LVI, tome I, p. 303. Terentius Varro Atacinus.
2. *Epistre* LVI, tome I, p. 306. Virg. *Æneid.* II, 725.
3. *Epistre* LVIII, tome I, p. 313. Virg. *Georg.* III, 146.
4. *Epistre* LIX, tome I, p. 338. Virg. *Æneid.* VI, 513.
5. *Epistre* LXIV, tome I, p. 354. Virg. *Æneid.* IV, 158.
6. *Epistre* LXVI, tome I, p. 369. Virg. *Æneid.* V, 344.

Aux yeux de leurs parens immolerent leur vie[1] !

XIX
Le rivage, les champs, et les villes reculent [2].

XX
C'est un Dieu, Melibée, à qui nous devons tous
Le bon-heur de la Paix, et d'un repos si doux.
Je le tiendray toûjours pour un Dieu.....
C'est luy qui me permet de mener dans nos plaines,
Ces bœufs, et ces troupeaux, ces moutons portelaines,
C'est par luy que je joue aux pieds de cet ormeau
Les chansons qu'il me plaist dessus mon chalumeau[3].

XXI
O Vierge, je suis fait dés long-temps aux travaux,
Je n'en trouveray point les visages nouveaux :
Je me suis des mal-heurs une Image tracée ;
Et je les ay déja vaincus par ma pensée[4].

XXII
Où Pallas sur un roc toûjours batu des vents
Va voir de loin les mers[5].

XXIII
Croyez-vous qu'une voix, à prier obstinée,
Change l'Ordre des Dieux et de la Destinée[6].

XXIV
Endurons tous ces maux; peut-estre à l'avenir
Nous sera t il bien doux de nous en souvenir[7].

1. *Epistre* LXVII, tome I, p. 397. Virg. *Æneid.* I, 93.
2. *Epistre* LXX, tome I, p. 410. Virg. *Æneid.* III, 72.
3. *Epistre* LXXIII, tome I, p. 452. Virg. *Bucol.* I, 6.
4. *Epistre* LXXVI, tome I, p. 497. Virg. *Æneid.* VI, 103.
5. *Epistre* LXXVII, tome I, p. 499.
6. *Epistre* LXXVII, tome I, p. 504. Virg. *Æneid.* VI, 376.
7. *Epistre* LXXVIII, tome I, p. 516. Virg. *Æneid.* I, 203.

XXV

Je commande à la Grece, et Pelops m'a donné
Tout ce vaste pays de mer environné,
Qui va de l'Hellespont à l'Istme de Corinthe [1].

XXVI

Arreste Menelas, ou ce bras comme un foudre,
Tombant dessus ton corps le va reduire en poudre [2].

XXVII

C'est à ce coup qu'il faut estre sans peur,
Et faire voir de la force et du cœur [3].

XXVIII

Couché parmi des os, en des cavernes sombres
Par d'éternels aboys épouvente les ombres [4].

XXIX

Ne cede point aux maux, va contre eux, ne crain rien,
Suy ton sort en tous lieux, il te conduira bien [5].

XXX.

Elles sucent le miel, volant de fleur en fleur,
Et mettent par rayons cette douce liqueur [6].

XXXI

Eust couru sur les eaux, couru sur les moissons,
Sans plier les épis, ny moüiller les talons [7].

XXXII

Dont l'ombre est reservée aux arrieres-neveux [8].

1. *Epistre* LXXX, tome I, p. 538. Attius, *Atreus.*
2. *Ibid.*
3. *Epistre* LXXXII, tome II, p. 5. Virg. *Æneid.* VI, 261.
4. *Epistre* LXXXII, tome II, p. 10. Virg. *Æneid.* VI, 401.
5. *Epistre* LXXXII, tome II, p. 12. Virg. *Æneid.* VI, 95.
6. *Epistre* LXXXIV, tome II, p. 33. Virg. *Æneid.* I, 432.
7. *Epistre* LXXXV, tome II, p. 40. Virg. *Æneid.* VII, 808.
8. *Epistre* LXXXVI, tome II, p. 65. Virg. *Georg.* II, 58.

XXXIII

Il faut semer en Mars la fève et le sain foin.
Si vous voulez du mil, prenez le mesme soin [1].

XXXIV

Les chevaux sont couverts de housses d'écarlatte,
Où l'or semé de fleurs et de perles éclatte,
Ils ont des colliers d'or sous la gorge pendans,
Et des mors d'or massif qui sonnent sous leurs dents [2].

XXXV

Considerez du sol la nature secrette,
Ce qu'une terre veut, ce que l'autre rejette :
Ce fond est propre au bled; ceste coste au raisin;
L'Herbe profite icy ; là le mil et le lin;
Les arbres et les fruits croissent ailleurs sans peine :
En ces lieux le safran du Mont Tmole s'ameine :
On doit l'yvoire à l'Inde, aux Sabéens l'encens,
Aux Calybes le fer [3].

XXXVI

Où Saturne commence et finit sa carriere,
Quels tours Mercure fait dans sa course legere [4].

XXXVII

Observe le coucher pour n'estre point seduit
Par la serenité d'une trompeuse nuit [5].

XXXVIII

Il suffit de toucher les principes des choses [6].

XXXIX

On fendoit autresfois le bois avec des coins [7].

1. *Epistre* LXXXVI, tome II, p. 65. Virg. *Georg.* I, 215.
2. *Epistre* LXXXVII, tome II, p. 71. Virg. *Æneid.* VII, 277.
3. *Epistre* LXXXVII, tome II, p. 77. Virg. *Georg,* I, 53.
4. *Epistre* LXXXVIII, t. II, p. 94. Virg. *Georg.* I, 336.
5. *Epistre* LXXXVIII, t. II, p. 95. Virg. *Georg.* I, 424.
6. *Epistre* LXXXIX, t. II, p. 118. Virg. *Æneid.* I, 342.
7. *Epistre* XC, tome II, p. 127. Virg. *Georg.* I, 144.

XL

Qu'on commenca d'user de pieges et de rets,
Et de placer des chiens sur le bord des forests [1].

XLI

Entre deux rangs de fils sur le mestier tendus,
La navette en courant entrelasse la trame,
Puis le peigne aussi tost en serre les tissus [2].

XLII

Un homme estoit tenu pour injuste et mechant,
S'il plantoit une borne, ou divisoit un champ.
Les biens estoient communs, et la terre feconde
Donnoit tout à foison dans l'enfance du monde [3].

XLIII

Son visage est de femme; et jusqu'à la ceinture
Elle en a les beautez et toute la figure.
Le reste plein d'écaile est d'un monstre marin :
Elle a ventre de loup, et finit en dauphin [4].

XLIV

Qui dans le fonds du cœur a la vertu presente [5].

XLV

Ou qu'on donne ce corps en proye aux chiens de mer [6].

XLVI

Sans souci du tombeau, je sçais que la nature
Aux corps abandonnez donne la sepulture [7].

XLVII

Aux plus grands maux l'oubly sert de remede.

1. *Epistre* XC, tome II, p. 128. Virg. *Georg.* I, 139.
2. *Epistre* XC, tome II, p. 134. Ovid. *Metam.* VI, 54.
3. *Epistre* XC, tome II, p. 143. Virg. *Georg.* I, 125.
4. *Epistre* XCII, t. II, p. 164. Virg. *Æneid.* III, 426.
5. *Epistre* XCII, tome II, p. 174. Virg. *Æneid.* V, 363.
6. *Epistre* XCII, tome II, p. 177. Virg. *Æneid.* IX, 485.
7. *Epistre* XCII, tome II, p. 178. Mæcenas.

Soyez hardy, la fortune vous ayde.
Au paresseux tout fait de l'embarras [1].

XLVIII

J'examine d'abord les Dieux, les élemens :
Combien grands sont les Cieux, quels sont leurs
     mouvemens ;
D'où la nature fait et nourrit toutes choses ;
Leur fin, et leur retour, et leurs metamorfoses [2].

XLIX

Maintenant, pour chasser le mal qui nous oppresse,
Il nous faut employer la force avec l'adresse [3].

L

Je suis homme, et ne tiens rien d'humain hors de moy [4].

LI

Un coursier genereux, bien fait, d'illustre race,
Des fleuves menaçans tente l'onde, et la passe :
Il craint peu les dangers, et moins encor le bruit ;
Ayme à faire un passage à quiconque le suit ;
Va par tout le premier, encourage la troupe :
Il a teste de cerf, larges flancs, large croupe,
Crins longs, corps en bon point : la trompette luy
Impatient du frein, inquiet, sans Arrest,   [plaist :
L'oreille luy roidit, il bat du pied la terre,
Ronfle, et ne semble plus respirer que la guerre [5].

LII

On voit dans ses regards une brillante ardeur,
Et dans ses mouvemens la fierté de son cœur [6].

1. *Epistre* XCIV, tome II, p. 200. Publius Syrus.
2. *Epistre* XCV, tome II, p. 228, Lucret. *De rerum natura*, I, 49.
3. *Epistre* XCV, t. II, p. 239. Virg. *Æneid.* VIII, 442.
4. *Epistre* XCV, tome II, p. 250. Terent. *Heontontim.* Act. I, sc. I, 54.
5. *Epistre* XCV, tome II, p. 257. Virg. *Georg.* III, 75.
6. *Epistre* XCV, tome II, p. 259.

LIII

Et puis allez planter la Vigne et l'Olivier [1].

LIV

Qu'on me rende manchot, cu-dejatte, impotent,
  Qu'on ne me laisse aucune dent,
Je me consoleray, c'est assez que de vivre [2].

LV

Est-ce un si grand malheur que de perdre la vie [3].

LVI

La vertu du Heros, sa naissance, et sa gloire,
Se viennent presenter souvent à la memoire [4].

LVII

D'avoir dans le combat écarté seul la presse,
  Et traversé toute la Grece [5]?

LVIII

Le travail et la mort sont horribles à voir [6].

LIX

Le fier Agamemnon, Priam le sourcilleux,
Et le vaillant Achile ennemy de tous deux [7].

LX

Le corps seul peut toucher, et peut estre touché [8].

LXI

Où demeure le deuil, le soucy, la tristesse,

1. *Epistre* CI, tome II, p. 306. Virg. *Ecl.* I, 74.
2. *Epistre* CI, tome II, p. 309. Mæcenas. Voyez, dans notre édition, tome II, p. 54, note 2.
3. *Epistre* CI, tome II, p. 310. Virg. *Æneid.* XII, 646.
4. *Epistre* CII, tome II, p. 326. Virg. *Æneid.* IV, 3.
5. *Epistre* CIV, tome II, p. 335. Virg. *Æneid.* III, 282.
6. *Epistre* CIV, tome II, p. 342. Virg. *Æneid.* VI, 277.
7. *Epistre* CIV, tome II, p. 345. Virg. *Æneid.* I, 458.
8. *Epistre* CVI, tome II, p. 355. Lucret. *De rerum natura*, I, 305.

La mourante langueur, et la froide vieillesse[1].

LXII

Pere de l'Univers, dominateur des Cieux,
Meine moy, je te suis, à toute heure, en tous lieux,
Rien ne peut arrester ta volonté fatale;
Que l'on resiste ou non, ta puissance est égale;
Tu te fais obeir ou de force ou de gré;
Les ames des mutins te suivent enchaisnées;
Que sert-il de luter contre les destinées?
Le sage en est conduit, le rebelle entraisné[2].

LXIII

S'il manque à l'indigent, l'avare se plaint tout[3].

LXIV

Qui sçait vivre de peu, n'a disette de rien[4].

LXV

Le temps fuit, et jamais ne se peut rappeller[5].

LXVI

La plus belle saison fuit toûjours la premiere;
Puis la foule des maux amene le chagrin,
Puis la triste vieillesse; et puis l'heure derniere
Au malheur des mortels met la derniere main[6].

LXVII

Puis vient la maladie et la triste vieillesse[7].

LXVIII

A qui jamais l'amy ny l'ennemy
N'a pû payer le bien fait qu'à demy[8].

1. *Epistre* CVII, tome II, p. 358. Virg. *Æneid*. VI, 274.
2. *Epistre* CVII, tome II, p. 361.
3. *Epistre* CVIII, tome II, p. 367. Publius Syrus.
4. *Epistre* CVIII, tome II, p. 368. Publius Syrus.
5. *Epistre* CVIII, tome II, p. 375. Virg. *Georg*. III, 284.
6. *Epistre* CVIII, tome II, p. 375. Virg. *Georg*. III, 66.
7. *Epistre* CVIII, tome II, p. 377.
8. *Epistre* CVIII, tome II, p. 379. Ennius.

LXIX
. Sur luy tonne du Ciel la grande et vaste porte[1].

LXX
Si quelqu'un peut entrer dans le sejour des Dieux,
La vaste porte des cieux
A moy seul s'ouvrira[2].

LXXI
L'homme a peur en plein jour, comme un enfant la
[nuit[3].

LXXII
Je chante un Heros et la guerre[4].

LXXIII
Les Loix n'ont de pouvoir qu'autant que le Roy vit[5].

LXXIV
Comment t'appelleray-je en te rendant hommage,
Princesse? Car ton port, ta voix, et ton visage
N'ont rien qui ne paroisse au dessus des humains;
Mais quelle que tu sois soulage nos chagrins[6].

LXXV
Le Palais du Soleil porté sur cent colonnes
Estoit tout brillant d'or[7].

LXXVI
Il avoit l'aixieu d'or et le timon aussi :
Les rays estoient d'argent[8].

1. *Epistre* CVIII, tome II, p. 380. Virg. *Georg.* III, 260.
2. *Ibid.* Ennius.
3. *Epistre* CX, tome II, p. 395. Lucretius, *De rerum natura.* II, 54.
4. *Epistre* CXIII, tome II, p. 418. Virg. *Æneid.* I, 1.
5. *Epistre* CXIV, tome II, p. 433. Virg. *Georg.* IV, 212.
6. *Epistre* CXV, tome II, p. 438. Virg. *Æneid.* I, 327.
7. *Epistre* CXV, tome II, p. 442. Ovid. *Metam.* II, 1.
8. *Ibid.* Ovid. *Metam.* II, 107.

LXXVII

Que je passe pour fourbe, homme injuste, et sans foy,
Je m'en souciray peu, tant que j'auroy dequoy.
Citoyens, c'est l'or seul qui met le prix aux hommes.
Accumulez sans fin, mettez sommes sur sommes,
Vous serez honorez. On dit, a-t'il du bien?
L'on ne demande pas d'où, ny par quel moyen :
Il n'est point d'infamie à l'indigence égale :
Arrivons, s'il se peut, à nostre heure fatale
Etendus sur la pourpre, et non dans un grabat :
Toute vie est cruelle en ce dernier état.
L'opulence adoucit la mort la plus terrible.
Qu'aux nœuds du parentage un autre soit sensible,
Pour moy j'enferme tout au fond de mon trésor,
Si les yeux de Venus brillent autant que l'or,
Je ne m'étonne pas qu'on la dise si belle,
Que tout luy sacrifie, et soupire pour elle,
Qu'ainsi que les mortels les Dieux soient ses amans[1].

LXXVIII

Pour esteindre la soif quand elle est bien ardente
Demandons-nous à boire en un vase de prix?
Et pour rassàsier la faim qui nous tourmente
Faut-il n'avoir recours qu'aux mets les plus exquis[2]?

LXXIX

Tantost deux cens valets paroissent à sa suite,
Puis à dix seulement on la trouve reduite :
Il ne parle tantost que de grands et de Roys;
En termes relevez il conte leurs exploits;
Puis changeant tout d'un coup de stile et de matiere,
Je ne veux rien, dit-il, qu'une simple saliere,
Une table à trois pieds, du bureau seulement,
Pour me parer du froid sans aucun ornement.
A ce bon ménager si modeste en paroles

1. *Epistre* CXV, tome II, p. 443.
2. *Epistre* CXIX, tome II, p. 483. Horat., lib. I. *Sat.*
II, 113.

Donnez si vous voulez un plein sac de pistoles,
Vous serez estonné l'oyant ainsi prescher,
Qu'il n'aura pas la maille avant que se coucher[1].

LXXX

Vesper leur aparoist, quand nous voyons l'aurore[2].

LXXXI

Le jour doroit dés-ja le sommet des montagnes,
Dés-ja les premiers traits échauffoient les campagnes,
L'hirondelle cherchant pasture à ses petits
Sortoit rentroit au nid attentive à leurs cris[3].

LXXXII

Les Bergers ont enfin renfermé leurs troupeaux,
La nuit couvre la terre, et s'épand sur les eaux[4].

LXXXIII

Je puiseray pour vous chez les vieux Escrivains :
Escoutez seulement leurs préceptes divins :
Soyez leur attentifs, mesme aux choses legeres;
Rien chez eux n'est leger[5].

LXIV.

POUR LE PORTRAIT
DE MEZETIN[6].

Icy de Mezetin, rare et nouveau Protée,.
La figure est representée,
La Nature l'ayant pourveu
Des dons de la Metamorphose,
Qui ne le voit pas n'a rien veu,
Qui le void a veu toute chose.

1. *Epistre* CXX, t. II, p. 496. Horat., lib. I, *Sat.* III, 11.
2. *Epistre* CXXII, tome II, p. 511. Virg. *Georg.* I, 250.
3. *Epistre* CXXII, tome II, p. 516. Montanus Julius.
4. *Epistre* CXXII, tome II, p. 516. Montanus Julius.
5. *Epistre* CXXIV, tome II, p. 529. Virg. *Georg.* I, 176.
6. Le comédien italien Angelo Constantini, dit Mezetin,

LXV.

BALADE

POUR MONSEIGNEUR LE DUC DE BOURGOGNE[1].

r est venu dedans nôtre Univers
Cet Héritier d'un assez bel Empire,
Cet Enfant cher à cent Peuples divers,
Cher au Héros par lequel il respire,

arriva en 1681 à Paris, où son jeu, sa danse et son chant
eurent le plus grand succès. Jean François de Troye le
peignit posant la main sur un bas-relief représentant
Protée. Vermeulen grava ce portrait au bas duquel figure
ce sixain sans titre, mais qui est signé : DE LA FONTAINE.
Gacon fit à ce sujet les deux épigrammes suivantes (*Discours satiriques en vers*. — Cologne, 1696, p. 160) :

> Sur le portrait de Mezetin,
> Un homme d'un goût assez fin
> Lisant l'Eloge qu'on luy donne
> D'être un si grand Comedien,
> Que qui ne le voit, ne voit rien,
> Et qu'on voit tout en sa personne ;
> Disoit : je ne vois pas qu'il soit si bon Acteur,
> Il ne fait rien qui nous surprenne.
> Monsieur, luy dis-je alors, pour le tirer de peine,
> Ne voyez-vous pas bien qu'un discours si flateur
> Est un conte de la Fontaine.

> Pour le portrait de Mezetin
> La Fontaine a fait un Sixain,
> Où l'on voit cet Acteur traité d'incomparable :
> Si la Fontaine a cru la chose veritable,
> Je n'oserois le garentir ;
> Mais je sçay bien qu'étant fort porté pour la Fable,
> Il n'enrage pas pour mentir.

1. Publiée pour la première fois en 1685 dans les
Ouvrages de prose et de poésie (tome I, p. 66). La Fontaine, qui avait fait un épithalame pour le mariage du
dauphin (voyez page 125, note 1), célèbre ici la naissance

Cher à Loüis, et cela, c'est tout dire :
C'en est assez pour obliger les Dieux
A conserver des jours si precieux ;
Jours où leur main tous ses trésors enserre :
Depuis qu'on void la lumiere des Cieux,
Plus beau present nē s'est fait à la terre.

Nôtre Apollon, dans ses divins concerts,
Chante déja cet Enfant sur sa lire :
Je vois pour luy mediter tant de vers,
Qu'impossible est aux neuf Sœurs d'y suffire.
Bien que ma Muse aux grands efforts n'aspire
Je m'écriray d'un ton audacieux :
Par cet Enfant de gloire ambitieux,
Aux bords lointains puisse passer la guerre!
Puisse la paix s'affermir en ces lieux !
Plus riches dons ne se font sur la terre.

Il nous promet des Printemps sans hyvers,
Point d'Aquilons, un éternel zéphire.
Bien peu de Cœurs éviteront ses fers,
C'est ce qu'un Sage aux Astres m'a fait lire.
Amour l'appelle avec un doux sourire;
Bellonne aussi le rendra glorieux.
Loüis sera d'un soin laborieux
Son Maître en l'Art de lancer le tonnerre,
Il en tiendra cet air imperieux :
Plus beau talent ne regne sur la terre.

ENVOY.

A MADAME LA DAUPHINE.

Princesse aimable, et d'esprit gracieux,
Regardez bien ce qui s'est fait de mieux
Depuis qu'imen des nœus d'amour nous serre ;

de son fils, le duc de Bourgogne, qui vint au monde le
6 août 1682, et à qui le poëte, bien près de sa fin, devait,
en 1694, dédier le dernier livre de ses *Fables*. (Voyez
tome I, p. 333.)

Sur cet Enfant ayez toujours les yeux ;
Plus digne soin n'est pour vous sur la terre.

LXVI.

BALLADE

POUR LA NAISSANCE DE MONSEIGNEUR LE DUC
DE BOURGOGNE[1].

Or est venu l'enfant si souhaité.
Voici son sort : j'en ai fait la figure.
Premiérement, si j'ai bien supputé,
De cent printemps l'agréable peinture
Viendra pour lui rajeunir la nature.
Nombre d'Amours pendant ses jeunes ans
Lui serviront de premiers courtisans :
Puis d'autres soins, troupe aux Jeux ennemie,
Lui fileront à l'envi le destin
De trois grands Dieux directeurs de sa vie :
Ces trois Dieux sont Mars, Amour, et Jupin.

Amour viendra le beau premier en danse.
Je vous le dis, Belles, songez à vous ;
Mais que sert-il ? Royale adolescence
Pour tous les cœurs est un charme trop doux.
Tel accident n'est mort d'homme entre nous.
Pleurs et soupirs pourront en cette terre
Regner alors : puis par une autre guerre
Ils passeront au climat du matin ;
Et ne se doit reposer la Victoire,
Que tous les Turcs faits François à la fin[2],
De trois grands Dieux leur vainqueur n'ait la gloire :
Ces trois Dieux sont Mars, Amour, et Jupin.

1. Publiée pour la première fois dans les *Œuvres
diverses* (tome III, p. 305). Voyez page 142, note 1.
2. Cette ballade a été écrite peu avant le bombardement
d'Alger qui eut lieu le 30 août 1682.

Mars est entré le second dans la lice :
Ce temps doit faire admirer un Héros,
Un rejeton du Maître en l'exercice
Qui fait les Dieux : car ce n'est le repos.
Son petit-fils l'aura dans ses travaux
Pour précepteur à lancer le tonnerre,
A bien régner, à conduire une guerre,
Au prix de lui, novices en cet art
Sont réputés Aléxandre et César.
Telles leçons finiront la carriére
Du nouveau-né, qui dans un long destin,
De trois grands Dieux fournira la matiére :
Ces trois Dieux sont Mars, Amour, et Jupin.

ENVOI.

A Monseigneur et à Madame la Dauphine.

Princesse aimable, et vous, digne Dauphin,
Vos qualitez ont formé cet ouvrage,
Triple chef-d'œuvre, enfant plus que divin,
Qui de trois Dieux fera voir l'assemblage :
Ces trois Dieux sont Mars, Amour, et Jupin.

LXVII.

ÉPIGRAMME

*Sur la mort de M. Colbert, qui arriva peu de temps
après une grande maladie qu'eut le Chancelier
M. Le Tellier. 1683* [1].

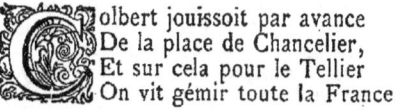olbert jouissoit par avance
De la place de Chancelier,
Et sur cela pour le Tellier
On vit gémir toute la France.

1. Publiée en 1765, dans les *Variétés sérieuses et
amusantes* de Sablier (tome II, 1re partie, p. 123).

L'un revint, l'autre s'en alla
Ainsi ce fut scene nouvelle ;
Car la France, sur ce pied-là,
Devoit bien rire... aussi fit elle.

LXVIII.

AU ROY.

POUR LULLI,

Qui dédie à Sa Majesté l'Opera d'Amadis [1].

Du premier Amadis je vous offre l'image.
Il fut doux, gracieux, vaillant, de haut
    corsage :
    J'y trouverois votre air à tout considerer,
Si quelque chose à vous se pouvoit comparer.

La Victoire pour luy sçût étendre ses ailes;
Mars le fit triompher de tous ses concurrens.
Passa-t'il à l'Amour? il eut le cœur des Belles ;
Vous vous reconnoissez à ces traits differens.

Nul n'a porté si haut cette double conqueste.
Les deux moitiez du monde ont sceu vous couronner.
Et les Myrthes qu'Amour vous a fait moissonner
Sont tels que Jupiter en auroit ceint sa teste.

1. L'opéra d'*Amadis*, par Quinault, fut représenté le
15 janvier 1684. Cette dédicace, écrite par La Fontaine,
est signée : J. B. DE LULLY, en tête d'*Amadis, tragedie,
mise en musique par Monsieur de Lully.* — A Paris, par
Christophe Ballard, M.DC.LXXXIV, in-fol., où elle a paru
pour la première fois ; elle a été publiée de nouveau dans
les *Ouvrages de prose et de poësie des sieurs de Maucroix et
de La Fontaine* (t. I, p. 53).

En vous tout est enchantement [1].
Plus d'un illustre évenement
Rendra chez nos Neveux vôtre Histoire incroyable.
Vos beaux faits ont par tout tellement éclaté,
Que vous nous réduisez à chercher dans la Fable [2]
L'exemple de la verité.

Voilà, SIRE, sur vous quelles sont mes pensées :
Pour vous plaire Uranie en vers les a tracées.
Quant à moy, dont les Chants vous attiroient jadis,
Je dois à vôtre choix ce sujet d'Amadis,
Je vous dois son succez, car j'aurois peine à dire
Entre vous et Phœbus lequel des deux m'inspire.

Je ne puis pour m'en ressentir,
Qu'employer à vous divertir
Mes soins, mon Art, et mon Genie,
Et tous les momens de ma vie.
Veüillent dans ce projet m'assister les neuf Sœurs !
Je le trouve assez beau pour donner de l'envie
Aux Chantres dont l'Olympe admire les douceurs.

LXIX.

BALLADE [3].

u'à caution tous Amans soient sujets,
C'est une erreur qui les bons décrédite.
On voit au monde assés d'Amans dis-
crets ;

1. Tout est en vous enchantement (édition in-folio).
2. ... A prendre dans la fable (édition in-folio).
3. Madame Deshoulières fit, à l'occasion de la représen-
tation de l'opéra d'*Amadis* (voyez la pièce précédente), une
épître et une ballade adressées au duc de Montausier. La
ballade, dont le premier vers était :

La race encor n'est pas toute détruite,
Quoi qu'en ait dit Femme un peu trop depite;
Rien n'est changé du Siècle d'Amadis,
Hors que, pour être Amitié maintenue
Plus n'est besoin d'Urgande Déconnue ;
On aime encor comme on aimoit jadis

Il est bien vrai qu'on choisit les Objets ;
Plus n'est le tems[1] de Dame sans mérite :
Quand Beauté luit sous simples [2] bavolets,
Plus sont prisés que Reine décrépite.
Sous quelque toît que bonne grace habite,
Chacun y court, jusqu'aux plus refroidis.
Depuis Adam cela se continue ;
Et, quand Grâce est de bonté soutenue,
On aime encor comme on aimoit jadis.

Dans les vieux tems il fut des Cœurs coquets :
Plus qu'à présent, Amour fut hipocrite.
Pas n'est besoin que je prouve ces faits ;
C'est vérité dans mainte Histoire écrite.
Amans savoient faire la Chatemite :
Ce n'est que d'eux que nous l'avons apris ;
D'eux jusqu'à nous la chose est parvenue.
Puisque par eux elle nous est connue,
On aime encor comme on aimoit jadis.

A caution tous Amans sont sujets
et le refrain :

     On n'aime plus comme on aimoit jadis
donna lieu à plusieurs réponses galantes ou malignes. La
Fontaine, qui en voulait à Madame Deshoulières, à cause
de ses cabales contre Racine, lui répondit par cette ballade
qu'il n'a point publiée, mais qui a paru dans les *Œuvres
de Pavillon*, 1750, t. II, p. 150.
   Walckenaer a eu sous les yeux une copie manuscrite
qui lui a fourni quelques variantes.
   1. Plus n'est besoin... (ms. cité par Walckenaër).
   2. Jeunes (ms.).

Quand Céladon au Païs de Forêts,
Étoit prôné comme un Amant d'élite,
On vit Hilas, Patron des Indiscrets,
En plein marché, tenir autre conduite.
Bref, en tout tems Amour eut à sa suite
Sujets loïaux et Sujets étourdis.
Or n'en est pas la coutume perdue.
Comme autrefois la mode en est venue,
On aime encor comme on aimoit jadis.

ENVOI.

Toi, qui te plains d'Amour et de ses traits,
Dame chagrine, apaise tes regrets.
Si quelque Ingrat rend ton humeur bourue,
Ne t'en prens point à l'Enfant de Cipris ;
Cause il n'est pas de ta déconvenue.
Quand la Dame est d'attraits[1] assez pourvue,
On aime encor comme on aimoit jadis.

LXX.

BALADE.

SUR LE MAL D'AMOUR[2].

De tant de maux qui traversent la vie,
Lequel de tous donc plus d'embaras?
De grands malheurs la Famine est suivie;
La Guerre aussi cause de grands fracas ;
La Peste encore est un dangereux cas ;

1. D'appas (ms.).
2. Cette *Ballade* n'a point de date fixe, mais l'analogie de sujet qu'elle présente avec la précédente, et aussi la communauté de provenance, car c'est également dans les *Œuvres de Pavillon* (t. I, p. liv) qu'elle a paru pour la première fois, sans aucun titre, peuvent la faire placer ici.

Femme fâcheuse est un méchant partage;
Faute d'argent cause bien du ravage:
Mais pas ne sont là les plus douloureux.
Si m'en croïés, aussi-bien que le Sage,
Le mal d'Amour est le plus rigoureux.

De l'éprouver, un jour me prit envie;
Mais, aussitôt, adieu Joie et Soulas.
Ennuis cüisants, noirs Soupçons, Jalousie,
Cent autres maux je vois venir à tas;
Tous mes déduits furent de grands hélas;
Liberté fit place à honteux Servage.
Tu fus d'abord, pauvre Cœur, mis en cage,
D'où tu voudrois sortir; mais tu ne peux.
Lors tu chantas sur un piteux ramage:
Le mal d'Amour est le plus rigoureux.

Quand la Beauté que vous avés servie
A vos desirs parfois ne répond pas,
C'est bien alors que c'est la diablerie.
Prendre on voudroit le parti de Judas;
On se pendroit pour moins de deux Ducats;
Sans cesse au cœur on a fureur et rage;
Fer et poison, on met tout en usage,
Pour se tirer d'un pas si malheureux.
Qui peut après douter de cet adage:
Le mal d'Amour est le plus rigoureux?

J'excepte Amour qui se traite en Turquie
Dans les Serrails de ces heureux Bachas
D'où Cruauté fut de tout tems banie,
Où Douceur gît toujours entre deux draps;
Plaisirs y sont sur des lits de Damas,
Chagrin jamais, jamais Dame sauvage;
Jusqu'aux Tendrons qui font aprentissage,
Tout est galant, traitable et gracieux:
Par tout ailleurs, dont de bon cœur j'enrage,
Le mal d'Amour est le plus rigoureux.

ENVOI.

Objet charmant, de qui la belle image
Tient dès long temps mon Cœur en esclavage,
Soulage un peu mon tourment amoureux.
Si tu me fais un tour si généreux,
Plus ne tiendrai ce déplaisant langage :
Le mal d'Amour est le plus rigoureux.

LXXI.

AU ROY.

BALADE [1].

Roy vrayment Roy (cela dit toutes choses)
Forcez [2] encor quelques ramparts Flamans,
Et puis la Paix jointe au retour des roses
Repeuplera l'Univers d'agrémens.
Vous domptez tout [3], même les élemens;
Tant vous sçavez à propos entreprendre.

1. Cette *Balade,* placée en 1685 en tête des *Œuvres de prose et de poësie des s^rs Maucroix et La Fontaine,* avait été publiée pour la première fois à la page 167 du *Mercure galant,* daté, à la fin, du 31 janvier 1684. Elle y est précédée de ce petit avertissement : « Cette Ballade est du fameux M. de la Fontaine, choisy par Messieurs de l'Académie Françoise pour remplir la place que la mort de Mr Colbert a laissée vacante dans la Compagnie. Comme il y a quelque surséance à sa réception, il prie le Roy d'avoir la bonté de la lever. C'est ce que vous remarquerez dans l'Envoy qui n'est fait que pour cela. » (Voyez la note 2 de la page 153.)
2. Domptez... (*Mercure*).
3. Vous forcez tout... (*Mercure*).

Mars chaque hyver [1] s'en revenoit attendre
A son foyer les Zephirs paresseux.
D'autres leçons vous luy faites apprendre[2];
L'évenement n'en peut être qu'heureux.

Entre vos mains tout devient imprenable :
Attaquez-vous, tout cede en peu de temps.
Il faut dix ans aux Heros de la Fable,
A vous dix jours, quelquefois des instans.
Le bruit que font vos explois éclatans
Perce les Cieux : l'Olimpe les admire :
Ses habitans protegent vôtre empire[3].
Le Ciel n'y met de bornes que vos vœux.
Qu'y manque-t-il ? Car vous n'avez qu'à dire ;
L'évenement n'en peut être qu'heureux.

Tel que l'on void Jupiter dans Homere
Emporter seul[4] tout le reste des Dieux ;
Tel balançant l'Europe toute entiere
Vous lutez seul contre cent envieux.
Je les compare à ces ambitieux
Qui Monts sur Monts declarerent la guerre
Aux immortels. Jupin croulant la terre
Les abysma sous des rochers affreux.
Ainsi que luy prenez vôtre tonnerre
L'évenement n'en peut être qu'heureux.

Vous n'étes pas seulement estimable
Par ce grand Art qui fait les Conquerans ;
Terrible aux uns, aux autres tout aimable,
Des Scipions vous remplissez les rangs.

1. Chaque jour... (*Mercure.*)
2. Louis luy fait d'autres Leçons apprendre. (*Mercure.*)
3. Le moindre bruit de vos Faits éclatans,
   Perce l'Olimpe, et fait qu'il vous admire.
   En vain l'Ibere ose former des vœux,
   C'est à vous seul de borner vostre Empire. (*Mercure.*)
4. Tirer à luy... (*Mercure.*)

Auguste et Jule en vertus differens
Vous feront place entr'eux deux dans l'Histoire.
Vos premiers pas couràns à la victoire
Ont tout soûmis ; et ce cœur genereux
Dans les derniers affecte une autre gloire ;
L'évenement n'en peut être qu'heureux.

ENVOY.

Ce doux penser, depuis un mois ou deux,
Console un peu mes Muses inquiétes.
Quelques esprits ont blâmé certains jeux,
Certains recits qui ne sont que sornettes.
Si je défere aux leçons qu'ils m'ont faites,
Que veut-on plus? Soyez moins rigoureux,
Plus indulgent, plus favorable qu'eux.
Prince, en un mot, soyez ce que vous êtes,
L'évenement ne peut m'être qu'heureux [1].

LXXII.

DISCOURS

A MADAME DE LA SABLIERE [2].

esormais que ma Muse, aussi bien que mes
jours,
Touche de son declin l'inévitable cours,
Et que de ma raison le flambeau va s'éteindre,

1. L'événement n'en peut estre qu'heureux. (*Mercure.*)
2. Ce *Discours*, lu par La Fontaine à l'Académie française, le 2 mai 1684, jour de sa réception (voyez tome III
de notre édition, p. 242, note), a paru dans les *Ouvrages de prose et de poësie des sieurs de Maucroix et de La
Fontaine* (t. I, p. 126), où il est suivi de *la Clochette,*
conte (voy. t. II, p. 319 de notre édition), dont le début
montre le peu de durée de ses projets de réforme.

Iray-je en consumer les restes à me plaindre?
Et prodigue d'un temps, par la Parque attendu,
Le perdre à regreter celuy que j'ay perdu?
Si le Ciel me reserve encor quelque étincelle
Du feu dont je brillois en ma saison nouvelle,
Je la dois employer, suffisamment instruit
Que le plus beau couchant est voisin de la nuit.
Le Temps marche toûjours; ny force ny priere,
Sacrifices ny vœux, n'allongent la carriere;
Il faudroit ménager ce qu'on va nous ravir;
Mais qui vois-je que vous sagement s'en servir?
Si quelques uns l'ont fait, je ne suis pas du nombre;
Des solides plaisirs je n'ay suivi que l'ombre,
J'ay toûjours abusé du plus cher de nos biens;
Les pensers amusans, les vagues entretiens,
Vains enfans du loisir, delices chimeriques,
Les Romans et le jeu, peste des Republiques,
Par qui sont dévoyez les esprits les plus droits;
Ridicule fureur qui se mocque des loix;
Cent autres passions des Sages condamnées,
Ont pris comme à l'envi la fleur de mes années.
L'usage des vrais biens répareroit ces maux;
Je le sçais, et je cours encore à des biens faux;
Je voy chacun me suivre; on se fait une idole
De tresors, ou de gloire, ou d'un plaisir frivole:
Tantales obstinez nous ne portons les yeux
Que sur ce qui nous est interdit par les Cieux.
Si faut-il qu'à la fin de tels pensers nous quittent;
Je ne voy plus d'instans qui ne m'en sollicitent.
Je recule, et peut-être attendray-je trop tard;
Car, qui sçait les momens prescrits à son départ?
Quels qu'ils soient, ils sont courts; à quoy les emploi-
Si j'étois sage, Iris (mais c'est un privilege [ray-je?
Que la Nature accorde à bien peu d'entre nous)
Si j'avois un esprit aussi reglé que vous,
Je suivrois vos leçons, au moins en quelque chose:
Les suivre en tout c'est trop; il faut qu'on se propose
Un plan moins difficile à bien executer,

Un chemin dont sans crime on se puisse écarter.
Ne point errer est chose au dessus de mes forces ;
Mais aussi de se prendre à toutes les amorces,
Pour tous les faux brillans courir et s'empresser,
J'entends que l'on me dit ; quand donc veux-tu cesser ?
Douze lustres et plus ont roulé sur ta vie ;
De soixante soleils la course entresuivie
Ne t'a pas veu goûter un moment de repos ;
Quelque part que tu sois, on void à tout propos
L'inconstance d'une ame en ses plaisirs legere,
Inquiete, et par tout hôtesse passagere ;
Ta conduite et tes vers, chez toy tout s'en ressent :
On te veut là-dessus dire un mot en passant.
Tu changes tous les jours de maniere et de stile ;
Tu cours en un moment de Terence à Virgile :
Ainsi rien de parfait n'est sorti de tes mains ;
Hé bien, pren si tu veux encor d'autres chemins ;
Invoque des neuf Sœurs la troupe toute entiere ;
Tente tout, au hazard de gâter la matiere ;
On le souffre, excepté tes contes d'autrefois.
J'ai presque envie, Iris, de suivre cette voix ;
J'en trouve l'éloquence aussi sage que forte.
Vous ne parleriez pas ny mieux ny d'autre sorte ;
Seroit-ce point de vous qu'elle viendroit aussi ?
Je m'avouë, il est vray, s'il faut parler ainsi,
Papillon du Parnasse, et semblable aux abeilles
A qui le bon Platon compare nos merveilles [1].
Je suis chose legere, et vole à tout sujet :
Je vais de fleur en fleur, et d'objet en objet ;
A beaucoup de plaisirs je mesle un peu de gloire.
J'irois plus haut peut-être au temple de Memoire,
Si dans un genre seul j'avois usé mes jours,

---

1. « Ils nous disent (les poëtes lyriques) que c'est à des fontaines de miel, dans les jardins et les vergers des Muses que, semblables aux abeilles, volant çà et là comme elles, ils cueillent les vers qu'ils nous apportent : et ils disent vrai. En effet le poëte est un être léger, ailé et sacré. » (Platon, *Ion.*)

Mais quoy? je suis volage en vers comme en amours.
En faisant mon portrait, moy-même je m'accuse,
Et ne veux point donner mes défauts pour excuse :
Je ne prétends icy que dire ingénument
L'effet bon ou mauvais de mon temperament.
A peine la raison vint éclairer mon ame,
Que je sentis l'ardeur de ma premiere flame.
Plus d'une passion a depuis dans mon cœur
Exercé tous les droits d'un superbe vainqueur.
Tel que fut mon printemps, je crains que l'on ne voye
Les plus chers de mes jours aux vains desirs en proye.
Que me servent ces vers avec soin composez?
N'en attens-je autre fruit que de les voir prisez?
C'est peu que leurs conseils, si je ne sçay les suivre,
Et qu'au moins vers ma fin je ne commence à vivre;
Car je n'ay pas vécu; j'ay servi deux tyrans;
Un vain bruit et l'amour ont partagé mes ans.
Qu'est-ce que vivre, Iris? vous pouvez nous l'apprendre.
Vôtre réponse est preste; il me semble l'entendre.
C'est joüir des vrais biens avec tranquilité;
Faire usage du temps et de l'oisiveté;
S'acquiter des honneurs deûs à l'Estre suprême;
Renoncer aux Philis en faveur de soy-même;
Bannir le fol amour, et les vœux impuissans,
Comme hydres dans nos cœurs sans cesse renaissans.

LXXIII.

LE COMTE DE FIESQUE

AU ROY[1].

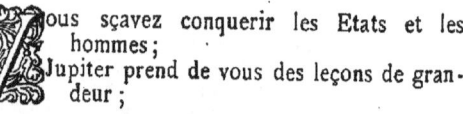ous sçavez conquerir les Etats et les hommes;
Jupiter prend de vous des leçons de grandeur;

1. Le comte de Fiesque descendait des Fiesques de Gênes,

Et nul des Roys passez ny du siecle où nous sommes
N'a sçû si bien gagner l'esprit avec le cœur.

Dans les emplois de Mars, vos soins, vôtre conduite,
Vôtre exemple et vos yeux animent nos Guerriers;
Vous étendez par tout l'ombre de vos lauriers;
    La terre enfin se voit réduite
A vous venir offrir cent hommages divers;
    Vous avez enfin sceu contraindre
    Tous les cantons de l'Univers
    A vous obeïr, ou vous craindre.

J'étois pres de ceder aux destins ennemis,
    Quand j'ay veu les Genois soumis,
    Malgré les faveurs de Neptune,
    Malgré des murs où l'Art humain
    Croyoit enchaîner la Fortune
    Que vous tenez en vôtre main.

Cette main me releve, ayant abaissé Gene;
Je ne l'esperois plus, je n'en suis plus en peine;
Vos moindres volontez sont autant de Decrets;
    Vos regards sont autant d'Oracles:
Je ne consulte qu'eux; et malgré les obstacles
Je laisse agir pour moy vos sentimens secrets.

qui avaient été chassés de leur patrie et obligés de se réfu-
gier en France, après la conspiration de Louis de Fiesque,
comte de Lavagne, en 1547. Il avait publié une : *Requeste
au Roy, et memoire de M*^r *le Comte de Fiesque, Pour ses
Pretentions et Droits, contre la Republique de Gennes* —
Paris, chez J. Guignard et Jacques Villery, M. DC. LXXXI,
in-4° de 36 pages. A la page 35 se trouve une : *Declaration
du Roy, en faveur du sieur Comte de Fiesque et ses frères.*
Louis XIV força la république de Gênes à leur payer cent
mille écus. Le comte de Fiesque lui récita, le 7 novembre
1684, la pièce de vers de La Fontaine pour l'en remercier.
Elle fut publiée peu après dans les *Ouvrages de prose et
de poësie des sieurs Maucroix et La Fontaine* (t. I, p. 62).

Vous témoignez en tout une bonté profonde ;
Et joignez aux bien-faits un air si gracieux,
    Qu'on ne vid jamais dans le monde
De Roy qui donnât plus, ny qui sçût donner mieux.

LXXIV.

AU ROY.

POUR LULLI,

Qui dédie à sa Majesté l'Opera de Rolland[1].

Agréez de mon Art les presens ordinaires ;
  Ne les recevez point, en hommages vulgaires,
  Dans la foûle de ceux qu'attire ce séjour ;
  Vôtre merite est tel, que tout luy fait la cour.
    La Déesse aux aisles legeres
    Luy fait par-tout des tributaires.
    Il en vient des portes du jour* :

    C'est de là que partit la Belle.
Qui prefera Medor au Heros de ces vers**.
Son Hymen attira cent Monarques divers :
L'Amante de Paris avoit jadis comme elle
    Interressé dans sa querelle
    Tous les Maîtres de l'Univers.

---

1. L'opéra de *Roland*, par Quinault, fut représenté à la Cour le 18 janvier 1685, et à Paris, le 8 février suivant. Cette dédicace, écrite par La Fontaine, est signée LULLY, en tête de *Roland, tragedie mise en musique, par Monsieur de Lully.* — Paris, par Christophe Ballard, M.DC.LXXXV, in-folio. Elle est reproduite dans les *Ouvrages de prose et de poësie des sieurs Maucroix et La Fontaine* (t. I, p. 57).

* *Les Siamois.* (Note de l'édition in-folio.)

** *Angelique estoit Reyne de Catay, c'est la grande Tartarie et le Royaume de la Chine* (note de l'édition in-folio).

Le bruit que ces Beautez au Dieu Mars ont fait faire
N'est rien prés des combats qu'il entreprend pour vous.
Vos exploits ont rempli l'un et l'autre Hémisphere
      D'admirateurs et de jaloux.
Au milieu des plaisirs d'un triomphe si doux
Plaignez le Paladin que mon Art vous presente ;
Son malheur fut d'aimer ; quelle ame en est exempte?
Il suivit à la fin de plus sages conseils ;
Au lieu de ses amours il servit sa patrie ;
Son Prince disposa du reste de sa vie ;
Vous sçavez mieux qu'aucun employer ses pareils.

Charlemagne vous cede, il vainquit ; mais la suite
Détruisit aprés luy ces grands évenemens.
Maintenant nôtre Empire a par vôtre conduite
      D'inébranlables fondemens.

    Icy les Muses sans alarmes
    Se promeinent parmy les bois.   [voix.
Leurs Chants en sont plus beaux, aussi bien que leurs
Si j'en crois Apollon les miens ont quelques charmes ;
Puissent-ils relâcher tous vos soins desormais !
Vous imposez silence à la fureur des armes ;
Goustez dans nos Chansons les douceurs de la Paix.

LXXV.

AVERTISSEMENT[1].

U n de ces quatre recits que j'ay fait faire aux Filles de Minée contient un évenement veritable,

1. Les traductions que La Fontaine a faites de l'*Inscription* qui suit cet *Avertissement* ont paru pour la première fois, en 1685, dans les *Ouvrages de prose et de poësie des sieurs de Maucroix et de La Fontaine* (t. 1, p. 250), à la suite des *Filles de Minée* (voy. t. II, p. 445 de notre édition). Voyez

et tiré des antiquitez de Boissard [1]. *J'aurois pû mettre en la place la métamorphose de Céix et d'Alcione, ou quelque autre sujet semblable. Les critiques m'allegueront qu'il le faloit faire, et que mon Ouvrage en seroit d'un caractere plus uniforme. Ce qu'Ovide conte a un air tout particulier ; il est impossible de le contrefaire. Mais aprés avoir fait reflexion là-dessus, j'ay apprehendé qu'un Poëme de six cens vers ne fût ennuyeux, s'il n'étoit remply que d'avantures connuës. C'est ce qui m'a fait choisir celle dont je veux parler : et comme une chose en attire une autre, le malheur de ces Amans tuez le jour de leurs nopces, m'a été une occasion de placer icy une espece d'Epitaphe, qu'on pourra voir dans les mêmes antiquitez. Quelquefois Ovide n'a pas plus de fondement pour passer d'une métamorphose à une autre. Les diverses liaisons dont il se sert ne m'en semblent que plus belles ; et selon mon goût, elles plairoient moins si elles se suivoient davantage. Le principal motif qui m'a attaché à l'inscription dont il s'agit, c'est la beauté que j'y ai trouvée. Il se peut faire que quelqu'un y en trouvera moins que moy. Je ne prétends pas que mon goût serve de regle à aucun particulier, et encore moins au public. Toutefois je ne puis croire que l'on en juge autrement. Il n'est pas besoin d'en dire icy les raisons ; quiconque seroit capable de les sentir ne le sera guere moins de se les imaginer luy-*

pour la reproduction du monument : *Antiquitatum seu Inscriptionum et epitaphiorum quæ in saxis... romanis videntur ... descriptio...* auctore Iano Iacobo Boissardo. 1597, 3ᵉ partie, pl. 83.

1. Celui des amours de Telamon et Cloris (voyez t. II, p. 445, note de notre édition).

*même. J'ay traduit cet ouvrage en prose et en vers,
afin de le rendre plus utile par la comparaison des
deux genres. J'ay eu, si l'on veut, le dessein de
m'éprouver en l'un et en l'autre : j'ay voulu voir
par ma propre experience, si en ces rencontres, les
vers s'éloignent beaucoup de la fidelité des traductions, et si la prose s'éloigne beaucoup des graces.
Mon sentiment a toujours été que quand les vers sont
bien composez, ils disent en une égale étenduë plus
que la prose ne sçauroit dire. De plus habiles que
moy le feront voir plus à fonds. J'ajoûteray seulement que ce n'est point par vanité, et dans l'esperance de consacrer tout ce qui part de ma plume
que je joins icy l'une et l'autre traduction ; l'utilité
des experiences me l'a fait faire. Platon dans
Phœdrus fait dire à Socrate qu'il seroit à souhaiter qu'on tournât en tant de manieres ce qu'on
exprime, qu'à la fin la bonne fût rencontrée. Plût
à Dieu que nos Auteurs en voulussent faire l'é-
preuve, et que le public les y invitât ! Voicy le sujet
de l'inscription.*

*Atimete affranchi de l'Empereur fut le mary
d'Homonée, affranchie aussi, mais qui par sa
beauté et par ses graces merita qu'Atimete la pré-
ferât à de celebres partis. Il ne joüit pas long-temps
de son bon-heur, Homonée mourut qu'elle n'avoit
pas vingt ans. On luy éleva un tombeau qui sub-
siste encore, et où ces vers sont gravez.*

INSCRIPTION
TIRÉE DE BOISSARD.

[1] Si pensare animas sinerent crudelia fata,
Et posset redimi morte aliena salus ;

1. *Atimete parle.* (Note de La Fontaine.)

La Font. V.   11

Quantulacunque meæ debentur tempora vitæ,
   Pensarem pro te, cara Homonæa, libens.
At, nunc quod possum, fugiam lucemque Deosque
   Ut te maturâ per Stuga morte sequar.

1 Parce tuam conjux fletu quassare juventam,
   Fataque mœrendo sollicitare mea.
Nil prosunt lacrumæ, nec possunt fata moveri :
   Viximus : hic omnes exitus unus habet.
Parce, ita non unquam similem experiare dolorem!
   Et faveant votis numina cuncta tuis !
Quodque mihi eripuit mors immatura juventæ,
   Hoc tibi victuro proroget ulterius.

Tu qui securâ procedis mente, parumper
   Siste gradum quæso, verbaque pauca lege.

Illa ego quæ claris fueram prælata puellis,
   Hoc Homonæa brevi condita sum tumulo.
Cui formam Paphia, Charites tribuêre decorem,
   Quam Pallas cunctis artibus eruduit.
Nondum bis denos ætas mea compleverat annos,
   Injecêre manus invida fata mihi.
Nec pro me queror ; hoc morte mihi est tristius ipsâ,
   Mœror Atimeti conjugis ille mihi.

2 Sit tibi terra levis, mulier dignissima vitâ
   Quæque tuis olim perfruerêre bonis 2.

*S'il suffisoit aux Destins qu'on donnât sa vie
pour celle d'un autre, et qu'il fût possible de rache-
ter ainsi ce que l'on aime, quel que soit le nombre
d'années que les Parques m'ont accordé, je le donnerois avec plaisir pour vous tirer du tombeau, ma*

---

1. *Homonée parle.* (Note de La Fontaine.)
2. *Ce sont les vœux du public, ou de celuy qui a fait
elever ce monument.* (Note de La Fontaine.)

chere Homonée ; mais cela ne se pouvant, ce que je puis faire est de fuir le jour et la presence des Dieux, pour aller bien-tôt vous suivre le long du Styx.

O mon cher époux, cessez de vous affliger ; ne corrompez plus la fleur de vos ans ; ne fatiguez plus ma destinée par des plaintes continuelles : toutes les larmes sont icy vaines ; on ne sauroit émouvoir la Parque ; me voilà morte, chacun arrive à ce terme-là. Cessez donc encore une fois : Ainsi puissiez-vous ne sentir jamais une semblable douleur ! Ainsi tous les Dieux soient favorables à vos souhaits ! et veuille la Parque ajoûter à votre vie ce qu'elle a ravi à la mienne !

Et toy qui passes tranquillement, arreste icy je te prie un moment ou deux, afin de lire ce peu de mots.

Moy, cette Homonée que prefera Atimete à des filles considerables ; moy, à qui Venus donna la beauté, et les Graces les agrémens ; que Pallas enfin avoit instruite dans tous les Arts, me voila icy renfermée dans un monument de peu d'espace. Je n'avois pas encore vingt ans quand le Sort jetta ses mains envieuses sur ma personne. Ce n'est pas pour moy que je m'en plains, c'est pour mon mari, de qui la douleur m'est plus difficile à supporter que ma propre mort.

Que la terre te soit legere, ô épouse digne de retourner à la vie, et de recouvrer un jour le bien que tu as perdu !

Si l'on pouvoit donner ses jours pour ceux
d'un autre,
Et que par cet échange on contentât le
Sort,
Quels que soient les momens qui me restent encor,
Mon ame, avec plaisir, racheteroit la vôtre :
Mais le destin l'ayant autrement arrété,
Je ne sçaurois que fuir les Dieux et la clarté,
Pour vous suivre aux enfers d'une mort avancée.

Quittez, ô cher époux, cette triste pensée ;
Vous alterez en vain les plus beaux de vos ans :
Cessez de fatiguer par des cris impuissans
La Parque et le Destin, déïtez inflexibles.
Mettez fin à des pleurs qui ne les touchent point ;
Je ne suis plus ; tout tend à ce suprême poinct.
Ainsi nul accident, par des coups si sensibles
Ne vienne à l'avenir traverser vos plaisirs !
Ainsi l'Olimpe entier s'accorde à vos desirs !
Veüille enfin Atropos, au cours de vôtre vie
Ajouter l'étenduë à la mienne ravie !

Et toy, passant tranquille, appren quels sont nos maux ;
Daigne icy t'arréter un moment à les lire.
Celle qui preferée aux partis les plus hauts,
Sur le cœur d'Atimete acquit un doux empire,
Qui tenoit de Venus la beauté de ses traits,
De Pallas son scavoir, des Graces ses attraits,
Gist sous ce peu d'espace en la tombe enserrée.
Vingt soleils n'avoient pas ma carriere éclairée,
Le Sort jetta sur moy ses envieuses mains ;
C'est Atimete seul qui fait que je m'en plains.
Ma mort m'afflige moins que sa douleur amere.

O femme, que la terre à tes os soit legere !
Femme digne de vivre ; et bien-tôt pusses-tu
Recommencer de voir les traits de la lumiere,
Et recouvrer le bien que ton cœur a perdu !

LXXVI.

A SON ALTESSE SERENISSIME

MONSEIGNEUR LE PRINCE DE CONTY[1].

Pleurez-vous aux lieux où vous estes?
La douleur vous suit-elle au fonds de leurs
    retraites?
Ne pouvez-vous lui resister?
Dois-je enfin, rompant le silence,
Ou la combattre, ou la flater.
Pour adoucir sa violence?
Le Dieu de l'Oise est sur ces bords,
Qui prend part à vôtre souffrance;
Il voudroit les orner par de nouveaux tresors,
  Pour honorer vôtre presence.
  Si j'avois assez d'éloquence,
Je dirois qu'aujourd'hui tout y doit rire aux yeux.
Je ne le dirois pas; rien ne rit sous les Cieux
    Depuis le moment odieux
Qui vous ravit un Frere aimé d'amour extrême.
    Ce moment, pour en parler mieux,
    Vous ravit dés-lors à vous-même.

    Conty dés l'abord nous fit voir
    Une ame aussi grande que belle.

1. Cette épître, qui a paru dans les *Œuvres postumes* (p. 243), est adressée à François–Louis, prince de la Roche-sur-Yon, devenu prince de Conti le 9 novembre 1685, par le décès de Louis-Armand, son frère aîné, mort de la petite vérole qu'il avait gagnée en soignant sa femme atteinte de la même maladie. Le prince de Conti vivait alors retiré dans son château de l'Ile-Adam où il se trouvait exilé par la volonté du Roi.

Le Ciel y mit tout son sçavoir,
Puis Vous forma sur ce modele.
Digne du même encens que les Dieux ont là-haut,
Vous attiriez des cœurs l'universel hommage.
L'un et l'autre servoit d'exemplaire et d'image :
Vous aviez tous deux ce qu'il faut
Pour estre un parfait assemblage.
Je n'y trouvois qu'un seul défaut,
C'étoit d'avoir trop de courage.

Par cet excez on peut pecher ;
Conty méprisa[1] trop la vie.
A travers les perils pourquoi toûjours chercher
Les noms dont aprés lui sa memoire est suivie ?
Ces noms, qu'alors aucun n'envie,
N'ont rien là-bas de consolant :
Achille en est un témoignage.
Il eut un desir violent
De faire honneur à son lignage,
Il souhaita d'avoir un Temple et des Autels ;
Homere en ses Vers immortels
Le lui bâtit ; sa propre gloire
Y dure aussi dans la memoire
Des habitans de l'Univers.
Cependant Achille aux Enfers
Prise moins l'honneur de ce Temple,
Que la Cabane d'un Berger.
Profitez-en ; c'est un exemple
Qui merite bien d'y songer.

Songez-y donc, Seigneur, examinez la chose,
D'autant plus qu'on ne peut y faillir qu'une fois.
L'Acheron ne rend rien ; Si nos pleurs étoient cause
Qu'il revoquât ces tristes loix,

1. *Méprise*, dans les *Œuvres postumes* et dans les *Œuvres diverses*. C'est une faute évidente que Walckenaer a corrigée.

Nous reverrions Conty : mais ni le sang des Rois,
      Ni la grandeur, ni la vaillance
Ne font changer du Sort la fatale ordonnance,
Qui rend sourd à nos cris le noir Tiran des Morts.
      Ne vous fiez point aux accords
      D'un autre Orphée ; a-t'il lui-même
      Rien gagné sur la Parque blême ?
      Il obtint en vain ses amours.
Tous deux avoient du Stix repassé les contours :
      Il vit redescendre Euridice.
      Il protesta de l'injustice ;
Il implora l'Olimpe et neuf jours et neuf nuits
      Importuna de ses ennuis
      Les Echos des Rivages sombres.
Quand j'irois comme lui redemander aux ombres
      Les Contys, Princes belliqueux,
      On me diroit que le Cocyte
      Ne considere aucun merite ;
      Je ne reviendrois non plus qu'eux.
Je ne vous dis ici que ce qu'a dit Voiture.
L'ami de Mecenas, Horace, dans ses sons
L'avoit dit devant lui ; devant eux la Nature
      L'avoit fait dire en cent façons.
      Les neuf Sœurs et leurs Nourrissons
      Depuis long-temps en leurs Chansons,
Repetent que l'on va recommencer l'Année,
      Et que jamais la Destinée
Ne permit aux humains le retour en ces lieux.
Conservez donc, Seigneur, des jours si precieux.
      Que le temps seche au moins vos larmes,
Celui que vous pleurez, loin d'y trouver des charmes,
      En goûte un bonheur moins parfait.
Je crains que les raisons ne soient de peu d'effet
      Dans la douleur qui vous possede ;
Mais le temps n'aura-t'il pour vous seul nul remede ?

LXXVII.

CONTRE FURETIERE[1].

Toi qui crois tout savoir, merveilleux Fure-
        tière,
    Qui décides toujours, et sur toute matière,
    Quand, de tes chicanes outré,
    Guilleragues t'eut rencontré,
Et, frappant sur ton dos comme sur une enclume,
Eut à coups de bâton secoué ton manteau,
Le bâton, dis-le-nous, étoit-ce bois de grume,
    Ou bien du bois de marmenteau ?

1. Cette pièce a paru dans le *Recueil des plus belles épi-grammes des poetes françois*, 1698, in-12 (t. I, p. 242), et a été réimprimée dans les œuvres diverses (t. I, p. 125). Dans le *Second Factum pour messire Antoine Furetiere, abbé de Chalivoy. Contre Quelques-uns de l'Academie Françoise*, écrit en réponse à une décision de janvier 1685, on lit à la fin du portrait satirique de La Fontaine : Sa capacité « est telle qu'après avoir exercé trente ans la Charge de Maistre Particulier des Eaux et Forests, il avouë qu'il a appris dans le Dictionaire universel ce que c'est que du bois en grume, qu'un bois marmenteau, qu'un bois de touche, et plusieurs autres termes de son métier qu'il n'a jamais sceu. » Ce fut ce qui donna lieu à cette épigramme, publiée par Furetière lui-même en 1687, dans son *Recueil de plusieurs vers, épigrammes et autres pièces qui ont esté faites entre monsieur l'abbé Furetiere et Messieurs de l'Academie françoise*. Voici la rédaction assez différente qu'en donne ce recueil et les remarques et répliques auxquelles elle a donné lieu de la part de Furetière :

REPONCE
DE M. DE LA FONTAINE A M. FURETIERE

Qui luy a reproché qu'il ne sçait pas ce que c'est, que bois en Grume et bois Marmenteau, quoy qu'il ait été Officier des Eaux et Forests.

Toy, qui de tout as connoissance entiere,

Escoute, Amy Furetiere ;
Lorsque certaines gens,
Pour se vanger de tes dits outrageants,
Frappoient sur toy comme sur une Enclume,
Avec un bois porté sous le manteau ;
Dis moy si c'estoit bois en Grume
Ou si c'estoit bois Marmenteau ?

Nota. Cette Epigramme montre clairement que l'objection qu'on a faite au sieur de La Fontaine d'ignorer la nature du bois en Grume et du bois Marmenteau est bien fondée. Le bois en Grume est du bois de Charpente et de Charronage debité avec son écorce et qui n'est point Esquarré. Le bois Marmenteau est un bois de haute futaye, qui est conservé pour la decoration d'une maison à laquelle il est attaché, qu'il n'est pas même permis à un Usufruitier de couper : l'un et l'autre de ces bois ne sont pas propres à vanger des traits medisans.

REPONSE
DE MONSIEUR DE FURETIERE.

Dangereux inventeur de cent vilaines Fables,
Sçachez que pour livrer de médisants assauts
Si vous ne voulez pas que le Coup porte à faux,
Il doit estre fondé sur des faits veritables.
Çà, disons nous tous deux nos veritez :
Il est du bois de plus d'une maniere ;
Je n'ay jamais senti celui que vous cités ;
Nostre ressemblance est entiere,
Car vous ne sentez point celuy que vous portés.

MONSIEUR DE LA FONTAINE
Ayant reproché pour toutes repliques à son adversaire qu'il falloit qu'il fût ladre, a donné sujet à cette autre Epigramme.

EPIGRAMME.

Quelque ladre qu'on fust, il seroit impossible,
Qu'un bois en Grume et Marmenteau,
Ne se rendît pas tres sensible,
Si l'on estoit chargé d'un si pesant fardeau :
Mais quand un infame prefere
A son honneur son interest,
Son Cocuage volontaire
Le peut charger de toute une forest,
Qu'il doit encor filer doux et se taire.

Ces calomnies de Furetière ne reposaient, comme il nous l'apprend lui-même dans son *second factum*, que sur la façon maligne dont il interprétait un passage des *Contes* :

« dans celuy de la *Coupe enchantée,* dit-il en parlant de
La Fontaine, il donne tant d'éloges au cocuage volontaire,
que quelques-uns pourroient conclure de là, qu'il y a apparence qu'il s'en est bien trouvé. » Dans son *troisieme
factum,* en paraissant se rétracter, il insiste sur son accusation : « Quand j'ai parlé des Eloges qu'il a donnez au
Cocuage volontaire, je n'ai point tiré la consequence à son
desavantage, que j'ai dit que quelques uns en pourroient
tirer ; je ne suis point Garent du vraisemblable que les
autres y trouveront. »

LXXVIII.

SONNET

*Servant de Réponse à un Bout-Rimé du Sieur
de Furetiere* [1].

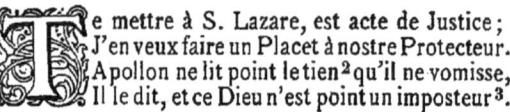e mettre à S. Lazare, est acte de Justice ;
J'en veux faire un Placet à nostre Protecteur.
Apollon ne lit point le tien [2] qu'il ne vomisse,
Il le dit, et ce Dieu n'est point un imposteur [3].

Il semble à tes discours que chacun t'aplaudisse [4] :
Et toûjours du bon sens cruel Persecuteur,
Tu veux parler de mots, et confons l'artifice [5]
Avec l'art : cette faute est crime en un Auteur.

Ne t'imagine pas qu'on la laisse impunie ;
Mais l'insolence suit en toy la calomnie,
N'en est-ce pas un trait que de blasmer le Roy ?

Tu controlles ses dons, homme plein d'impudence [6] ;
Ma foy, l'Academie est plus sage que toy.
Apprens d'elle à parler, ou garde le silence.

1. Ce texte est, à l'exception du quatrième vers, celui
qu'on trouve dans les *Œuvres postumes* (p. 227). Voici

dans quelles circonstances ce sonnet a été composé. L'académicien Boyer avait écrit la pièce suivante, relative à la querelle de l'Académie et de Furetière à l'occasion du *Dictionnaire* composé par ce dernier :

A MONSEIGNEUR LE CHANCELIER.

SONNET.

Toy, dont l'Academie implore la Justice,
Du merite outragé genereux Protecteur,
Quelque fiel que sur nous l'Imposture vomisse,
Nous voulons oublier le nom de l'Imposteur.

A tout ce qu'il écrit que l'Envie applaudisse ;
De tant d'illustres noms, jaloux persecuteur,
Il a beau les noircir par un lâche artifice,
La verité confond et l'Ouvrage et l'Autheur.

Dût-on voir sa fureur triomphante, impunie,
Tranquiles et muets contre la calomnie,
Nous consacrons nos voix à la gloire du Roy,

Si nôtre retenuë enhardit l'impudence,
Le merite et l'honneur se reposent sur toy,
Oracle de Themis vange notre silence.

Furetière reprit les mêmes rimes dans la pièce suivante :

A MONSEIGNEUR LE CHANCELIER.
Réponse au Sonnet precedent en bouts-rimez.

SONNET.

Toy, dont l'Academie élude la Justice,
Qui du merite faux n'es point le Protecteur,
N'espere pas de voir que son ventre vomisse
Cet œuvre tant promis par son Corps Imposteur.

Ne crois pas que jamais le Public aplaudisse
A ces Monopoleurs dont le Persecuteur
Y montre tant de foible, et si peu d'artifice,
Qu'à peine un Écolier s'en voudroit dire Autheur.

Leur oisive lenteur qui demeure impunie,
Les peut faire à bon droit blâmer sans calomnie,
Leurs pensions font tort à la gloire du Roy,

Il leur faut pour répondre un excez d'impudence ;
Mais tout déguisement disparoist devant Toy,
Oracle de Themis, excuse leur silence.

Ces deux sonnets, imprimés en 1686 dans la première édition du *recueil* de Furetière, ont été accompagnés plus

tard de deux répliques également en bouts rimés, et toutes
deux anonymes, dont l'une est, à quelques variantes près,
la même pièce que celle que nous avons reproduite d'après les
Œuvres postumes.

2. *Les tiens,* dans le *Recueil* de Furetière.

3. Nous donnons ici le vers qui se trouve dans le recueil
de Furetière. Il y a dans les *Œuvres postumes* :

> Et ne connoît en toi qu'un Calomniateur

mais le mot final est nécessairement *imposteur* et non *calom-
niateur.*

4. *Que chacun applaudisse,* dans le *Recueil.*

5. *Variante :*

> Tu te crois Attila ce grand persecuteur,
> Mais tu n'es qu'un pion ; tu confonds l'artifice.

6. *Variante :*

> L'ignorance est en toi sœur de la calomnie ;
> Tu manques de respect lors que tu plains le Roy.
> Controller les bienfaits est un trait d'impudence.

LXXIX.

*Monsieur Girin, Controlleur des Finances à Gre-
noble, envoya un Rondeau à M. de la Fontaine,
pour sçavoir de lui si le dernier vers qui estoit*

> Sans de l'esprit c'est peu de chose
> Que d'estre beau.

*se devoit mettre avec ou sans article. Il le fit
Juge d'une gageure considerable que l'on avoit
faite à Grenoble sur cela. M. de la Fontaine lui
fit réponse, et écrivit les vers suivans au bas de
sa Lettre*[1].

Sans esprit, c'est la phrase, et non, sans de
l'esprit,
Je tiens ce dernier condamnable,   [écrit,
Et l'Auteur du Rondeau l'avoit trop bien

---

1. Cette épître, qui a paru pour la première fois dans

Pour soûtenir un point si fort insoûtenable.
Il affoiblit par là ses cinq vers les plus beaux.
Le sens, la chute, et tout m'y paroît admirable,
Il finit par un mot constant et veritable,
C'est que l'esprit fait tout. Nul de nos Jouvenceaux
Ne doit sans celui-là frequenter chez les Belles,
    Ni se presenter aux Ruelles.
Or celui-là s'entend par fois en deux façons.
L'un dira, c'est l'esprit ; c'est l'argent, dira l'autre.
Pour moy, mon avis est que tous les deux sont bons.
    Un siecle fait comme le nostre,
Veut de l'argent, et veut qu'on le donne à propos.
Tout est fin diamant aux mains d'un habile homme.
Tout devient hapelourde entre les mains des sots.
Bref avec de l'esprit on va jusques à Rome.
    Si sans de l'esprit estoit bon,
    Voicy l'unique occasion
    Où je pourrois lui trouver place.
Sans de l'esprit, dirois-je, on ne peut faire un pas.
    Mais par malheur, quoy que l'on fasse,
    Sans de l'esprit ne se dit pas.
L'Idiome Gascon souffriroit cette phrase,
Sans esprit paroît foible aux gens du Dauphiné ;
    Sans de l'esprit a plus d'emphase,
    Mais tout Paris l'a condamné :
Cependant tout Paris n'est pas toute la France :
Votre Province veut peut-estre une Eloquence
    Où l'on s'exprime en appuyant.
L'Auteur en vos Cantons peut soûtenir la chose,
Et prés des Tribunaux que la Garonne arrose,
    Se sauver par ce faux-fuyant.
Je ne me donne point icy pour un Oracle ;
Et sans chercher si loin, Grenoble en possede un :
    Il sçait nostre langue à miracle ;

les *Œuvres postumes* (p. 66), a été placée par Walckenaer en 1686, époque à laquelle Etienne Le Camus,
dont il est question dans la pièce, fut promu au cardinalat.

Son esprit est en tout au dessus du commun.
C'est vostre Cardinal que j'entens; ses lumieres
Dédaignent, il est vray, de semblables matieres.
Je ne vous tiens pas gens à lui lire cecy ;
Sans de l'esprit je crois que l'on le pourroit faire.
Ballades et Rondeaux, ce n'est point son affaire.
A l'égard du Salut, unique Necessaire,
    Il n'est point de difficulté
Qui ne doive occuper en pareille occurrence,
    Non seulement son Eminence,
    Mais même encor Sa Sainteté.

LXXX.

POUR MADAME * * * *

Sur l'air des Folies d'Espagne[1].

n languit, on meurt prés de Sylvie :
C'est un sort dont les Rois sont jaloux.
Si les Dieux pouvoient perdre la vie,
Dans vos fers ils mourroient commenous.

Soûpirant pour un si doux martyre,
A Venus ils ne font plus la Cour ;

1. Cette chanson a paru pour la première fois dans les *Œuvres postumes* (page 216), et a été réimprimée sous le même titre dans les *Œuvres diverses* (tome I, page 103). Mathieu Marais dit dans son *Histoire de la Vie et des Ouvrages de La Fontaine* : « En 1687, les couplets sur l'air des Folies d'Espagne, qu'il fit pour madame d'Hervart, trouveront bien leur place. » Cette date est celle de l'année qui suivit son mariage; elle a été adoptée par Walckenaer, mais dans certaines de ses éditions des *Œuvres de La Fontaine*, elle s'est trouvée transformée en « 1637 » par suite d'une erreur purement typographique.

Et Sylvie accroîtra son Empire
Des Autels de la Mere d'Amour.

Le Printemps paroist moins jeune qu'elle ;
D'un beau jour la naissance rit moins :
Tous les yeux disent qu'elle est plus belle,
Tous les cœurs en servent de témoins.

Ses refus sont si remplis de charmes,
Que l'on croit recevoir des faveurs :
La douceur est celle de ses armes
Qui se rend la plus fatale aux cœurs.

Tous les jours entrent à son service
Mille Amours, suivis d'autant d'Amans.
Chacun d'eux content de son supplice,
Avec soin lui cache ses tourmens.

Sa presence embellit nos Bocages ;
Leurs ruisseaux sont enflez par mes pleurs,
Trop heureux d'arroser des ombrages
Où ses pas ont fait naistre des fleurs.

L'autre jour assis sur l'herbe tendre,
Je chantois son beau nom dans ces lieux,
Les Zephirs accourant pour l'entendre
Le portoient aux oreilles des Dieux.

Je l'écris sur l'écorce des Arbres :
Je voudrois en remplir l'Univers,
Nos Bergers l'ont gravé sur des Marbres
Dans un Temple au dessus de mes vers.

C'est ainsi qu'en un Bois solitaire
Lycidas exprimoit son amour.
Les Echos qui ne sçauroient se taire,
L'ont redit aux Bergers d'à-l'entour.

LXXXI.

EPISTRE

A MONSEIGNEUR L'EVESQUE DE SOISSONS.

*En lui donnant un Quintilien de la traduction
d'Horatio Toscanella* [1].

Je vous fais un present capable de me nuire,
Chez vous Quintilien s'en va tous nous dé-
    truire;
Car enfin qui le suit? qui de nous aujourd'hui
S'égale aux Anciens tant estimez chez lui?
Tel est mon sentiment, tel doit estre le vôtre;
Mais, si vôtre suffrage en entraîne quelqu'autre,
Il ne fait pas la foule, et je vois des Auteurs
Qui plus sçavans que moy, sont moins admirateurs.
Si vous les en croyez, on ne peut sans foiblesse,
Rendre hommage aux Esprits de Rome et de la Grece.
Craindre ces Ecrivains ! on écrit tant chez nous,
La France excelle aux Arts, ils y fleurissent tous,
Nôtre Prince avec art nous conduit aux alarmes,
Et sans art nous louerions le succez de ses armes.
Dieu n'aimeroit-il plus à former des talens?

1. Cette *Epître* a paru pour la première fois avec la lettre
A Monsieur de Bonrepeaux (t. III, p. 376); le tout forme
un cahier de 7 pages avec approbation du 5 février 1687.
Elle a été réimprimée sous le titre : *A Monsieur l'Evesque
d'Avranches*, dans les *Œuvres postumes* (p. 52). Nous
n'avons pas vu la première édition, que Walckenaer
cite, sans dire où elle se trouve. Cette épître, adressée à
Huet, d'abord évêque de Soissons, puis d'Avranches, est
une réponse indirecte aux doctrines littéraires défendues
quelques jours auparavant par Perrault, en pleine Académie,
dans son *Siecle de Louis-le-Grand*.

Les Romains et les Grecs sont-ils seuls excellens?
Leurs discours sont fort beaux, mais fort souvent fri-
Je ne vois point l'effet répondre à ces paroles, [voles.
Et faute d'admirer les Grecs et les Romains,
On s'égare en voulant tenir d'autres chemins.
Quelques imitateurs, sot bestail, je l'avouë,
Suivent en vrais moutons le Pasteur de Mantouë :
J'en use d'autre sorte, et me laissant guider,
Souvent à marcher seul j'ose me hazarder.
On me verra toûjours pratiquer cet usage,
Mon imitation n'est point un esclavage,
Je ne prends que l'idée, et les tours et les loix
Que nos Maistres suivoient eux-mêmes autrefois.
Si d'ailleurs quelque endroit plein chez eux d'excellence,
Peut entrer dans mes vers sans nulle violence,
Je l'y transporte et veux qu'il n'ait rien d'affecté,
Tâchant de rendre mien cet air d'antiquité.
Je vois avec douleur ces routes méprisées :
Art, et guides, tout est dans les Champs Elisées.
J'ay beau les évoquer, j'ay beau vanter leurs traits,
On me laisse tout seul admirer leurs attraits.
Terence est dans mes mains, je m'instruis dans Horace,
Homere et son Rival sont mes Dieux du Parnasse.
Je le dis aux Rochers : on veut d'autres discours.
Ne pas louër son siecle est parler à des sourds.
Je le louë, et je sçay qu'il n'est pas sans merite.
Mais prés de ces grands noms nôtre gloire est petite :
Tel de nous, dépourveu de leur solidité,
N'a qu'un peu d'agrément sans nul fond de beauté.
Je ne nomme personne, on peut tous nous connoître.
Je pris certain* Auteur autrefois pour mon Maistre ;

---

* *Quelques Auteurs de ce temps-là affectoient les anthi-
theses, et ces sortes de pensées qu'on appelle Concetti, cela a
suivi immediatement Malherbe* (Note de La Fontaine).
   Walckenaër pense, avec assez de vraisemblance, que La
Fontaine veut ici désigner Voiture. Il le met, en effet, dans
une de ses lettres, au nombre de ses maîtres. Voy. t. III,
p. 396 de notre édition.

Il pensa me gâter; à la fin, grace aux Dieux,
Horace par bonheur me désilla les yeux.
L'Auteur avoit du bon, du meilleur, et la France
Estimoit dans ses vers le tour et la cadence.
Qui ne les eust prisez? J'en demeurai ravi :
Mais ces traits ont perdu quiconque l'a suivi.
Son trop d'esprit s'épand en trop de belles choses.
Tous métaux y sont or, toutes fleurs y sont roses * :
On me dit là-dessus : dequoi vous plaignez-vous?
Dequoi? Voilà mes gens aussi-tost en couroux,
Ils se moquent de moy, qui plein de ma lecture,
Vais par tout prêchant l'art de la simple nature.
Ennemy de ma gloire et de mon propre bien,
Malheureux, je m'attache à ce goust ancien.
Qu'a-t'il sur nous, dit-on, soit en vers soit en prose?
L'antiquité des noms ne fait rien à la chose,
L'autorité non plus, ni tout Quintilien.
Confus à ces propos j'écoute, et ne dis rien.
J'avouray cependant qu'entre ceux qui les tiennent,
J'en vois dont les écrits sont beaux et se soûtiennent,
Je les prise, et pretends qu'ils me laissent aussi
Reverer les Heros du Livre que voici.
Recevez leur tribut des mains de Toscanelle,
Ne vous étonnez pas qu'il donne pour modele
A des Ultramontains un Auteur sans brillans.
Tout peuple peut avoir du goust et du bon sens.
Ils sont de tout pays, du fond de l'Amerique 1 ;
Qu'on y mene un Rheteur habile et bon critique,
Il fera des sçavans. Helas ! qui sçait encor
Si la science à l'homme est un si grand tresor?
Je cheris l'Arioste, et j'estime le Tasse,
Plein de Machiavel, entesté de Boccace,

* *Vers de Malherbe* (Note de La Fontaine).
Ce vers se trouve effectivement, mais sous cette forme un
peu différente, dans le *Recit d'un Berger au bailet de Madame :*
    Tous métaux seront or, toutes fleurs seront roses.

1. *Les Œuvres postumes* donnent :
    Ils sont tous d'un païs du fond de l'Amerique.

J'en parle si souvent qu'on en est étourdi ;
J'en lis qui sont du Nort, et qui sont du Midy.
Non qu'il ne faille un choix dans leurs plus beaux
[ouvrages.
Quand nôtre siecle auroit ses sçavans et ses sages,
En trouveray-je un seul approchant de Platon ?
La Grece en fourmilloit dans son moindre canton.
La France a la satyre et le double theatre,
Des Bergeres d'Urfé chacun est idolâtre.
On nous promet l'Histoire, et c'est un haut projet,
J'attends beaucoup de l'art, beaucoup plus du sujet.
Il est riche, il est vaste, il est plein de noblesse,
Il me feroit trembler pour Rome et pour la Grece.
Quant aux autres talens, l'Ode qui baisse un peu,
Veut de la patience, et nos gens ont du feu.
Malherbe avec Racan parmi les Chœurs des Anges,
Là-haut de l'Eternel celebrant les loüanges,
Ont emporté leur Lyre, et j'espere qu'un jour
J'entendray leur concert au celeste sejour.
Digne et sçavant Prelat, vos soins et vos lumieres
Me feront renoncer à mes erreurs premieres,
Comme vous je diray l'Auteur de l'Univers.
Cependant agreez mon Rheteur et mes vers.

LXXXII.

A LEURS ALTESSES SERENISSIMES

Mademoiselle de Bourbon,
et Monseigneur le Prince de Conty[1].

Hymenée et l'Amour vont conclure un Traité,
Qui les doit rendre Amis pendant longues
BOURBON, jeune Divinité, [années.
CONTY, jeune Heros, joignent leurs destinées.

1. Cet épithalame, qui a paru dans les *Œuvres pos-*

CONDÉ l'avoit, dit-on, en mourant souhaité.
Ce Guerrier qui transmet à son Fils en partage
Son esprit, son grand cœur, avec un heritage
Dont la grandeur non plus n'est pas à mépriser,
Contemple avec plaisir de la Voute Etherée
Que ce nœud s'accomplit, que le Prince l'agrée,
Que LOUIS aux Condé ne peut rien refuser.
Hymenée est vêtu de ses plus beaux atours.
Tout rit autour de lui, tout éclate de joye.
Il descend de l'Olimpe environné d'Amours,
      Dont CONTY doit estre la proye :
      Venus à BOURBON les envoye.
      Ils avoient l'air moins attrayant
      Le jour qu'elle sortit de l'onde,
      Et rendit surpris nostre monde
      De voir un peuple si brillant.

      Le Chœur des Muses se prepare :
      On attend de leurs Nourrissons
      Ce qu'un talent exquis et rare
      Fait estimer dans nos chansons.
      Apollon y joindra ses sons,
      Lui-même il apporte sa Lyre.
      Déja l'Amante de Zephire,
      Et la Déesse du Matin,
      Des dons que le Printemps étale,
      Commencent à parer la Sale
      Où se doit faire le Festin.

O vous ! pour qui les Dieux ont des soins si pressans
      BOURBON aux charmes tout-puissans,
      Ainsi qu'à l'ame toute belle,

tumes (p. 121), fut composé pour le mariage de Marie-
Thérèse de Bourbon, fille aînée de Henri Jules, prince de
Condé, et d'Anne de Bavière, avec François-Louis de
Bourbon, prince de Conti. Cette union a eu lieu à Ver-
sailles le 29 juin 1688.

CONTY par qui sont effacez
Les Heros des siecles passez,
Conservez l'un pour l'autre une ardeur mutuelle.
Vous possedez tous deux ce qui plaist plus d'un jour,
Les Graces et l'Esprit, seuls soûtiens de l'Amour.
 Dans la Carriere aux Epoux assinée[1],
 Prince et Princesse, on trouve deux chemins;
 L'un de tiedeur, commun chez les humains,
 La passion à l'autre fut donnée.

 N'en sortez point, c'est un estat bien doux,
 Mais peu durable en nostre ame inquiete,
 L'amour s'éteint par le bien qu'il souhaite,
 L'Amant alors se comporte en Epoux.
 Ne sçauroit-on établir le contraire,
 Et renverser cette maudite Loy?
 Prince et Princesse, entreprenez l'affaire,
 Nul n'osera prendre exemple sur moy.
 De ce conseil faites experience,
 Soyez Amans fidelles, et constans.
 S'il faut changer, donnez-vous patience,
 Et ne soyez Epoux qu'à soixante ans.

Vous ne changerez point, écoutez Calliope;
Elle a pour vostre hymen dressé cet horoscope.

 Pratiquer tous les agréemens
 Qui des Epoux font des Amans,
 Employer sa grace ordinaire
 C'est ce que CONTY sçaura faire.
 Rendre Conty le plus heureux
 Qui soit dans l'Empire Amoureux,
 Trouver cent moyens de lui plaire,
 C'est ce que BOURBON sçaura faire.

---

1. Il y a *assignée* dans les *Œuvres postumes*; mais La Fontaine a certainement écrit *assinée*. Voyez page 4, vers 21, et page 16, vers 9.

Apollon m'apprit l'autre jour
Qu'il naistroit d'eux un jeune Amour
Plus beau que l'Enfant de Cytere,
En un mot, semblable à son Pere.
Former cet Enfant sur les traits
Des modelles les plus parfaits,
C'est ce que BOURBON sçaura faire ;
Mais de nous priver d'un tel bien,
C'est à quoy BOURBON n'entend rien.

LXXXIII.

BALADE

*Sur le nom de Louis le Hardy, que les Soldats
ont donné à* MONSEIGNEUR, *pendant le Siege
de Philisbourg* [1].

Un de nos Fantassins, très-bon nomenclateur [2],
Du titre de Hardi, baptisant MONSEI-
    GNEUR,
Le fera sous ce nom distinguer dans l'Histoire
Ce Soldat par chacun fut d'abord applaudy.
Le Prince et son Parrain feront dire à leur gloire :
LOUIS *le bien nommé, c'est* LOUIS LE HARDY.

D'un pareil nom de guerre on traitoit les neuf Preux,
Nostre jeune Heros le merite mieux qu'eux,
J'aime les Sobriquets qu'un Corps-de-Garde impose ;

---

1. Cette *balade*, en l'honneur du dauphin, qui prit Philisbourg en octobre 1688, a paru dans les *Œuvres postumes*
(p. 163).
2. Mathieu Marais, qui cite ce vers, fait remarquer la
singulière erreur commise dans les *Œuvres postumes*, où,
au lieu de *nomenclateur*, il y a *nommé la Fleur*.

Ils conviennent toûjours; et quant à moy je dy,
Pour ajoûter encor quelque lustre à la chose :
Louis *le bien nommé, c'est* Louis le Hardy.

Adam qui sur les Fonds tint les Estres divers
Dont il plust au Seigneur de peupler l'Univers,
Adam, Parrain bannal de toutes ces Familles,
Et qui n'imposoit pas le nom en étourdi [1],
N'y rencontroit pas mieux que nos braves Soudrilles.
Louis *le bien nommé, c'est* Louis le Hardy.

ENVOY.

L'homme n'engendre guere à soixante et dix ans.
Si le cas arrivoit [2] comme à certaines gens,
J'irois à ce Soldat, et sans tant de mistere,
Tout autre choix à part, je dirois, Kadedi,
Viens tenir mon Enfant, tu seras mon Compere [3],
Louis *le bien nommé, c'est* Louis le Hardy.

1. *Variante :*
    Adam, dis-je, par qui chaque nom fut ourdi.

2. Ainsi dans les *Œuvres postumes;* mais il paraît presque
indispensable de lire : *m'arrivoit.*

3. Mathieu Marais indique pour ces quatre derniers vers
la variante suivante tirée d'une copie manuscrite :

    Cependant écoutez, tous messieurs mes parens ;
    De quelque nouveau fils si j'allois être pere,
    Voyant que ce soldat n'est pas un étourdi :
    Viens tenir mon enfant, dirois-je à ce compere.

LXXXIV.

VERS

A la maniere de Neuf-Germain sur la prise de Philisbourg [1].

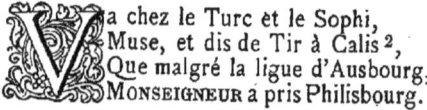

Va chez le Turc èt le Sophi,
Muse, et dis de Tir à Calis [2],
Que malgré la ligue d'Ausbourg,
MONSEIGNEUR a pris Philisbourg.

Tu pourras jurer par ma fy,
C'est le digne heritier des Lis.
Comment Diable, il prend comme un Bourg
L'inexpugnable Philisbourg !

Seize jours au Siege·ont suffi,
D'autres Guerriers y sont vieillis.
Ce premier labeur ou labour,
Donne à la France Philisbourg.

1. Ces vers ont paru dans les *Œuvres postumes* (p. 161). Dans ces stances disposées, comme le rappelle le titre, d'après un procédé que Louis de Neufgermain avait mis à la mode sous le règne précédent, la réunion des rimes des trois premiers vers, *phi lis bourg*, forme le mot exprimé à la fin du quatrième : *Philisbourg*.

2. Il y a *Cadis*, dans les *Œuvres postumes*, mais il faut nécessairement lire *Calis*, pour former le nom de *Philisbourg*. Du reste, cette forme *Calis* était encore fort en usage au XVIIe siècle. Malherbe a dit, dans son Ode *A la Reine mere du Roy, sur les heureux succès de sa Regence* (vers 6) :

Jusqu'au rivage de Calis.

Voyez les remarques de Ménage et de M. Ludovic Lalanne à cette occasion.

Le Dieu du Rhin en a dit, Fy,
Je sens les Corps ensevelis,
Et non le Bois de Calambourg,
Le long des murs de Philisbourg.

Staremberg d'orgueil tout bouffi,
Nous donnoit trois mois accomplis
Avant qu'ouïr sur le Tambour
La chamade dans Philisbourg.

Il s'est trompé dans son défy :
Nos quartiers vont estre establis
Sur mainte Ville, et maint Fauxbourg,
Par la prise de Philisbourg.

Ma foy, l'Empire est déconfi,
Si bien-tost ne sont démolis
Par la Paix les murs de Fribourg,
Et l'imprenable Philisbourg.

LXXXV.

LE SONGE

Pour Madame la Princesse de Conty [1].

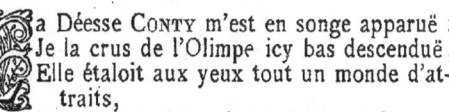a Déesse CONTY m'est en songe apparuë :
Je la crus de l'Olimpe icy bas descenduë,
Elle étaloit aux yeux tout un monde d'at-
                traits,
Et menaçoit les cœurs du moindre de ses traits.

1. Cette pièce fait partie des *Œuvres postumes* (p. 165).
Elle est adressée à la princesse douairière de Conti, veuve
de Louis-Armand, dont La Fontaine avait célébré l'hymen
dans son épître *à Mme de Fontanges* (p. 125).

Fille de Jupiter, m'écriai-je à sa veuë,
On reconnoist bien-tost de quel Sang vous sortez.
L'air, la taille, le port, un amas de beautez,
Tout excelle en CONTY, chacun lui rend les armes :
Sa presence en tous lieux fera dire toûjours,
   Voilà la Fille des Amours,
   Elle en a la grace et les charmes.
On ne dira pas moins en admirant son air,
   C'est la Fille de Jupiter.
Quand Morphée à mes sens presenta son Image,
Elle alloit en un Bal s'attirer maint hommage.
Je la suivis des yeux ; ses regards et son port
Remplissoient en chemin les cœurs d'un doux trans-
Le Songe me l'offrit par les Graces parée. [port.
Telle aux nopces des Dieux ne va point Citerée :
Telle même on ne vit cette Fille des Flots,
Du prix de la beauté triompher dans Paphos.
CONTY me parut lors mille fois plus legere
Que ne dansent au Bois la Nimphe et la Bergere.
L'herbe l'auroit portée; une fleur n'auroit pas
   Reçu l'empreinte de ses pas :
Elle sembloit raser les airs à la maniere
   Que les Dieux marchent dans Homere.
   Cecy n'est-il point trop sçavant ?
Des Eruditions la Cour est ennemie,
   Même on les voit assez souvent
   Rebuter par l'Academie.
Hélas ! en cet endroit mon songe fut trop court,
Je sentis effacer de si douces Images,
Et la Nuit ramenant les entretiens du Jour,
Je me representai de perfides courages.
Je ramassai les bruits que de divers endroits
Vient répandre chez nous la Déesse aux cent voix,
Qui du Songe inventeur imite les ouvrages.
Morphée accompagné de ses plus noirs Demons,
Me peignit cent Etats brouillez en cent façons.
A CONTY succeda ce que fait l'Angleterre.
Je ne vis qu'un cahos plein d'appareils de guerre.

Que les Enfans de Mars ont un different air
    De la Fille de Jupiter !
Songe, par qui me fut son Image tracée,
Ne reviendrez-vous plus l'offrir à ma pensée ?
En finissant trop tost vous causez trop d'ennuis.
Faites de vos faveurs un plus juste partage,
    Et revenez toutes les nuits,
    Ou durez un peu davantage.

LXXXVI.

POUR LE PORTRAIT

DE MONSIEUR BERTIN [1].

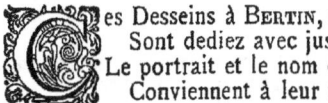es Desseins à BERTIN, des beaux Arts Pro-
    Sont dediez avec justice :   [tecteur,
    Le portrait et le nom de leur adorateur
    Conviennent à leur frontispice.

1. Ce quatrain, qu'on lit dans les *Œuvres postumes* (p. 168), était destiné au portrait de M. Bertin, conseiller-secrétaire du Roi, gravé par Edelinck, pour être mis en tête de la collection intitulée : *Recueil des meilleurs desseins de Raimond la Fage. Gravé par cinq des plus habiles Graveurs, Et mis en lumiere par les soins de Vander-Bruggen.* — Se vend chez Jean Vander-Bruggen, marchand et Graveur à Paris, rue St-Jacques, au grand magazin d'Images. Avec privilege du Roy, 1689, in-fol. Ces vers ne figurent pas au bas du portrait pour lequel ils avaient été composés.

LXXXVII.

POUR LE PORTRAIT

DE VANDER-BRUGGEN[1].

Ce juste admirateur des desseins de la Fage,
  Nous en presente un assemblage,
Où tout est d'un merite au dessus du commun :
Il veut que son heros devienne aussi le nostre ;
Et que l'on doive aux soins de l'un
Le fruit des ouvrages de l'autre.

1. Ces vers sont inscrits sans titre et sans nom d'auteur
au-dessous d'un portrait gravé, d'après Largillière, par
Vander-Bruggen lui-même. Il se trouve dans la collection
que nous venons de décrire dans la note précédente. Cette
rédaction n'a pas été recueillie dans les *Œuvres postumes*,
qui en renferment deux, assez différentes, aux pages 168
et 169, à la suite de la pièce *Pour le portrait de Monsieur
Bertin*. La première n'a point de titre ; la seconde est précédée du mot AUTRE. Les voici :

Ce juste admirateur des desseins de la Fage,
D'un Auteur si parfait multipliant l'ouvrage,
En va rendre le fruit desormais plus commun.
Il veut que son Heros devienne aussi le nôtre,
Et que le monde entier puisse apprendre de l'un,
  Par les soins que s'est donné l'autre,

Ce juste admirateur des desseins de la Fage
  En nous donnant leur assemblage,
  Foürnit des leçons à chacun.
Il veut que son Heros devienne aussi le nôtre,
  Et que l'on doive aux soins de l'un,
  Les fruits de l'ouvrage de l'autre.

LXXXVIII.

SONNET

Sur le retour de Guillaume Henry de Nassau Prince
d'Orange, en Angleterre, etc. à Londres, où il
arriva d'Irlande le... du mois d..... 1690 [1].

Guillaume, étant parti comme un second
    Achille,
    D'un air moins triomphant, revient à ce
    qu'on dit.
Nous verrons quels projets maintiendront son credit
Et s'il rendra la France en Lauriers moins fertile.

On l'a fait deloger de devant une ville [2],
Qu'eût pris un Argoulet, sans aucun contredit;
Lazare aprés trois jours sort de terre et revit,
L'Usurpateur Guillaume est trois mois immobile.

Ce resuscité perd l'Empire, et l'empereur,
L'Anglois est divisé, les Turcs reprenent cœur,
Les Cliens de Guillaume ont tous la nape mise.

Si l'Irlande est temoin de ses faits inouïs,
Il met quatre Electeurs et Savoye en chemise,
Et le bruit de sa mort me coûte un beau Louis [3].

1. Recueil de Maurepas, t. VI, feuillet 493. Bibliothèque
nationale, département des manuscrits.
2. *La ville de Limerick, trés méchante place, dont le*
Prince d'Orange leva le siége le 9. juillet (Note du recueil).
3. *L'auteur qui est Jean de La Fontaine si fameux par*
ses Fables et ses Contes, avoit gagé un Louis d'or, que le
Prince d'Orange étoit mort, et le perdit parce qu'on apprit
le contraire (Note du recueil). — C'est l'abbé de Choisy qui
avait tenu ce pari. Il nous l'apprend en ces termes dans une

LXXXIX.

A M. DE VENDOSME[1].

ÉPITRE.

Prince, qui faites les délices
Et de l'Armée et de la Cour,
Du vieux Soldat et des Milices,
Et de toute la gent qu'assemble le
Le bruit de votre maladie   [Tambour,
A fait trembler pour votre vie.
Il n'est pelerinage où nous n'ayons songé :
Que si personne n'a bougé,
C'est que le Monarque lui-même
Rassura d'abord les esprits ;
Et ce qu'il dit vint à Paris
Avec une vitesse extrême.
Sans cela tout étoit perdu :
Le Poete avoit l'air d'un Rendu.
Comment ! d'un Rendu ? D'un Hermite,
D'un Santoron, d'un Santena[2],

lettre du 23 août 1690 qui se trouve dans la correspondance de Bussy-Rabutin : « Je viens de parier contre le bonhomme La Fontaine tous ses ouvrages contre le prix qu'ils valent, que le prince d'Orange n'est pas mort. » Ce passage, rapproché de la pièce de La Fontaine, prouve qu'on pouvait avoir pour un louis tous les ouvrages de notre poëte.

1. Cette épître, publiée pour la première fois dans le *Nouveau choix de pièces de poésie* de Duval de Tours (t. II, p. 12), a été réimprimée dans les *Œuvres diverses* (t. I, p. 146) avec la date de 1690.

2. *Courtisans qui se sont retirez.* La note que donnent ici le *Nouveau choix* et *Les Œuvres diverses* est conçue en ces termes. Walckenaer, qui a cherché à préciser les faits, a ainsi rédigé la sienne : « Deux officiers qui s'étoient retirés

D'un déterré, bref d'un qui n'a
Vû de long-temps plat ni marmite.
Il sembloit, à me voir, que je fusse aux abois.
Fieubet auprés de Gros-Bois,
Tient contenance moins contrite :
Non qu'il se soit du tout privé
Des commoditez de la vie :
Même on dit qu'il s'est reservé
Sa cuisine et son écurie,
Des gens pour le servir, le necessaire enfin ;
Un peu d'agreable ; et lui fin.
Cet exemple est fort bon à suivre.
J'en sçais un meilleur : c'est de vivre :
Car est-ce vivre, à votre avis,

à la Trappe. Santena y entra en 1691. C'étoit un Piémontais qui avoit un régiment d'infanterie en France. » Walckenaer, si ardent et si heureux dans ses recherches, a trouvé, on le voit, des renseignements sur l'un des deux officiers, mais rien sur l'autre. Cela tient à ce que Santoron n'a jamais existé. La Fontaine, en disant qu'il avait l'air

D'un Hermite,
D'un Santoron,

se rappelait tout simplement Rabèlais qui, dans son *quart livre* (chapitre LXIII), parle des « chatemittes, santorons, cagotz, hermites »; et qui, dans sa *prognostication pantagrueline* (chapitre V), comprend dans une même énumération : « moines, hermites, hypocrites, chatemites, sanctorons. » Notre poëte, qui savait son Rabelais par cœur, n'a pu écrire *ermite* sans ajouter *santoron*, puis le nom de Santena, récemment entré dans les Ordres, est venu s'y joindre, attiré qu'il était par une certaine analogie de son. Ce mot *sanctoron* figure, en 1611, dans le dictionnaire français-anglais de Cotgrave ; il y est ainsi défini : « an hypocrite, or an counterfeiter of Saints. » Quant à l'étymologie, elle n'est pas difficile à trouver : *Sanctoron*, ou par adoucissement *santoron*, vient évidemment de *sanctorum*, soit, comme paraît le croire Cotgrave, parce que l'hypocrite veut être regardé comme *unus è sanctorum numero*, soit parce qu'il marmotte des prières dans lesquelles revient souvent le mot *sanctorum*.

Que de fuir toutes compagnies,
Plaisans repas, menus devis,
Bon vin, chansonnettes jolies,
En un mot, n'avoir goût à rien?
Dites que non, vous direz bien.
Je veux de plus qu'on se comporte
Sans faire mal à son prochain ;
Qu'on quitte aussi tout mauvais train,
Je ne l'entends que de la sorte.
Tant que VOTRE ALTESSE, Seigneur,
Et celle encor du Grand Prieur,
Aurez une santé parfaite,
Je renonce à toute retraite.
Mais dès qu'il vous arrivera
Le moindre mal, on me verra
Vîte à St.-Germain de la Truite
Frere servant d'un autre Hermite,
Qui sera l'Abbé de Chaulieu :
Sur ce je vous commande à Dieu.

XC.

AUTRE ÉPITRE.

A M. DE VENDOSME[1].

uand on croyoit la Campagne achevée,
Et toute chose au Printemps reservée,
Arrive un fait sous les ordres d'un Roi
Né pour donner au Monde entier la loi;
Sage et puissant, grand sur mer et sur terre,
Voulant la paix, quoiqu'il fasse la guerre
Avec succés depuis plus de trente ans ;
Tres bien servi par tous ses Combattans,

1. Cette épitre a été publiée dans le *Nouveau choix* de Duval de Tours (t. II, p. 13), et réimprimée dans les *Œuvres diverses* (t. I, p. 148) avec la date de 1691.

Craint au dehors, au dedans chacun l'aime,
Tout se soumet à son pouvoir suprême.
Or je croyois devoir m'étendre sur ceci,
Car vous l'aimez, comme il vous aime aussi.
Il vous l'écrit ; c'est beaucoup que d'écrire,
Pour un Roi tel qu'est le Roi notre Sire,
Avec des mots d'estime et d'amitié,
Et je n'en dis encor que la moitié.

Venons au fait. En Piémont notre Armée,
Sous Catinat à vaincre accoutumée,
Complettement a battu l'ennemi,
Et la Victoire a pris notre parti.
De Catinat je dirai quelque chose.
Sur lui le Prince à bon droit se repose :
Ce General n'a gueres son pareil :
Bon pour la main, et bon pour le conseil.
De vous, Seigneur, on en peut autant dire,
Et quelque jour je veux encor l'écrire ;
C'est mon dessein. Sur ce je finirai,
Vous assurant que je suis et serai
De Votre Altesse humble Servant et Poëte [1],
Qui tous honneurs et tous biens vous souhaite.
Ce mot de biens, ce n'est pas un trésor,
Car chacun sait que vous méprisez l'or.
J'en fais grand cas ; aussi fait sire Pierre,
Et sire Paul, enfin toute la terre :
Toute la terre a peut-être raison.
Si je sçavois quelque bonne oraison
Pour en avoir, tant que la Paix se fasse,
Je la dirois de la meilleure grace
Que j'en dis onc : grande sterilité

1. Walckenaër a ainsi modifié ce vers :
De Votre Altesse humble et servant poëte,
ce qui en fausse le sens. Il tenait à faire le mot *poëte* de trois
syllabes, conformément à l'usage actuel. Il aurait dû se rappe-
ler que La Fontaine a dit dans ses *Fables* (t. I, p. 238) :
Mesme precaution nuisit au Poëte Æschile.

Sur le Parnasse en a toujours été.
Qu'y feroit-on, Seigneur? Je me console,
Si vers Noël l'Abbé me tient parole.
Je serai Roi : le Sage l'est-il pas?
Souhaiter l'or, est-ce l'être ? Ce cas
Merite bien qu'à vous je m'en rapporte.
Je tiens la chose à résoudre un peu forte.

XCI.

SUR UN MARIAGE

CONTRACTÉ DANS LA VIEILLESSE [1].

ssez bizarrement un jeune homme en usa,
De femme se passant tant qu'il en eut à
faire :
        Devenu vieux, il s'avisa
D'en prendre, et n'en sçut plus [2] que faire.

XCII.

A MADAME DE LA FAYETTE,

En lui envoyant un petit Billard [3].

e Billard est petit, ne l'en prisez pas moins.
Je prouverai par bons témoins,
Qu'autrefois Venus en fit faire
Un tout semblable pour son Fils.

1. Cette épigramme a paru sans titre et sans nom d'auteur dans l'*Abrégé de la Versification* qui précède l'édition de 1692 du *Dictionnaire de Rimes* de Richelet (remarque xvi). Dans les éditions suivantes elle porte le nom de La Fontaine. En 1720 Bruzen de la Martinière l'a recueillie dans les *Epigrammatistes françois.* (T. I, p. 377.)
2. Le mot *plus* manque dans le texte donné dans l'*Abrégé de la Versification.*
3. Cette pièce a été publiée pour la première fois dans

Ce plaisir occupoit les Amours et les Ris,
  Tout le peuple enfin de Cytere.
Au joly jeu d'aimer je pourrois aisément
Comparer aprés tout ce divertissement,
Et donner au Billard un sens allegorique.
Le But est un cœur fier ; la Bille un pauvre Amant ;
La Passe et les Billards, c'est ce que l'on pratique
Pour toucher au plutost l'objet de son amour ;
Les Belouses, ce sont maint perilleux détour,
Force pas dangereux où souvent de soy-même
  On s'en va se precipiter,
Où souvent un Rival s'en vient nous y jetter
  Par adresse et par stratagême.
Toute comparaison cloche, à ce que l'on dit,
  Celle-cy n'est qu'un jeu d'esprit
  Au dessous de vôtre genie.
Que vous dirai-je donc pour vous plaire, Uranie ?
Le Faste et l'Amitié sont deux Divinitez
Enclines, comme on sçait, aux liberalitez.
Discerner leurs presens n'est pas petite affaire :
L'Amitié donne peu, le Faste beaucoup plus,
  Beaucoup plus aux yeux du vulgaire.
Vous jugez autrement de ces dons superflus :
Mon Billard est succint, mon Billet ne l'est guere.
Je n'ajoûterai donc à tout ce long discours
Que ceci seulement, qui part d'un cœur sincere,
  Je vous aime, aimez-moi toûjours.

---

les *Œuvres postumes* (p. 199). Il serait très-difficile de
lui assigner une date fixe, car l'amitié de La Fontaine pour
Madame de La Fayette ne s'est jamais démentie. Tout ce
que nous pouvons faire avec certitude, c'est de placer cet
opuscule avant 1693, année de la mort de celle à qui il
est adressé.

XCIII.

CONTRE UN PÉDANT DE COLLÉGE[1].

I est trois points dans l'homme de collége,
Présomption, injures, mauvais sens.
De se louer il a le privilége ;
Il ne connoît argumens plus puissans.
Si l'on le fâche, il vomit des injures ;
Il ne connoît plus brillantes figures.
Veut-il louer un roi l'honneur des rois,
Il ne le prend que pour sujet de thème [2].
J'avois promis trois points, en voilà trois.
On y peut joindre encore un quatrième ;
Qu'il aille voir la cour tant qu'il voudra,
Jamais la cour ne le décrassera.

XCIV.

EPIGRAMME

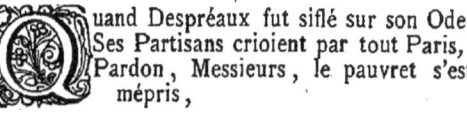

*Sur la dixième Satyre de Boileau contre les
femmes* [3].

Quand Despréaux fut siflé sur son Ode,
Ses Partisans crioient par tout Paris,
Pardon, Messieurs, le pauvret s'est
mépris,

---

1. Epigramme publiée pour la première fois, en 1806,
dans *les Quatre saisons du Parnasse* (t. IV, p. 41), par
Fayolle, qui la croit dirigée contre Boileau.
2. Dans l'avis *Au lecteur* qui précède l'*Ode sur la prise
de Namur*, publiée en 1693, Boileau s'exprime ainsi :
« On a pris pour sujet la prise de Namur, comme la plus
grande action de guerre qui se soit faite de nos jours, et
comme la matiere la plus propre à échauffer l'imagination
d'un Poëte. »
3. Publiée par Sablier dans ses *Variétés sérieuses et amu-*

Plus ne louera, ce n'est pas sa méthode.
Il va draper le sexe féminin,
A son grand nom vous verrez s'il déroge.
Il a paru, cet Ouvrage divin :
Pis ne seroit, si c'étoit un éloge.

XCV.

TRADUCTION

paraphrasée de la prose Dies iræ [1].

Dieu détruira le siecle au jour de sa fureur.
Un vaste embrasement sera l'avant-coureur,
Des suites du peché long et juste salaire.
Le feu ravagera l'Univers à son tour.
Terre et Cieux passeront, et ce temps de colere
Pour la derniere fois fera naître le jour.

Cette derniere Aurore éveillera les Morts.
L'Ange rassemblera les débris de nos corps ;
Il les ira citer au fond de leur asile.
Au bruit de la trompette en tous lieux dispersé
Toute gent accourra. David et la Sibille
Ont prevû ce grand jour, et nous l'ont annoncé.

De quel fremissement nous nous verrons saisis !
Qui se croira pour lors du nombre des choisis ?

santes, 1769 (t. III, p. 258). M. Paul Lacroix l'a trouvée
sous ce titre dans les manuscrits de Trallage : *Epigramme
contre Boileau qui railloit quelquefois amèrement La Fontaine sur ses distractions et ses ingenuités.* (*Nouvelles Œuvres
inédites de La Fontaine*, p. 78.)

1. Publiée pour la première fois dans les *Œuvres postumes* (p. 262). Dans une lettre du 26 octobre 1694
(t. III, p. 443), La Fontaine demande à Maucroix son avis
sur cette traduction.

Le registre des cœurs, une exacte balance
Paroîtront aux côtez d'un Juge rigoureux.
Les tombeaux s'ouvriront, et leur triste silence
Aura bien-tôt fait place aux cris des malheureux.

La nature et la mort pleines d'étonnement
Verront avec effroi sortir du monument
Ceux que dés son berceau le monde aura vû vivre.
Les Morts de tous les temps demeureront surpris
En lisant leurs secrets aux Annales d'un Livre
Où même les pensers se trouveront écrits.

Tout sera revelé par ce Livre fatal :
Rien d'impuni. Le Juge assis au Tribunal
Marquera sur son front sa volonté suprême.
Qui prierai-je en ce jour d'estre mon défenseur ?
Sera-ce quelque juste ? Il craindra pour lui-même,
Et cherchera l'appui de quelque intercesseur.

Roi qui fais tout trembler devant ta Majesté,
Qui sauves les Elûs par ta seule bonté,
Source d'actes benins et remplis de clemence,
Souviens-toi que pour moi tu descendis des Cieux ;
Pour moi te dépouillant de ton pouvoir immense,
Comme un simple mortel tu parus à nos yeux.

J'eus part à ton passage, en perdras-tu le fruit ?
Veux-tu me condamner à l'éternelle nuit,
Moi pour qui ta bonté fit cet effort insigne ?
Tu ne t'es reposé que las de me chercher :
Tu n'as souffert la Croix que pour me rendre digne
D'un bonheur qui me puisse à toi-même attacher.

Tu pourrois aisément me perdre et te vanger.
Ne le fais point, Seigneur ; viens plûtôt soulager
Le faix sous qui je sens que mon ame succombe.
Assure mon salut dés ce monde incertain.
Empêche malgré moi que mon cœur ne retombe,
Et ne te force enfin de retirer ta main.

Avant le jour du compte efface entier le mien.
L'illustre Pecheresse en presentant le sien,
Se fit remettre tout par son amour extrême.
Le Larron te priant fut écouté de toi :
La priere et l'amour ont un charme suprême.
Tu m'as fait esperer même grace pour moi.

Je rougis, il est vrai, de cet espoir flateur :
La honte de me voir infidelle et menteur,
Ainsi que mon peché se lit sur mon visage :
J'insiste toutefois, et n'aurai point cessé,
Que ta bonté mettant toute chose en usage,
N'éclate en ma faveur, et ne m'ait exaucé.

Fais qu'on me place à droite, au nombre des brebis.
Separe-moi des boucs reprouvez et maudits.
Tu vois mon cœur contrit, et mon humble priere :
Fais moi perseverer dans ce juste remords :
Je te laisse le soin de mon heure derniere ;
Ne m'abandonne pas quand j'irai chez les Morts.

XCVI.

SUR LA SOUMISSION

Que l'on doit à Dieu [1].

Heureux qui se trouvant trop foible et trop tenté,
Du monde enfin se débarasse !
Heureux qui plein de charité,
Pour servir son prochain y conserve sa place !
Differens dans leur veuë, egaux en pieté,
L'un espere tout de la Grace,
L'autre apprehende tout de sa fragilité.

1. Cette pièce a été publiée pour la première fois dans les *Œuvres postumes* (p. 222). Il est difficile d'en fixer la place, mais elle se range assez naturellement à côté de la précédente.

Ce monde, que Dieu même exclut de son partage,
    N'est pas le monde qu'il a fait.
C'est ce que l'homme impie ajoûte à son ouvrage,
Qui fait que son Auteur le condamne et le hait.
Observez seulement le peu qu'il vous ordonne,
    Et sans cesse le benissant,
Usez de son present, mais tel qu'il vous le donne,
Et vous n'aurez plus rien qui ne soit innocent.

Crois-tu que le plaisir qu'en toute la Nature
    Le premier Estre a répandu
    Soit un piege qu'il a tendu
    Pour surprendre la creature ?
    Non, non, tous ces biens que tu vois
Te viennent d'une main et trop bonne et trop sage,
Et s'il en est quelqu'un dont ses divines Loix
    Ne te permettent pas l'usage,
Examine-le bien, ce plaisir pretendu
    Dont l'appas tâche à te seduire,
Et tu verras, ingrat, qu'il ne t'est défendu
    Que parce qu'il te pourroit nuire.

    Sans ces loix et l'heureux secours
    Qu'elles te fournissent sans cesse,
    Comment avec tant de foiblesse
Pourrois-tu conserver et tes biens et tes jours ?
Exposé chaque instant à mille et mille injures,
Rien ne rassureroit ton cœur épouvanté,
Et ces justes decrets contre qui tu murmures
    Font ta plus grande sureté.

    Voudrois-tu que la Providence
Eust reglé l'Univers au gré de tes souhaits ;
    Et qu'en te comblant de bienfaits
Dieu t'eust encor soustrait à son obéïssance ?
    Quelle étrange societé
Formeroit entre nous l'erreur et l'injustice,
Si l'homme indépendant n'avoit que son caprice
    Pour conduire sa volonté !

XCVII.
VERS PAR Mr DE LA FONTAINE POUR Mlle SIMON

Tres belle personne, et tres sage fille d'un Architecte du Roy.
1695 [1].

Qui void, Iris, vos traits charmans,
Pousse loin l'ardeur de son zele :
Tous vos amis sont vos amans,
Quel dessein avez-vous la belle ?
Quel pouvoir sur tous les esprits ?
Tous vos amans sont vos amis.

XCVIII.

INSCRIPTIONS
DU CHATEAU DE GLATIGNY [2].

I.

Inscription pour l'entrée de la galerie.

Loin du tumulte de la Cour,
C'est ainsi que nos cœurs vénèrent le mo-
Voici le temple où chaque jour   [narque,
Il a de notre zèle une nouvelle marque ;

1. Ces *vers*, qui se trouvent sous ce titre et avec cette date dans le tome XXVII du recueil de Maurepas (fol. 21 v°), ont été publiés pour la première fois par M. Ludovic Lalanne dans la *Correspondance littéraire* (1re année, p. 193). On peut lire dans notre tome III (p. 370) une lettre adressée à Simon de Troyes, père de mademoiselle Simon, et ami intime de La Fontaine.

2. Ces inscriptions, tirées des manuscrits du baron

Ses hauts faits y seront respectés par la Parque,
Si la Parque a jamais épargné quelques lieux.
O vous dont ses exploits ont attiré les yeux,
Admirez-en la suite. Elle doit vous apprendre
Que dans chaque dessein Louis fait éclater
    De la prudence à l'entreprendre,
    De la force à l'exécuter.

Michel-Ange de Vuorden, bailli des Etats de Lille, conservés à la Bibliothèque de Cambrai, ont été publiées pour la première fois, en 1833, dans les *Mémoires de la Société d'émulation de Cambrai*, par les soins de M. Le Glay.

Le sieur du Fresnoy, premier commis du marquis de Louvois, avait fait construire dans une jolie maison de campagne qu'il possédait à Glatigny, près de Pontoise, une galerie où se trouvaient vingt-deux tableaux, représentant les conquêtes de Louis XIV. Il voulait joindre à chaque tableau une inscription latine du baron de Vuorden, accompagnée d'une traduction en vers français par La Fontaine. Lorsque le poëte mourut, il n'avait encore fait que les seize traductions que nous avons reproduites. Le 9 juin 1697, Du Fresnoy écrivait de Versailles au baron de Vuorden une lettre dont la première partie renferme quelques détails utiles à recueillir sur ce travail de La Fontaine:

    Monsieur,

Je n'ai pas oublié que vous m'avez demandé copie de ce que le pauvre feu Monsieur de La Fontaine a fait pour ma galerie, ensuitte des belles inscriptions que vous avez eu la bonté de me donner, mais il m'a été impossible d'y satisfaire jusqu'ici ; ce pauvre homme ayant voulu y retoucher, je n'ai pu retrouver ce qu'il avoit fait que depuis son décès, par l'entremise d'un de ses amis, qui a bien voulu prendre ce soin pour moy. Vous trouverez, cy-joint, Monsieur, copie de ce qui m'est revenu, qui ne vous paroîtra ni de la force de *Fatiscebat sub bellorum pondere*, etc.*, ni des autres inscriptions qui sont sorties de vostre estude. Ce n'est pas que ce bon homme ne m'ait dit plusieurs fois que vos inscriptions lui avoient beaucoup servi à eschauffer son génie, sans quoi il auroit eu peine de venir à bout de ce qu'il a fait.

---

* L'inscription latine sur *La paix de Nimègue* commence ainsi:
   Fatiscebat sub bellorum pondere terrarum orbis.

II.

Prise de Tournai, le 24 juin 1667.

Tributaire des lys, je reçus autrefois
Clovis en son berceau, Childéric en sa tombe;
J'étois ville des Francs : je le suis des François.
    Un vainqueur, sous qui tout succombe,
Sceut à ce premier joug ranger ma liberté.
Ce qu'on crut mon malheur fait ma félicité;
Aux efforts de Louis je dus d'abord me rendre.
Ce prince sur Clovis l'emporte en piété,
    En grandeur il passe Alexandre.

III.

Prise de Douai.

    Douay, ville à Pallas si chère,
    Soit que Pallas se considère
Un armet à la teste, ou l'aiguille à la main,
    Douay, la fille de Louvain,
Bénit le conquérant dont le bras l'a soumise.
Elle n'a jamais cru la révolte permise,
Ni suivi des Flamands les cœurs séditieux.
Cette ardeur si fidelle à Louis est acquise :
    Car quel roy la mérite mieux?

IV.

Prise de Lille, le 28 août 1667.

Lille, cette cité qui vaut une province,
Par l'effort de Louis notre grandeur accroist.
Qu'en couste la conqueste aux armes de ce prince?
Dix jours. Qui le croira? Celui qui le connoist.

V.

Conquestes du roy en Hollande. 1672.

Triompher en courant d'un climat invincible,
Pénétrer un pays que de leurs propres mains
La Nature avec l'Art rendoient inaccessible
  Aux entreprises des humains ;
Lasser le Rhin, l'Issel, et lasser la victoire,
Faire à plus de cent forts son tonnerre esprouver,
C'est ce qui de cent roys pourroit remplir l'histoire :
En trois mois cependant un sèul sceut l'achever.

VI.

Prise de Maestricht.

Louis sçait commander; c'est le mestier des rois,
  C'est celuy que font les dieux mesme ;
Les héros par cet art faisoient joindre autrefois
Les honneurs de l'Olympe à ceux du diadème.
Notre prince le porte en un degré suprême.
Contemplez de quel air il sçait aux champs de Mars,
Comme au throsne, exercer le plus noble des arts.
Maestricht en est témoin : cette ville fameuse
  Change bientôt de souverain ;
Peu de temps la réduit; douze jours.... et la Meuse
En faveur de Louis suit l'exemple du Rhin.

VII.

Prise de Besançon.

Je louerois Besançon; mais César l'a dépeint.
On sait que dans les airs son rocher va s'estendre,
Quoique voisin du ciel, nos armes l'ont contraint,
  Après huit veilles à se rendre.
  Tout concouroit pour le défendre :
Le nom de ses guerriers, l'aspect de ses remparts.

Ibères et Germains venus de toutes parts,
Voyoient entrer pour lui l'hiver même en leurs ligues.
Huit retours de l'aurore ont décidé son sort;
Louis est un torrent, dont les plus fortes digues
    Ne sçauroient arrêter l'effort.

VIII.
Prise de Dôle.

Besançon fut suivi de Dôle, et ces projets
Entassèrent bientôt conqueste sur conqueste.
Louis mène une troupe, aux combats toujours preste;
En autant de héros il change ses sujets.
Rien ne résiste aux mains conduites par sa teste.
Qu'on soit ministre ou chef, qu'on soit sage ou vaillant
Il connoît de chacun le zèle et le talent.
Sous ses ordres Louvois, d'une peine assidue,
Par l'exemple du prince au travail animé,
Suffit seul à cent soins d'une immense étendue :
Quel génie ! Il est vrai que Louis l'a formé.

IX.
Prise de Limbourg, 20 juin 1675.

Rien ne sauva Limbourg. Les forces de l'Empire,
Le Batave, l'Ibère, enfin le monde entier.
Condé formoit le siége, instruit en ce mestier.
Mars et lui ne font qu'un; c'est ce que l'on peut dire.
Louis couvroit son camp et le favorisoit ;
Aux secours assemblés ce prince s'opposoit.
Où sont ces Ilions qui coustoient dix années ?
Limbourg après dix jours tomba sous nostre fer.
Eust-il pu retarder l'arrest des destinées
    Et la foudre de Jupiter ?

X.
Prise de Bouchain, 12 mai 1676.

Bouchain servoit de clef à deux superbes villes ;

Sa prise les rendoit à dompter plus faciles.
    Ni Valenciennes ni Cambray
N'eussent tombé sitost, sans ce premier essay.
Philippe l'entreprend; Bouchain voit une armée;
Sous l'un et l'autre frère à vaincre accoustumée.
Orange accourt en vain : Bouchain cède à Louis.
Tenant presque en ses mains une double victoire,
L'ennemi se retire, envieux de la gloire,
Dont ce prince eût comblé tant de faits inouïs.

XI.

Prise de Valenciennes, mars 1677.

Valenciennes estoit l'écueil de nos guerriers ;
Elle avoit arrêté le cours de nos lauriers.
Ses enfants rappelloient de tristes funérailles,
Nous monstrant nos tombeaux creusés sous leurs
    murailles.
Que les temps sont divers! Il n'est que notre roy,
Qui se puisse vanter d'avoir toujours pour soi
    La faveur du dieu des batailles;
Bientost cette cité fut soumise à ses loix.
Nous pouvions nous venger des pertes d'autrefois;
Le soldat renonça de lui-même au pillage ;
Il eut horreur d'un droit acquis à son courage.
Ce miracle n'est dû qu'au plus clément des rois.

XII.

Prise de Cambray.

Cambray portoit son nom aux terres inconnues ;
Ses plus fiers ennemis n'osoient en approcher ;
Ils passoient; et ce lieu, plus ferme qu'un rocher,
Gardoit un air tranquille, et menaçoit les nues ;
Qu'ont servi ses châteaux, ni leurs cimes chenues?
Ce rempart s'est soumis; c'estoit le seul recours
    Que l'Ibère opposât au cours

D'un torrent qui sans doute eust emporté le reste.
La paix a suspendu ces rapides efforts.
. Flandre, ton sort dépend d'un conquérant modeste,
    Et non des ligues et des forts.

XIII.

Prise de Saint-Omer.

Cambray résistoit encore;
Saint-Omer voit de ses tours
Le défenseur qu'il implore
Accourir à son secours.
On se bat; le sort chancelle;
Philippe enfin est vainqueur;
Louis laisse agir son zèle,
Et sa conduite et son cœur.
Saint-Omer se rend ensuite,
Et par tant d'exploits divers
On crut la Flandre réduite,
Et l'Europe et l'Univers.

XIV.

Prise de Gand.

Qui ne sçait des Gantois les dures destinées,
La colère de Charle indigné justement,
    Et de ces villes mutinées
    Le sévère et long châtiment?
Ce sont événements trop marqués dans l'histoire;
Ils ne le sont pas moins dans le cœur des Gantois;
    Et l'Espagne avoit lieu de croire
Que Gand feroit des vœux en faveur des François.
Ce n'est point ce qui fit incliner la balance;
Le Ciel n'entend les vœux des mutins qu'à regret;
Louis força ces murs, mais par sa vigilance,
    Par sa valeur, par le secret.

XV.

Prise d'Ipres.

La jalousie aux yeux incessamment ouverts
Fut toujours attentive au progrès de nos armes.
Près d'Ipres menacée, on vit les champs couverts
D'escadrons accourus sur le bruit des alarmes.
L'Anglois avec fierté, l'Espagnol avec larmes,
    Représentoient à l'univers,
      Que de l'Europe et des deux mers
Notre prince vouloit régler seul la fortune;
Qu'Ipres prise, la Flandre entière alloit tomber;
Ipres, malgré leur plainte aux peuples importune,
    Ne laisse pas de succomber.

XVI.

La paix de Nimégue.

Louis maintient la paix qu'il rappelle ici bas.
Alexandre soupire au sein de la victoire;
Rien ne remplit son cœur, que l'amour des combats;
Malheureux de n'aimer qu'une sorte de gloire,
Il fut grand, il ne fut sage ni modéré.
Louis l'est. O toi! chef dont la Grèce se vante,
Et vous, dont Rome a vu le mérite adoré,
Mânes des deux Césars! Louis vous représente.
En ce monarque seul on peut tous trois vous voir;
Arbitre de l'Europe il en fait le partage.
Il sait vaincre, régner, maintenir son ouvrage,
Le détruise qui donc en aura le pouvoir?

XCIX.

SUR UN PORTRAIT DU ROY[1].

A l'air de ce Heros, Vainqueur de tant d'Etats,
On croit du monde entier considerer le Maistre ;
Mais s'il fut assez grand pour meriter de l'estre,
Il le fut encor plus de ne le vouloir pas.

C.

ELEGIE

POUR M. L. C. D. C[2].

Vous demandez, Iris, ce que je fais.
Je pense à vous, je m'épuise en souhaits.
Estre privé de les dire moy-même,
Aimer beaucoup, ne point voir ce que
Craindre toûjours quelque nouveau Rival, [j'aime,
Voilà mon sort. Est-il tourment égal ?
Un amant libre a le Ciel moins contraire,
Il peut vous rendre un soin qui vous peut plaire ;

1. Cette pièce et les suivantes ne contiennent rien qui puisse en déterminer la date. Nous les plaçons suivant l'ordre qu'elles occupent dans les recueils où elles ont été publiées pour la première fois. Celle-ci a paru dans les *Œuvres postumes* (p. 120).
2. Cette *élégie* et les deux pièces qui la suivent occupent les pages 234-242 des *Œuvres postumes*.

Ou, s'il ne peut vous plaire par des soins,
Il peut mourir à vos pieds tout au moins.
Car je crains tout, un absent doit tout craindre.
Je prens l'alarme aux bruits que j'entens feindre.
On dit tantost que vostre amour languit ;
Tantost qu'un autre a gagné vostre esprit ;
Tout m'est suspect, et cependant vostre ame
Ne peut sitost brûler d'une autre flâme,
Je la connois, une nouvelle amour,
Est chez Iris l'œuvre de plus d'un jour.
Si l'on m'aimoit, je suis sûr que l'on m'aime :
Mais m'aimoit-on ? Voilà ma peine extrème;
Dites-le moy, puis le recommencez ;
Combien ? cent fois. Non, ce n'est pas assez.
Cent mille fois ? helas ! c'est peu de chose.
Je vous dirai, chere Iris, si je l'ose,
Qu'on ne le croit qu'au milieu des plaisirs
Que l'Himenée accorde à nos desirs.
Même un tel soin là-dessus nous devore,
Qu'en le croiant on le demande encore.
Mais c'est assez douter de vostre amour.
Doutez-vous point du mien à vostre tour ?
Je vous dirai que toûjours même zele,
Toûjours ardent, toûjours pur et fidelle,
Regne pour vous dans le fond de mon cœur.
Je ne crains point la cruelle longueur
D'une prison où le sort vous oublie,
Ni les vautours de la melancolie ;
Je ne crains point les languissans ennuis.
Les sombres jours, les inquietes nuits,
Les noirs momens, l'oisiveté forcée,
Ni tout le mal qui s'offre à la pensée
Quand on est seul, et qu'on ferme sur vous
Porte sur porte, et verroux sur verroux.
Tout est leger : mais je crains que vostre ame
Ne s'atiedisse et s'endorme en sa flâme;
Ou ne prefere, aprés m'avoir aimé,
Quelque Amant libre à l'Amant enfermé.

CI.

EGLOGUE[1].

CLIMENE, ANNETTE.

CLIMENE.

Je ne veux plus aimer, j'en ai fait un serment ;
Lysis vient de loüer en ma presence Aminte,
J'ai vû triompher mon Amant
Du dépit dont j'étois atteinte.
Je ne veux plus aimer, j'en ai fait un serment.
Tu ris...

ANNETTE.

Qui ne riroit de ce sujet de plainte ?
Mais que dis-tu d'Atis, qui seul et sans témoins
Rêve toûjours sous quelque ombrage ?
Son troupeau ne fait plus le sujet de ses soins,
Les loups ont l'humeur moins sauvage.
Dieux ! que son chant me plaist !

CLIMENE.

Dis plûtôt son amour.
Il entretient nuit et jour
Les Echos de nôtre Bocage.

ANNETTE.

Oserois-je l'aimer? seroit-ce point un mal ?
Helas ! j'entens dire à nos meres
Qu'aucun poison n'est plus fatal.

CLIMENE.

Elles n'ont pas été toûjours aussi severes ;

1. Voyez page 209, note 2.

Rens-leur ces agrémens qu'ont les jeunes Bergeres,
Tu leur entendras dire aussi souvent qu'à moy :
Le doux poison qu'amour ! Amour, il n'est que toy
    De plaisir sensible en la vie :
    On ne blâme que par envie
    Les cœurs qui vivent sous ta loy.

ANNETTE.

    Mais, Climene, que veux-tu dire ?
Toi-même tu voulois tout à l'heure bannir
    Les doux transports de ce martire.

CLIMENE.

Ah ! je n'y pensois plus, tu m'en fais souvenir.
    J'entens le son d'une musette,
    Sont-ce point nos Amans, Annette ?
           Atis et Lysis paroissent.

LISIS *à Climene.*

Je confesse mon crime, et viens plein de regret....

CLIMENE.

    Je veux vous apprendre un secret.
Ne vantez que l'objet qui fait vôtre tendresse,
    Forcez vos amours d'avoüer
Qu'un Amant n'a des yeux que pour voir sa Maîtresse,
    De l'esprit que pour la loüer.

ANNETTE.

Il suivra tes conseils, pardonne-lui, Climene.
    Si l'Ami s'excuse aisément,
Il me semble qu'on doit avec bien moins de peine
    Pardonner à l'Amant.

CLIMENE.

    Ton ignorance me fait rire ;
Pardonner à l'Amant ! Annette, y penses-tu ?
Je vois bien qu'en effet l'amour t'est inconnu.
    Atis, prens soin de l'instruire.

Nous nous fâchons du mot d'Amour.
Ce sont façons qu'il nous faut faire;
Et cependant tout ce mistere
Dure au plus l'espace d'un jour.
Nous soûpirons à nôtre tour,
Un doux instinct nous le commande:
L'Amant honteux fait mal sa cour,
Nous ne donnons qu'à qui demande.

ATIS.

Puisqu'on me le permet, je jure par les yeux
 De la Bergere que j'adore,
 Qu'il n'est rien si beau sous les Cieux,
 Ni la fraîche et riante Aurore,
 Ni la jeune et charmante Flore.
Elle n'a qu'un défaut, c'est d'être sans amour.
Ah, si je lui pouvois montrer ce qu'elle ignore,
Nul Berger plus heureux n'auroit pû voir le jour.

LISIS.

 Annette est belle, qui le nie?
 Mais Climene emporte le prix;
 Et moi j'emporte sur Atis
 Celui d'une ardeur infinie.
 Je sçais languir, je sçais brûler.

CLIMENE.

Sçavez-vous le dissimuler?

LISIS.

Si je le sçais, cruelle!

CLIMENE.

   Il est vrai, vôtre peine
 Dura deux jours sans éclater :
 Je n'osois d'abord m'en flater,
 N'étois-je pas bien inhumaine?

LISIS.

Deux jours? vous comptez mal, tout est siecle aux
 Amans.

Recompensez[1] ces longs tourments.

ATIS *à Annette*.

Payez les transports de mon zele.

CLIMENE.

Annette, qu'en dis-tu ?

ANNETTE.

Mais toi ? Je suis nouvelle
En tout ce qui regarde un commerce si doux.
Sçachons auparavant ce qu'ils veulent de nous.

LISIS ET ATIS.

L'aveu d'une ardeur mutuelle :
Tout le reste dépend de vous.

CLIMENE ET ANNETTE.

Et bien, on vous l'accorde.

LISIS ET ATIS.

O charmantes Bergeres,
Allons sur les vertes Fougeres,
Au plus creux des Forests, au fond des Antres sourds,
Celebrer nos tendres amours.

TOUS ENSEMBLE.

Allons sur les bords des Fontaines,
Le long des Prez, parmi les Plaines,
Mesler aux aimables Zephirs
Nos malheureux soûpirs.

---

1. *Recompense*, dans les *Œuvres postumes* et dans les
Œuvres diverses. On pourrait croire à la rigueur que Lisis,
changeant tout-à-coup de langage, tutoie sa maîtresse,
mais il est plus vraisemblable de ne voir là qu'une faute
d'impression.

CII.

MADRIGAL[1].

Soulagez mon tourment, disois-je à ma
    cruelle,
Ma mort vous feroit perdre un amant si
    fidelle,
Qu'il n'en est point de tel dans l'Empire amoureux.
Il le faut donc garder, me répondit la belle,
Je vous perdrois plûtôt en vous rendant heureux.

CIII.

CHANSON[2].

Tout se suit ici-bas, le plaisir et la peine,
Le Printemps, les Hivers, tout garde cette
    Amour en exempta Climene,   [loy.
L'ingrate n'a jamais que des rigueurs pour
    moy.

CIV.

AUTRE[3].

Si nos langueurs et nôtre plainte
Faisoient perdre à la jeune Aminte
Ou quelque charme ou quelque
    Amant,

1. Voyez page 209, note 2.
2. Cette *chanson* et la suivante se trouvent à la page 248
des *Œuvres postumes*.
3. Voyez la note précédente.

On pourroit fléchir la cruelle ;
Mais lors que je la vois rire de mon tourment,
Je ne l'en trouve que plus belle.

CV.

ÉPITHALAME

EN FORME DE CENTURIE[1].

près festin, rapt, puis guerre intestine ;
Rude combat, en champ clos, quoiqu'à nû ;
Point d'assistans ; blessure clandestine ;
Fille damée ; et le vainqueur vaincu.

CVI.

RÉPONSE D'UNE DAME

A UN SONGE DE SON AMANT[2].

Tenir entre ses bras sa Belle toute nuë,
De sa seule pudeur à regret défenduë,
Et perdre en vains respects ce précieux
moment,
C'est rêver, je l'avoüe, et bien profondement,
Que d'avoir tant de retenuë.

1. Cet épithalame a été publiée pour la première fois dans les *Œuvres diverses* (t. I, p. 19).
2. Imprimé pour la première fois en 1715 dans le *Nouveau choix de pièces de poësie* de Duval de Tours (t. I, p. 63), où elle est attribuée à La Fontaine ; ce qui n'a pas empêché de l'insérer dans les *Œuvres de Pavillon*.

Il aut être en amour un peu plus hasardeux.
Si la Belle revient en pareil équipage,
  Moins de respect, plus de courage.
  Vous ne serez jamais heureux,
  Si vous êtes toujours si sage.

Il est de certains temps, où maître à votre tour,
Vous pouvez sans scrupule exercer votre empire.
En ces occasions notre honneur a beau dire;
Un brave homme n'en doit croire que son amour.

Ne me vantez donc plus le pouvoir de mes charmes;
L'accueil dont vous avez regalé mes attraits,
De tout ce que j'ai crû sur la foi de vos larmes
  Me désabuse pour jamais.

Dans ce Songe discret leur foiblesse se montre,
Et leur merite, helas ! me doit être suspect,
Puisque vous m'apprenez qu'en pareille rencontre
  Ils n'inspirent que du respect.

CVII.

A M. GALIEN

EN LUI RENDANT SES POËSIES ENVELOPÉES
D'UNE ARMOIRIE D'ENTERREMENT[1].

J'ai lû tes vers, dont je n'eûs cure
Dès que j'en vis la couverture :
C'étoit un drap de sépulture
Qui me sembloit de triste augure.
Aussitôt je fis conjecture

1. Cette épître monorime a paru pour la première fois
en 1729 dans les *Œuvres diverses* (t. I, p. 101).

Que ces vers seroient la pâture
De ceux qui sous la tombe dure
N'épargnent nulle créature ;
Mais, quand j'en eûs fait la lecture,
Il me fut force d'en conclure
Que cette plaisante écriture
Fait rire les gens sans mesure.
Que si ta belle humeur te dure,
Tu feras descendre Voiture
Du Pégase à la corne dure,
Et ne saurois à la Cousture*
Trouver de plus fine monture.
Mais prend garde, je te conjure,
Qu'il ne t'affole la fressure,
Ou fasse au chef une blessure
Qui soit de difficile cure :
Car il est gay de sa nature,
Fringant, délicat d'embouchûre,
Et ce n'est pas chose trop sûre,
Que d'y monter à l'avanture.
Si tu le domptes, je t'assure,
Qu'un jour chez la race future
Tu seras en bonne posture ;
Mais diable, c'est là l'encloüeûre.

* *Célèbre Foire de Rheims.* (Note des *Œuvres diverses.*)

APPENDICE[1].

[1]. Cet *Appendice* comprend :

1° L'indication des *Pièces attribuées à La Fontaine* et la reproduction de quelques-unes d'entre elles.

2° Les *Additions et corrections* à faire, soit au texte, soit aux notes.

APPENDICE.

PIÈCES ATTRIBUÉES A LA FONTAINE.

FABLES.

Rappelons d'abord ici trois pièces qui sont incontestablement de La Fontaine. Le poëte ne les a pas insérées dans son recueil, mais les éditeurs des *Fables* feraient bien de les y joindre. Ces trois pièces, que nous avons reproduites à leur place naturelle, et auxquelles il nous suffit maintenant de renvoyer, sont :

1° *Le Renard et les Mouches*, rédaction différente de la fable intitulée : *Le Renard, les Mouches et le Hérisson* (Tome I, p. 361, note 2).

2° *Jupiter et les deux tonneaux*, publiée sans titre dans le second chant du *Poëme du Quinquina* (Tome II, p. 432).

3° *La Tourterelle veuve du Hibou*, également sans titre, dite par Julie, dans *Je vous prends sans vert* (Tome IV, p. 457).

Quant aux fables qui vont suivre, nous sommes loin d'en garantir l'authenticité ; aussi les plaçons-

nous en dehors des œuvres du poëte, à qui elles
sont attribuées par des témoignages contemporains,
dont il est juste de tenir compte, sans toutefois en
exagérer l'importance.

Les fables I-VIII font partie du Tome XI du
recueil in-folio manuscrit de Conrart, qui appartient
à la Bibliothèque de l'Arsenal. On lit dans la table
de ce volume (p. 1503) la mention suivante : « *Fables
de Mr de la Fontaine*, p. 533 et 807. »

A la page 533 commence sous ce titre général :
Fables tirées d'Esope et de Phédre, une série de dix
pièces, dont neuf figurent dans toutes les éditions des
fables de La Fontaine. Elles présentent ici quelques
variantes indiquées dans nos *Additions*. Elles sont
copiées dans l'ordre suivant :

1. *Le Loup et l'Agneau.*
2. *Le Corbeau et le Renard.*
3. *Les Grenouilles demandant un Roy.*
4. *Deux Mulets.*
5. *Le Renard et l'Ecurüeil.*
6. *La Genisse, la Chévre et la Brebis en société avec
le Lion.*
7. *La Grenouille qui veut ressembler au Bœuf.*
8. *Le Lion accablé de vieillesse.*
9. *Le Rat de ville et le Rat des champs.*
10. *La Mort et le Malheureux.*

La cinquième de ces fables, publiée la première
parmi celles qui vont suivre[1], est la seule qui n'ait
pas été imprimée dans les œuvres de notre poëte.
Comme le remarque M. Paul Lacroix, « elle paraît
se rapporter à la disgrâce du surintendant Fouquet[2] »
qui avait choisi pour emblème un écureuil, parce que
Fouquet est l'ancien nom vulgaire de cet animal, et pour
devise : *quò non ascendam?* Les quatre premiers vers,
contenant la moralité, se retrouvent en tête de la

1. Page 232.
2. *Œuvres inédites de J. de La Fontaine*, 1863, p. 3.

fable intitulée : *Le Lièvre et la Perdrix* (T. I, p. 156), où le même sujet est traité d'une autre manière.

Les fables II-VIII[1] commencent à la page 807 du même recueil, et y sont rangées dans l'ordre que nous leur avons conservé. Ces mêmes fables se trouvent, sans titre et avec quelques variantes, dans le manuscrit 151 B.L. de la Bibliothèque de l'Arsenal, aux pages 175 et suivantes. Il n'y a, pour cette copie, aucune indication de nom d'auteur.

M. Paul Lacroix attribue encore à La Fontaine d'autres pièces qui figurent également, mais sans nom d'auteur, dans le tome XI du Recueil Conrart ou dans le ms. 151.

Il se fonde, soit sur leur place, voisine de celle qu'occupent les précédentes, soit sur l'écriture, qui lui semble présenter quelque rapport avec celle de La Fontaine. Nous ne nous hasarderons pas avec lui dans cette voie[2], périlleuse suivant nous, et, terminant ici ce que nous avions à dire des manuscrits, nous abordons l'examen des pièces imprimées attribuées à La Fontaine par ceux qui les ont fait connaître.

Il a paru avec cette adresse : *A Amsterdam, chez Daniel De La Feuille*, un recueil publié d'abord en

---

1. Voyez, ci-après, pages 233-243.
2. Voici du reste le titre de chacune de ces pièces que les curieux trouveront tout au long dans les recueils de M. Paul Lacroix.

PIÈCES TIRÉES DU TOME XI DU RECUEIL DE CONRART.

La Poule et le Renard (*Œuvres inédites de J. de La Fontaine.* Paris, Hachette, 1863, p. 29).
L'Aigle, le Moineau et le Perroquet (Ibid., p. 40).
Orphée et Eurydice (*Nouvelles œuvres inédites de J. de La Fontaine.* Paris, Lemerre, 1869, p. 14).

PIÈCES TIRÉES DU MANUSCRIT 151.

Le Pin et la Vigne (*Œuvres inédites*, Hachette, 1863, p. 5).
Le Vieillard malade (Ibid., p. 21).
Le Champ cultivé et le Champ en friche (Ibid., p. 23).
Le Poirier et le Sapin (Ibid., p. 25).
Le Diamant et la Perle (Ibid., p. 27).

1693, avant le dernier livre des *Fables* de La Fontaine, et réimprimé plusieurs fois jusqu'en 1698 inclusivement, tantôt isolément, soit sous ce titre : *Nouvelles fables choisies et mises en vers par les plus celebres Auteurs François de ce temps*, soit sous le suivant : *Nouvelles fables choisies mises en vers par Monsieur De La Fontaine et autres plus celebres Auteurs françois de ce temps ;* tantôt à la suite du Recueil de La Fontaine, sans aucune modification au titre général, et comme si toutes les pièces avaient été composées par lui. Une édition datée de 1698 a pour adresse *Lyon, Girin,* bien qu'elle paraisse, comme les autres, imprimée en Hollande.

Ce recueil se compose tantôt de deux *parties* ou *livres,* tantôt de quatre, renfermant, sous ce titre de *Fables,* les opuscules les plus divers.

L'épigramme si connue dirigée par Boileau contre Perrault est devenue *Le Médecin masson.* D'autres pièces telles que *Jupiter en serpent, Jupiter en taureau, Neptune en dauphin, Neptune en mouton,* sont des emprunts faits aux *Metamorphoses d'Ovide en rondeaux* de Benserade ; l'opuscule intitulé *De Colin et d'Isabeau* n'est autre chose que le conte de *la Clochette,* mais le lieu de la scène n'est plus « la Touraine ». Le début a été changé de la sorte :

> Proche de Liege un jeune jouvenceau,
> Dedans un Pré, sur le bord d'un Ruisseau,
> Vous cageoloit la jeune Bachelette...

La *Fable d'un Avocat et d'une Servante,* qui commence ainsi :

> Cet Avocat avoit belle Servante...

est, comme il est facile de le deviner, la même chose que *La Servante justifiée.*

Le premier livre de ce recueil mérite d'être examiné en détail, car deux fois, à cent ans de distance, il a été attribué dans son entier à La Fontaine.

Il se compose de vingt-quatre fables dont voici la liste :

I. *Le Juge Arbitre, l'Hospitalier et le Solitaire* [1].
II. *Des Rats et du Chat* [2].
III. *Les Compagnons d'Ulysse* [3].
IV. *Le Cigne et les Canards* [4].
V. *Le Pescheur et les Poissons.*
VI. *Les Favoris.*
VII. *Les Rats* [5].
VIII. *Le Rossignol* [6].
IX. *Ulysse et les Sirenes* [7].
X. *Le Soleil et les Grenouilles* [8].
XI. *Traduction de la même Fable, du Soleil et des Grenouilles* [9].

1. Fable XXV du livre douzième (T. I, p. 380 de notre édition).

2. Cette fable est la IX° de celles qui vont suivre (p. 242).

3. Fable I du livre douzième (T. I, p. 337).

4. Cette fable et les deux qui suivent, portent les n°ˢ X-XII, parmi celles que nous réimprimons (p. 243-247).

5. *La Ligue des Rats*, T. I, p. 385.

6. Fable XIII, parmi celles qui suivent (p. 247).

7. Cette fable, ou plutôt cette épître familière, a paru en 1693, sans nom d'auteur, à la page 109 du *Recueil de vers choisis* de Bouhours. Dans les éditions postérieures elle est attribuée à Fieubet, ami de La Fontaine, dont il est question dans une de ses épîtres (T. V, p. 191).

8. Cette pièce qui commence par :

Les Filles du limon tiroient du Roy des Astres...

a été imprimée d'abord, en 1672, chez F. Muguet, 3 p. in-8°. Dans cette édition elle est signée des initiales D. L. F. Elle a été réimprimée dans le *Recueil de vers choisis* de Bouhours et dans les *Œuvres postumes*. Voyez T. I, p. 383, note 1 et 2 de notre édition.

9. Cette pièce, qui commence par :

Les Grenouilles, à ce qu'on dit...

est la XIV° de celles qui suivent (p. 248).

La Font. V.   15

En résumant les renseignements fournis par les notes jointes à cette liste, nous trouvons que, sur vingt-quatre fables, onze sont de Furetière, une a été à juste titre rendue à Fieubet, quatre appartiennent incontestablement à La Fontaine, mais se trouvent déjà soit dans son recueil, soit dans les *Œuvres postumes*. Ces éliminations faites, il reste huit pièces dont l'auteur demeure inconnu. Cela ne prouve nullement qu'elles soient de La Fontaine, toutefois il n'est pas absolument impossible que certaines de ces fables, placées pour la plupart en tête du recueil,

1. Cette fable est la XVᵉ de celles que nous réimprimons (p. 251).

2. Cette pièce et les deux suivantes sont de Furetière. Elles se trouvent dans ses *Fables morales*. (Paris, Claude Barbin, 1671, in-12.) La Fable XIII est à la page 48 de ce Recueil, la Fable XIV à la page 31, la Fable XV à la page 36.

3. Cette fable est la XVIᵉ de celles que nous réimprimons (p. 253).

4. Cette pièce et les suivantes sont de Furetière. La Fable XVII est à la page 68 des *Fables morales;* la Fable XVIII à la page 76; la Fable XIX à la page 80; la Fable XX à la page 63; la Fable XXI à la page 84; la Fable XXII à la page 14; la Fable XXIII à la page 27; et la Fable XXIV à la page 9.

soient des essais de notre poëte, volontairement
rejetés par lui, comme indignes d'être présentés au
public.

En 1704, trente-trois ans après la publication des
Fables morales de Furetière, une édition des *Fables
choisies mises en vers par M^r de La Fontaine* paraissait
chez Daniel de la Feuille. Elle contenait un *livre
septiéme* (qui serait le treizième dans les éditions
modernes). Il se composait uniquement des vingt-
quatre fables que nous venons de décrire. Un seul
changement avait été introduit dans ce recueil : *Le
Juge Arbitre*, au lieu de le commencer, le terminait,
afin que cette espèce d'épilogue dont le dernier vers
est :

> Par où sçaurois-je mieux finir ?

vînt clore et consacrer ce mélange informe de pièces,
sur lequel on inscrivait si audacieusement le nom de
La Fontaine.

La supercherie eut un certain succès; bon nombre
de gens admirèrent ces fables de confiance, les appri-
rent par cœur, et les citèrent à l'occasion, sans douter
un instant de leur authenticité.

Dans le *Recueil des Lettres, Mémoires et autres pièces
pour servir à l'histoire de l'Académie des sciences et
Belles-Lettres de la ville de Bésiers* (Bésiers, veuve
Barbut, 1736, in-8°, p. 52), la fable *le Sonneur et
l'Araignée* est alléguée à propos d'une discussion sur
les effets de la joudre, et le secrétaire qui renvoie
au livre VII de La Fontaine a soin de prévenir
qu'on « a cru devoir insérer au long cette fable qui
n'est pas fort connue. »

En 1798 nous voyons reparaître les mêmes fables;
elles nous sont présentées comme une nouveauté, sous
le titre suivant : *Suite des œuvres posthumes de La
Fontaine, recueillies et publiées par Simien Despréaux.
Précédée d'une préface historique contenant quelques
anecdotes sur la vie privée de ce poëte célèbre et qui ne*

se trouvent point dans le Dictionnaire des hommes illus-
tres (Paris, chez l'éditeur, an VI, 8°).

L'ordre des pièces n'a pas été conservé; les titres
ont subi certaines modifications. La fable *Du Peuple
et du Brochet* est intitulée : *Le Brochet et les Poissons ;
Le Rossignol* est devenu : *Le Rossignol et les Juges
ignorants ;* la *Traduction de la fable du Soleil et des
Grenouilles* s'est enrichie d'un sous-titre, suivant
le goût du temps : *Le Soleil et les Grenouilles ou le
Châtiment de l'ingratitude.* Des changements, ou, pour
mieux dire, d'insignifiants rajeunissements, ont été
pratiqués çà et là dans le texte et pourraient, au
premier abord, faire croire à des variantes, qui n'ont
rien de réel. Les deux fables de La Fontaine, admises
par lui dans son recueil, *Le Juge arbitre* et *Les Compagnons d'Ulysse,* ont naturellement disparu. Deux
autres : la XII°, *Du Léopard et du Renard,* et la
XVI°, *De plusieurs Chiens,* ont également été suppri-
mées, mais en revanche Simien Despréaux a joint à
son recueil : *Le Rossignol en cage, ou la perte de la
liberté,* pièce qui porte le nom de Valincourt dans le
Recueil de vers choisis, publié à Paris, chez Josse, en
1701.

Ces modifications réduisent à vingt et une les
pièces du nouveau recueil, mais il n'en est pas moins
évident qu'il a pour point de départ celui de Daniel
de la Feuille. Dans sa *préface historique,* rédigée
d'une façon fort ambiguë, Simien Despréaux évite de
donner aucun renseignement précis sur la manière dont
lui sont parvenues les pièces qu'il publie. Il y introduit un ami qui fait des conjectures sur l'origine de
cette collection : « Un heureux hasard, dit-il, l'aura
fait tomber entre vos mains et vous l'avez enfin tirée
de la poussière de l'oubli. Ai-je deviné ? répondez je
vous prie. — Je ne m'explique point positivement,
répond le mystérieux éditeur, parce que cela est
inutile, et peut-être aussi parce que je veux dépaïser
ceux qui sont trop curieux. Je veux cependant vous

dire que vous avez approché le but. » Plus loin il a
l'air, assez adroitement, de laisser échapper un aveu :
« Une des petites-filles de La Fontaine, qui est venue
me trouver, m'a témoigné quelques alarmes sur la
publicité que je donne à quelques anecdotes particu-
lières sur la vie de son illustre aïeul. Elle craint que
cela ne nuise à sa mémoire, et qu'à force de le présenter comme un homme distrait on ne le fasse passer
pour un imbécille. » M. Paul Lacroix a conclu de
là, un peu trop vite suivant nous, dans ses curieuses
recherches sur les *Œuvres inédites* de La Fontaine,
que cette descendante du poëte dont parle si vague-
ment Simien Despréaux « lui avait communiqué
vingt et une fables manuscrites et un conte, *le Florentin*, trouvés dans les papiers du Fabuliste et peut-
être écrits de sa main [1]. » C'est en dire plus que
n'en insinuait timidement le discret éditeur. Sa publication fit d'abord quelque bruit et jouit d'une certaine
faveur. Dans la séance du 29 messidor, le Conseil
des Cinq-Cents en accepta l'hommage et en ordonna
le dépôt dans ses archives, mais un article très-mor-
dant que Grainville fit insérer dans la *Décade philo-
sophique*[2], et où il montre que la plupart des
pièces qui composent ce recueil ne sont évidemment
pas de La Fontaine, le fit tomber dans le discrédit
le plus complet. Nous avons jugé toutefois qu'il ne
serait pas inutile de donner ici, à titre de simple
curiosité, les huit fables publiées par Daniel de la
Feuille, dont l'auteur est demeuré inconnu. Elles
portent les numéros IX-XVI parmi celles qui vont
suivre.

La XVIIe des fables que nous réimprimons a été
publiée pour la première fois sans nom d'auteur à la
page 60 du *Recueil de quelques pièces nouvelles et galantes
tant en Prose qu'en Vers* (Utrecht, Antoine Schouten,

1. *Nouvelles œuvres inédites de La Fontaine*, 1869, p: vi.
2. An VI, 4e trimestre, p. 368-372.

1699, in-12) où elle est intitulée : *Le Moineau et le
Rossignol* ; l'année suivante elle a reparu dans la
*Bibliothèque volante ou Elite de pièces fugitives. Par le
Sr J.G.D.M.* (Amsterdam, Daniel Pain, 1700, in-12,
p. 548). Elle y est accompagnée de la note suivante:
« C'est une fable qu'on attribuë à M. de La Fontaine, de glorieuse et Poëtique mémoire. On ne
répond pas qu'elle soit véritablement de luy, mais
comme des gens de tres-bon goût la luy donnent, on ne
sçauroit se tromper de regarder cela comme un préjugé
favorable du mérite de cette pièce, cet homme
incomparable en son genre, n'ayant jamais rien fait
que d'excellent. »

Nous serons moins affirmatif encore que cè prudent
éditeur, mais nous sommes fort disposé à reconnaître
avec lui que la pièce est jolie, et peut être considérée
comme la meilleure de celles que nous avons réunies
dans cet *Appendice.*

On sait d'une façon certaine, par un remercîment en
vers latins assez joliment tourné[1], que La Fontaine
traduisit en vers français une fable latine du P. Commire, intitulée : *Asinus judex.* Par malheur cette traduction s'est perdue, mais on en a retrouvé deux, c'est-à-
dire une de trop, pour le moins. La première, publiée
en 1818 par M. Charles Malo dans *l'Almanach des
dames,* et, de nouveau, le 6 décembre 1822, dans le

---

[1]   CLARISSIMO VIRO D. DE LA FONTAINE,
    QUOD *Asinum judicem,* FABULAM LATINAM
    VERSIBUS GALLICIS ELEGANTISSIMIS REDDIDERIT
        EUCHARISTICON.

Quid hocce monstri? Venit e Latio hispidus
Et agrestis Asinus. At simul Lutetiæ
Spiravit auram, Gallici et Fontis fuit
Aspersus unda, factus est subito aureus :
Et qui rudebat, cœpit ornate loqui.

(*Joannis Commirii, e Societate Jesu, opera posthuma.*
Parisiis, J. Boudot, 1704, in-12, p. 211.)

feuilleton du *Journal des Débats*, a été reconnue pour une supercherie; elle était fort oubliée quand M. Paul Lacroix l'a réimprimée dans les *Nouvelles œuvres inédites de J. de La Fontaine* (p. 21). L'autre version a été publiée par un bibliothécaire d'Angoulême, M. Eusèbe Castaigne [1], qui a ainsi raconté sa découverte :

« Nous avons trouvé l'*Ane juge* sur le dernier feuillet de garde d'une édition grecque-latine des fables d'Esope, ainsi intitulée : *Æsopi græce et latine nunc denuo selectæ fabulæ; eæ item quas Avienus carmine expressit. Accedit Ranarum et Murium pugna, Homero olim ascripta* (Lugduni Batavorum, ex officina Joannis Maire, 1632), petit in-8º relié en parchemin noir et orné de nombreuses figures sur bois.

« Ce petit volume, que nous avons acheté à Paris, dès 1847, chez un bouquiniste de la rue des Grès, pour la modique somme de 2 fr. 50 c. porte l'estampille imprimée DU CABINET DE LIVRES DE PONTCHARTRAIN, avec les insignes de l'illustre chancelier de ce nom. Bien que nous connaissions les relations de La Fontaine avec ce célèbre personnage et les vers que le poëte fit à sa louange, il nous serait impossible pour le moment d'affirmer si l'écriture pâle et jaune de la fable est celle de Louis Phelippeaux, comte de Pontchartrain.... *l'Ane juge* porte en suscription ces mots bien significatifs: *Par feu Monsr de La Fontaine.*»

Le petit récit de M. Castaigne est assurément fort sincère; mais les vers sont-ils de La Fontaine? Il est permis d'en douter. Nous avons cru devoir toutefois reproduire cette pièce qui est la dernière de celles que nous réimprimons.

1. *Une fable inédite de La Fontaine, découverte, annotée et publiée par un bibliophile de province.* (Angoulême, de l'impr. de A. Nadaud, 1862, in-8º de 20 p.)

I.

LE RENARD ET L'ÉCUREUIL[1].

Il ne se faut jamais moquer des misérables,
  Car qui peut s'asseurer d'estre toujours
   heureux?
     Le sage Esope dans ses fables,
  Nous en donne un exemple ou deux.
Il ne les cite point, et certaine cronique
  M'en fournit un plus autentique.

Le Renard se moquoit un jour de l'Ecureüil
Qu'il voyoit assailly d'une forte tempeste;
Te voila, disoit-il, prés d'entrer au cercüeil,
Et de ta queuë en vain tu te couvres la teste:
    Plus tu t'és approché du faiste,
Plus l'Orage te trouve en bute à tous ses coups.
Tu cherchois les lieux hauts et voisins de la foudre,
Voila ce qui t'en prend; moy qui cherche des trous,
Je ris, en attendant que tu sois mis en poudre.
   Tandis qu'ainsi le Renard se gaboit,
  Il prenoit maint pauvre poulet
     Au gobet,
Lorsque l'Ire du Ciel à l'Ecureüil pardonne,
  Il n'éclaire plus ni ne tonne,
  L'Orage cesse, et le beau temps venu,
  Un chasseur ayant apperceû
Le train de ce Renard autour de sa taniére,
  Tu payras, dit-il, mes poulets;
  Aussi-tost nombre de bassets
  Vous fait déloger le compére.
  L'Ecureüil l'aperçoit qui fuit
  Devant la Meute qui le suit.
  Ce plaisir ne luy dure guére:
  Bien-tost il le void aux portes du trespas.
  Il le void, mais il n'en rid pas,
  Instruit par sa propre misère.

1. Voyez page 222.

II.

FABLE DE FLORE ET DE ZÉPHIRE[1].

ontre les Aquilons de colére animez
Flore et Zéphire renfermez
Dans une chaude orangerie,
Comme dans leur Infirmerie,
Jusqu'à ce que l'Hyver finist son triste cours,
S'entretenoyent de leurs amours,

1. Pour cette fable et les six qui la suivent, voyez
pp. 222-223. On trouve dans le tome XI des manuscrits de
Conrart, à la page 811, une autre rédaction de cette pièce,
avec un titre différent. Il n'y a que quelques vers qui soient
communs aux deux copies. Voici cette seconde version :

FABLE DE L'AURORE.

Flore et Zéphire, en une grotte obscure,
S'entretenoyent de leurs amours.
Aymons-nous, disoyent-ils toûjours,
Laissons pour quelque temps, le soin de la nature,
Attendant que l'hyver ayt achevé son cours,
Puis, quand nous verrons les longs jours,
Nous sortirons d'icy pour embellir le monde;
Cependant, jouïssons de cette paix profonde,
Bénissons les momens heureux,
Qui secondent si bien nos desirs amoureux.
Dans ces doux entretiens, cinq mois entiers se passent.
En vain les jours sont alongez,
Ils ne les trouvent point changez
Mais, enfin, les humains se lassent,
Ils pestent contre le printemps,
Et font des vœux au ciel pour avoir du beau temps.
Mais il n'en peut donner sans Zéphire et sans Flore.
On dépeche vers-eux la diligente Aurore
Qui portant partout la clarté
De leur sombre sejour perçant l'obscurité,
Surprend les deux amans, sans craindre leur murmure.
Je viens icy, dit-elle, au nom de la nature,
Vous conjurer tous deux de servir l'univers.
Zephir, retourne dans les airs,
Et vous, Flore, rendez l'émail à nos préries,
Que nos campagnes soyent fleuries,
C'est trop donner à vostre amour;
En vain vous prétendez le dérober au jour,

Et se disoyent souvent : Au retour des beaux jours
Nous sortirons d'icy, pour réjouïr le monde ;
Jouïssons, cependant, de cette paix profonde,
    Et bénissons tous les momens
Qui nous comblent de joye, et de contentement.
Dans ces doux entretiens prés de cinq mois se passent,
    En vain les jours sont allongez,
    Ils ne les trouvent point changez ;
    Cependant, les humains se lassent,
Ils implorent le Ciel, pour avoir du beau temps ;
Il ne tient pas à moy, répondit le Printemps.
Mais je n'en puis donner, sans Zéphire et sans Flore.
    On depute vers eux la diligente Aurore,
    Qui portant partout la clarté,
De leur sombre sejour perce l'obscurité,
Surprend les deux amans, sans craindre leur murmure ;
    Je viens icy, dit-elle, au nom de la Nature,
Vous presser, de sa part, de servir l'Univers ;
Zéphire, suy-moy donc, retourne dans les airs ;
Et vous, Flore, rendez l'émail à nos préries,
    Que nos campagnes soyent fleuries ;
    C'est trop donner à vostre amour,
En vain vous pretendez le dérober au jour ;
Le Public, offensé de vostre longue absence,
Seconde les rappors qu'en fait la médisance.

    Chacun s'en apperçoit par vos longues absences,
    Le Public qui les souffre en fait des medisances.
        Eh, ma chére Flore, entre nous,
    N'ay-je pas un amant, aussi-bien comme vous,
    Me fait-il négliger les soins que je dois prendre ?
    Non, et je ne saurois estre sensible, et tendre,
        Ni pour Céphale, ni pour moy,
        Si le public en souffre de la peine.
    Faites-vous desormais une semblable loy,
    Et n'abandonnez plus ni le bois ni la plaine.
        Je say bien que l'Amour est doux
    Qu'il est des vrais plaisirs une source féconde ;
    Mais un seul doit céder à l'intérest de tous.
        Ha ! ne songeons pas tant à nous,
        Et songeons un peu plus au monde.

Ma chére Flore, en-fin, parlons sincérement,
N'ay-je pas, comme vous, un agréable Amant !
Me fait-il négliger les soins que je dois prendre ?
Non, contre mon devoir, je ne puis estre tendre
  Ni pour Céphale, ni pour moy.
Puis donc que le public en souffre tant de peines,
  Faites-vous desormais, une pareille loy,
Et n'abandonnez plus ni les bois, ni les plaines.
  Je conviens que l'amour est doux,
Et je scay, comme vous, qu'en plaisirs il abonde ;
  Mais ne songez pas tant à vous,
  Et songez un peu plus au monde.

III.

FABLE DU LUT ET DE LA MUSETTE [1].

Une rustique Musette,
 Voyant accorder un Lut,
 Et consulter mi, ré, ut,
 Pour la moindre chansonnette,
Dit, mon frére le Haut-bois,
Le Lut n'est rien qu'une beste,
Et sa discordante voix
Me fait grand mal à la teste ;
C'est luy qui doit écouter,
Et nous qui devons chanter
Des Airs de toutes maniéres,
Nos Bergers, et nos Bergéres
M'en apprennent tous les jours ;
Je say chanter les amours
De Tyrcis, et de Nannette,

1. On trouve dans le tome XI des manuscrits de Conrart, à la page 812, une autre copie de cette fable intitulée : *Fable de la Musette.*

De Damon, et de Lysette,
Et des Nymphes de nos[1] bois,
De Cephale et de l'Aurore.
Ouy, répondit le Hautbois,
Et beaucoup d'autres encore.
Mais je te répons, ma sœur,
Que le Lut est grand Docteur;
Quand tu voys qu'il étudie,
C'est pour prendre un meilleur ton[2];
　　Dés qu'il saura sa leçon,
　　Sa charmante mélodie
Nous fera honte à tous-deux.
　　Ah! qu'il est avantageux
　　D'avoir, outre la nature,
　　Une bonne[3] tablature!

IV.

DE L'ABEILLE ET DE LA ROSE[4].

Une abeille cherchant du miel parmy les fleurs[5],
　　　　　　S'alla poser sur une Rose :
Je vous choisis, dit-elle, entre toutes vos Sœurs;
La Belle, contez-moy ce choix pour quelque chose.

1. *nostre* (copie de la p. 812).
2. *son* (copie de la p. 812).
3. *belle* (copie de la p. 812).
4. Une copie sans titre de cette fable se trouve à la p. 175 du tome I du manuscrit 151 de l'Arsenal. (Voyez ci-dessus, p. 223.)
5. Manuscrit 151 *le miel*; dans la copie que nous suivons il y avait d'abord *entre les fleurs*; on a effacé *entre* pour y substituer *parmy*.

Recevez mes baisers; donnez moy vos douceurs.
  En disant cela la cruelle Abeille[1],
    Pique la Rose jusqu'au cœur;
    Ah ! Perfide, s'écria-t-elle,
Tu m'enleves mon bien avec trop de rigueur.
  Encore as-tu bien l'insolence
  De me solliciter à la reconnoissance[2]!
Ouy je reconnaistray le mal que tu m'as fait,
    En ne te rendant point le trait
    De qui je viens d'estre blessée;
    Et demeurant sans aiguillon,
On te verra languir, et faible, et méprisée.
Ingrats, venez apprendre icy vostre leçon[3].

V.

FABLE DES VERS A SOYE ET DU MOUCHERON.

Les vers à soye, en[4] leur bobine;
    Travailloyent tous à-qui-mieux-mieux.
  Avançons, disoyent-ils, ce travail pré-
      cieux
  En quoy notre espéce rafine.

1. Il y avait d'abord : *notre abeille*. Dans le manuscrit
151, on lit :
       Disant cela cette cruelle.

2.   Et cepandant ton insolence
          Me vient solliciter à la reconnoissance (ms. 151).

3.   Duquel je viens d'estre blessée;
          Et toi restant sans aiguillon,
          Languiras foible et meprisée.
          Ceci peut servir de leçon
       En montrant que tous ceux qui cherchent les delices
          Et qui s'attachent trop à ces moles douceurs,
          Y laissent leurs biens, leurs honneurs
          Et tres souvent y trouvent leur suplice (ms. 151),

4. *Dans* (ms. 151).

Fuyons l'oysiveté, évitons [1] la paresse
Du Moucheron qui vole autour de nous.
Si je suis paresseux, dit-il, vous estes foux
   Avec vostre art, et vostre adresse;
  Vous faites, je l'avoüe, un ouvrage fort beau;
  Mais il vous enferme au tombeau.
  Pour moy, j'ayme mieux ne rien faire,
Et je trouve, à ce prix, que la gloire est trop chére.
Mais en ne faisant rien que bruire dans les airs,
Se rend-on immortel, dirent alors [2] les vers?
Immortel, nullement, je mourray comme un autre;
Et tu trouves ton sort plus heureux que le nostre?
Ha! puisqu'également nous devons tous mourir
    Il nous faut du moins aquerir,
  Par une illustre vie, une fin glorieuse;
  Et c'est où doit buter toute âme généreuse.

VI.

FABLE DU ROSSIGNOL ET DU PERROQUET.

Un joly Perroquet
  Dont on avoit cultivé le caquet,
  Avec grand art, et grande adresse,
  Oyant chanter un Rossignol,
Fut tout épris pour luy d'estime, et de tendresse,
Et, pour l'en assurer, il prend vers luy son vol.
Beau chanteur, luy dit-il, vostre voix angélique
   Me met en admiration,
De grace, apprenez-moy le maître de Musique
   Dont vous tenez cette chanson,

1. *Bannissons* (ms. 151).
2. *Respondirent* (ms. 151).

Ou-bien, si vous le trouvez bon,
Je viendrois tous les jours prendre quelque leçon :
J'apprendrois bien, et c'est dommage
Que l'on m'ayt enfermé trois ans dans une cage,
Sans chanter, ne songeant qu'à polir mon langage.
Ha ! dit le Rossignol, je n'appris jamais rien,
Et j'estime bien plus vostre bon entretien,
Que mon chant et mon ignorance.
Changeons-la pour vostre éloquence.
Je le veux, et d'abord prenons possession.
Perroquet, pour chanter, se mit tout hors d'haleine,
L'autre, pour haranguer, ne prit pas moins de peine.
Ils eurent fort long-temps cette occupation.
A la fin, voyant bien qu'elle estoit inutile,
Rendez-moy mes beaux mots, reprenez vos fredons,
Dit le Perroquet. Apprenons,
Que quiconque veut estre habile,
Doit consulter pourquoi la Nature l'a fait,
Et ne pas consulter son impuissant souhait.

VII.

FABLE DES ANIMAUX.

Les Animaux, en République,
Convinrent unanimement
Que chacun, à-son-tour, eust le
Gouvernement
De la chose publique.
Messire Renard eût l'honneur
D'estre le prémier Gouverneur.
Il s'alla mettre en son lit de Justice,
Jura de faire droit à tous.
Ha, dirent les Agneaux, cela va bien pour nous.
Le Loup avec son artifice

Ne sera plus nostre Tuteur.
L'ayné de tous, luy dit, mon bon seigneur,
Depuis la mort de nostre pauvre Mére,
Nous sommes sous l'oppression
Du Loup nostre ennemy glouton,
Qui veut avoir nostre tutelle.
Il est vray, dist le Loup, c'est ma prétention,
Et la volonté maternelle ;
Car la pauvre deffunte, avant que de mourir,
Me fit vostre Tuteur pour finir la querelle.
Vous tuteur, repondit l'Agneau,
Vous qui la privastes de vie
Elle vous eust commis la garde du troupeau ?
Messieurs, répond le Loup, je le prens à partie,
Il dit que je suis meurtrier,
Il faut qu'on le punisse, ou qu'il prouve son dire.
J'ay témoin, dit l'Agneau, pour le justifier.
Le Loup void bien qu'il a du pire,
S'approchant du Renard, il luy dit doucement,
Je suis Juge aprés vous, Monsieur, sans compliment,
Pourrois-je vous rendre service ;
Si vous aviez procés contre quelques poulets,
Je vous donnerois gain de cause.
Le Renard, convaincu par cette forte clause,
En faveur de ce Loup prononça son arrest.

. VIII.

L'HORLOGE, FABLE.

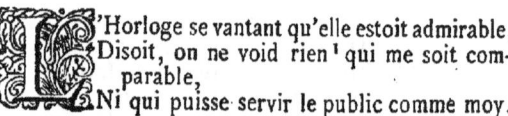

'Horloge se vantant qu'elle estoit admirable,
Disoit, on ne void rien[1] qui me soit com-
parable,
Ni qui puisse servir le public comme moy.

1. *Il n'y a rien* (ms. 151).

Il se peut surement reposer sur ma foy,
  De mon travail infatigable.
Je marche sans débauche[1], afin d'apprendre aux gens,
  Ce qu'ils ont d'heures, de momens,
  Pour employer à leurs affaires.
  Aussi je me fays respecter
Et sitost que je parle on les void tous se taire,
  Afin de me bien[2] écouter.
  On conte toutes mes paroles,
Elles servent de régle aux testes les moins foles.
Tout se conduit chez-moy par de justes ressors.
En achevant ces mots voicy quelqu'un[3] qui casse,
  Et renverse tous ses accors.
On court à l'horlogeur, elle demande en grace
  Qu'il la tire de ce malheur.
  Je says, répondit l'horlogeur,
Que tu ne viens à moy qu'au fort de ta misére,
  Que ne t'estant plus nécessaire,
  Tu piaffes pompeusement[4].
C'est moy qui te tiray[5] d'une lourde matiére.
Souvien-t'en desormais, et rentre en ton néant.
  Ce conseil est trés-important
Pour ceux qui sont enflés de leur propre merite,
  Au lieu d'en rapporter l'honneur
  A celui qui en est l'autheur,
  Lequel bien souvent s'en irrite,
  Et, les voyant dans le besoin,
  Desdesgne d'en prendre le soin[6].

1. Il peut se reposer dessus ma bonne foy
        Et mon travail infatigable.
        Je marche jour et nuict... (ms. 151).

2. *Mieux* (ms. 151).
3. *En voici un* (ms. 151).
4. *Orgueilleusement* (ms. 151).
5. *T'ay tiré* (ms. 151).
6. Ces six derniers vers ne se trouvent que dans le manuscrit 151.

IX.

DES RATS ET DU CHAT[1].

Un Chat tres fin dans son espece,
Par tant de tours subtils avoit
    dupé les Rats,
Qu'ils conclurent enfin dans un
    vieux galetas
De ne se plus laisser surprendre à son addresse.
    Sous les ais d'un double plancher
Ils crurent à propos d'aller tous se cacher,
Où tapis et mussez ils tenoient leur menage.
    Qui fut bien étonné ce fut maître Matou,
Qui ne les voyant plus, alloit à chaque trou
Flairer du bout du nez pour trouver un passage.
    N'en trouvant point, dépit le prend,
    Et croyant par une amusette
    Les tirer hors de leur cachette,
Il voit une cheville, et par les piés s'y pend,
    Contrefaisant la bête morte.
On eût dit un souflet à son crochet pendu.
Un rat sort, deux, puis trois, puis un plus entendu,
Vieux Rat à gris menton, qui le lorgna de sorte
Qu'il connut au crochet le souflet pretendu.
Rentrons, amis, rentrons, dit-il, fou qui s'y fie,
Ta poudre est évantée et tes tours superflus,
Tant de fois atrapez, on ne s'y commet plus,
    Et si tu m'y tiens de ta vie,
Si jamais tu me vois à ta dent me risquer,
    Je te permets de me croquer.

---

1. Pour cette pièce et les sept suivantes voyez pages 223-
229. Si c'est là un premier essai de la fable intitulée : *Le
Chat et un Vieux Rat* (T. I, p. 108), la Fontaine l'a singu-
lièrement amélioré.

X.

LE CIGNE ET LES CANARDS[1].

Il est certains Canards sur les bords du
    Meandre
Dont le bruit importun se fait partout en-
    tendre.
Des Cignes en tous temps ennemis declarez,
Ils n'en peuvent souffrir la voix douce et charmante :
Mais sur tout contre un seul ils sont tous conjurez.
    Il étoit blanc par excellence,
Il chantoit à ravir ; c'est ce qui les offense.
Autour de lui sans cesse ils ne font que crier,
    Pour faire qu'on l'entende à peine.
    Mais lui sans trop se soucier
    Ni de leur bruit ni de leur haine,
    Redouble sa voix à l'instant,
Et se fait admirer de tout ce qui l'entend.
    Quand ils ne savent plus qu'y faire,
Ils suivent le conseil qu'un d'entre eux leur suggere :
Ils vont tous de concert au plus prochain marais

1. Cette pièce, qui a paru dans le *Recueil de vers choisis*
du P. Bouhours, y est désignée comme une *Imitation de
la Fable latine de M. l'abbé Fraguier*. Cette fable latine
intitulée : *Olor et Anseres*, avait été composée, à ce qu'on
prétend, à propos d'une accusation dirigée contre Bouhours,
et dont une note manuscrite de Trallage, rapportée par
M. Paul Lacroix (*Nouvelles œuvres inédites de La Fontaine*, p. 17), nous indique la nature : « On a dit que le
P. Bouhours, jésuite, avoit fait un enfant à la nièce de
Vauban qui étoit sous sa direction (les Jésuites ont publié
que c'étoit une calomnie de ceux qu'ils nomment *jansé-
nistes*), à Paris, sur la fin de 1691 et au commencement
de 1692. » Cette pièce attribuée, dans l'édition publiée en
1693, à Regnier des Marests, est devenue anonyme dans
les éditions suivantes ; on peut à la rigueur en conclure
qu'il y avait peut-être eu erreur dans cette première dési-
gnation, bien que Bouhours dût être, mieux que personne,
au courant de toute cette affaire.

Se plonger à l'envi dans un limon épais ;
    Puis la troupe pleine de fange
Doucement et sans bruit prés du Cigne se range,
Qui sur un lit de joncs dormoit alors en paix ;
    Et d'un leger battement d'aile
    Elle fait sur lui rejaillir
    La boüe et l'ordure nouvelle
    Dont elle vient de se salir.
    Ensuite ils se donnent le signe
    Et vont annoncer aux Oiseaux
Que ce Cigne si blanc n'est plus le méme Cigne,
Et que devenu noir par un malheur insigne,
    Il se cache entre les roseaux.
    La nouvelle ainsi debitée,
Est sur l'aile des vents en mille endroits portée ;
L'un la croit, l'autre en doute, et ne peut concevoir
    Ce changement du blanc au noir.
Mais, disent les Canards pour apuyer l'histoire,
    N'en croyez que vos propres yeux,
    Si vous ne voulez pas nous croire :
    On ne pouvoit pas dire mieux.
Le soleil paroissoit à peine dans les Cieux,
Que mille et mille Oiseaux differens de plumage,
    Differens aussi de ramage,
    Viennent se rendre sur les lieux.
    Là voyant le Cigne tout sale,
    Ils témoignent par de longs cris
De quel étonnement ils se trouvent surpris.
Le Cigne cependant sur sa rive natale,
Chantoit tranquillement d'une voix sans égale ;
    Mais voyant que de tous côtez
Les regards sur lui seul paroissent arrêtez,
    Il se regarde aussi lui-même :
    Et sa surprise fut extréme
Lorsque d'un noir limon il se vit tout couvert ;
Des Canards aussi-tôt il reconnoit l'ouvrage :
Et voyez, leur dit-il, sans tarder davantage,
    A quoi vôtre fraude vous sert :
Il dit, et se plongeant dans l'onde claire et pure,

Il en ressort plus blanc et plus beau que jamais :
Les oiseaux sont honteux d'avoir crû l'imposture ;
Et les Canards confus se taisent desormais.

XI.

LE PESCHEUR ET LES POISSONS.

adis Demetrius le grand *Poliocrete*[1]
Etoit fort bon Pescheur, non de simples
    Poissons,
Mais ce Monarque adroit dans toutes les
    saisons
Malgré ses ennemis, et leur rage indiscrete,
Sçavoit dans ses filets fort à propos jettez,
    Prendre leurs meilleures Citez.
Jamais Pescheur de si sure fortune,
    Il ne s'en échapoit pas une.
Or comme aprés la peine on aime le repos
Ce grand Pescheur s'étant à diverses reprises,
    Fourni de Poissons des plus gros,
Se modera soi même et contant de ses prises
Pendit filets au croq, serra ses hameçons,
    Et fit treve avec les Poissons.
Ce n'est pas tout, il veut que le peuple aquatique
Prenne part aux plaisirs qui naissent de la Paix ;
    Qu'il en goûte tous les attraits :
Et pour le divertir d'une douce Musique
Assis au bord de l'onde il joint à son Hautbois
Ces sons harmonieux d'une charmante voix :
    Vivés heureux, vivés tranquiles,
    Disoit ce Pescheur, en chantant,
Reposez-vous, Poissons, pour moi je suis content
Et prefere la paix à cent prises faciles,
    Qu'en suivant un juste courrous,
    J'aurois peu faire malgré vous ;
    Venez tous former en cadance

1. Ainsi dans les anciennes éditions.

Au son de mon Hautbois une paisible dance
    Et ne pensez plus qu'aux plaisirs,
D'un repos éternel goutés les plus doux charmes.
Ah! qu'un trouble nouveau vous couteroit de larmes,
Et qu'il seroit suivi de cruels repentirs.
    Ainsi chantoit sur le rivage
    Ce Pescheur aux faits inoüis,
Et si des vastes eaux le Peuple eût esté sage
    Tel auroit cru ses bons avis :
Mais un certain saumon nourri dans la tempête,
Songeant à son profit, leur ficha dans la tête
Certains mauvais conseils, et ces conseils suivis
    Troublerent tout à coup la fête.
Ah! vous en voulez donc, dit alors le Pescheur;
Vous m'y forcez. Eh bien! mettez-vous en défence[1] :
    Alors filets de tous côtez
    Sont par lui dans l'Onde jettez
    Poissons sont pris en abondance;
Alors tous ces Poissons tirez sur le rivage,
    Se mirent sur l'herbe à sauter.
Ah! ah! dit le Pescheur, quand j'ai voulu chanter,
    Vous vous moquiez de mon ramage,
De vos bons conseillers voyez les beaux progrez,
Déja plus d'une fois je vous avois fait grace,
Mais puis que pour le coup je vous tiens dans la nasse[2],
    Tout du long vous la dancerez.

XII.

LES FAVORIS[3].

Un Lion fit beaucoup de mal en son jeune âge,
Mais quand il devint vieux, le chetif animal
Se trouva sans pouvoir, sans force, sans
    courage;

1. Il y a dans toutes les anciennes éditions : *Or vous m'y forcez*, et il n'y a point de vers pour rimer avec *Pescheur*.
2. *La resse*, dans les anciennes éditions.
3. Même sujet que *Le Lion devenu vieux* (T. I, p. 104).

Chacun lui rendit mal pour mal.
Loin de recevoir des hommages
Comme le Roi des Animaux,
Les plus chetifs de ses Vassaux
Lui firent à l'envi toutes sortes d'outrages.
Helas! dit le Lion, que je me suis mal pris
De m'estre fait tant d'ennemis,
Lorsqu'à me faire aimer je pouvois tout contraindre,
Mais j'y pense un peu tard[1], en vain je reflechis.
Je me suis fait haïr, je ne suis plus à plaindre.
Aprenez ici favoris,
Car c'est pour vous que j'écris,
Que maltraiter autrui, que de se faire craindre
N'est pas le meilleur des partis.

XIII.

LE ROSSIGNOL[2].

n bruit s'épandit en tous lieux
Qu'aux Oiseaux qui chantoient le
mieux
On ordonnoit[3] du grain pour toute
leur année;

1. *J'y pense tard,* dans les anciennes éditions, ce qui rend le vers faux.

2. M. Paul Lacroix, qui n'a pas connu les premières éditions de cette fable, l'a publiée dans ses *Œuvres inédites de La Fontaine* (p. 58) d'après *l'Almanach littéraire* ou *Etrennes d'Apollon* (Paris, veuve Duchesne, 1780, in-12). Il pense avec beaucoup de vraisemblance que cette pièce fait allusion aux pensions royales distribuées par Colbert aux gens de lettres, en 1662.

3. *On donneroit,* dans *l'Almanach littéraire.* L'autre expression, plus administrative, s'applique mieux à l'affaire des pensions.

J'en aurai, dit le Rossignol,
Si la chose est bien ordonnée;
Tout aussi-tôt il prend son vol,
Pour s'en aller à la donnée;
Là vinrent des Oiseaux de toutes les façons,
Force tarins[1], force pinsons,
Force merles, force alloüetes,
De linotes fort peu, moins encor de fauvetes,
Quoi qu'on estime assez leurs petites chansons,
Tout content de son avanture,
Le Rossignol auroit gagé,
Qu'il seroit le mieux partagé;
Mais il eut perdu la gageure :
Exclus, déchû de tous ses droits,
Il s'en retourna dans les bois,
Ses plus agreables refuges;
Où depuis il a dit cent fois,
O Nature, ôte-moi la voix,
Ou donne-moi de meilleurs juges.

XIV.

(A la suite de :

LE SOLEIL ET LES GRENOUILLES.)

Traduction de la même Fable, du Soleil et des Grenouilles [2].

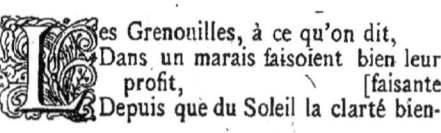

es Grenouilles, à ce qu'on dit,
Dans un marais faisoient bien leur
   profit,   [faisante
Depuis que du Soleil la clarté bien-

1. *Serins*, dans l'*Almanach littéraire.*
2. Dans le *Recueil* de Bouhours, la pièce de La Fon-

Rendoit de ces vils animaux
Et sur la terre et sur les eaux
La Republique florissante.
Déja ces insectes bourbeux
Osoient sortir du marescage
Et paroissant sur le rivage,
Faisoient fuir les troupeaux qui paissoient auprès d'eux.
Mais comme on ne peut être heureux,
Que le bonheur n'enfle un peu le courage,
La troupe ingrate eut bien la vanité
De vouloir du Soleil obscurcir la clarté[1].

taine est désignée comme une *Imitation de la Fable Latine du P. Commire*, et celle-ci, restée anonyme comme une *Traduction de la même Fable*. La fable du P. Commire, dirigée contre les Hollandais, a paru d'abord chez Guillaume de Luyne, en 1672, en une plaquette in-4° avec cette traduction française. La pièce latine porte ce titre assez piquant : *Appendix ad fabulas Phœdri, ex bibliotheca Leidensi. Sol et Ranœ*, et à la fin : *Juxta exemplar editum Amstelodami, Typis Buninganis ad Insigne Josue.*

Grainville, dans sa critique de la publication de Simien Despréaux, a dit que cette pièce était de Furetière et portait son nom dans le recueil intitulé *Johannis Commirii opera posthuma* (Parisiis, J. Boudot, 1704,), mais la version de Furetière, différente de celle-ci, comme l'a remarqué M. Paul Lacroix, commence par ces vers :

Des Grenouilles dans un Marais
De noir limon et de fange nourries...

Le premier vers ressemble beaucoup, il est vrai, à la rédaction différente indiquée dans la note suivante, mais à partir du second, la ressemblance cesse.

1. Dans l'édition originale de 1672, la pièce commence ainsi :

Les Grenoüilles dans un marais
Grosses, grasses, vivoient en paix,
Depuis que du Soleil la clarté bien-faisante
De ces insectes nez au milieu des roseaux
Rèndoit la Republique heureuse et florissante
Et sur la terre et sur les eaux.
Déja sortans du marescage,
Ces animaux autrefois si peureux,
Par leurs cris importuns chassoient loin du rivage

Pour en venir à bout tout fut mis en usage.
    Quand le Soleil se montroit à leurs yeux
Quand ayant fait pâlir le croissant dans les cieux,
    Il parcouroit l'Inde et le Tage,
Entroit dans le Lion, éclairoit d'autres lieux ;
    Ce petit peuple en étoit envieux,
    Et cherchoit à lui faire outrage.

    Il publioit qu'en mille endroits divers
    L'Astre du jour nuisoit à l'Univers ;
        Qu'il falloit le rendre immobile ;
        Et que c'étoit là le moyen
        Le plus court et le plus facile
        D'empécher qu'il ne gatât rien.

    Mais enfin, n'ayant pû rien faire,
Et voyant que malgré ces insolens discours
        Le Soleil avançant toujours,
    Poursuivoit sa course ordinaire,
La troupe s'enfonça dans le fond du marais,
        Dont les eaux par elles agitées
Pousserent des vapeurs, qui jusqu'au Ciel portées
        Formerent un nuage épais.

    Le Soleil connut leur folie :
Et sa clarté par là n'étant point affoiblie,
Se[1] rit des vains efforts qu'on faisoit contre lui :
Vous allez, leur dit-il, trop insolentes bêtes,
    Vous allez voir retomber sur vos têtes
Tout ce que contre moi vous formez aujourd'hui.
Il ramasse aussi-tôt l'éclat de sa lumiere,

> Tous les troupeaux qui paissoient auprés d'eux :
> Mais comme on ne peut être heureux
> Que le bon-heur n'enfle un peu le courage,
> Jusque dans l'Ocean ils oserent sauter,
> Aux poissons mesme on les vit insulter :
>   Et pour joindre l'extravagance
>   A la temerité,
>   Les ingrats eurent l'insolence
> De vouloir du Soleil obscurcir la clarté.

1. *Il*, dans l'édition originale.

Et perçant le nuage, il en fait la matiere,
    Et du tonnerre et des éclairs.
    Déja la tempête formée
Tombe dans les marais sur la troupe allarmée,
Aprés avoir long-tems fait du bruit dans les airs.
    D'abord chacune prend la fuite,
    Et dans un triste état reduite
    Va se cacher sous les roseaux.
Mais c'en est fait, leur perte est assurée.
Les ardeurs du Soleil ayant tari les eaux,
    Toute la troupe est devorée
    Par les Milans et les Corbeaux.

Une Grenouille alors plus que les autres sage
    Leur tint en mourant ce langage[1] :
    Mes sœurs, nous souffrons justement
    Un si severe châtiment,
    Dit elle, et nôtre ingratitude
    En meriteroit un plus rude.

    Vous donc qui viendrez aprés nous,
Si de nôtre malheur vous avez connoissance,
    En l'aprenant, souvenez-vous,
Qu'il ne faut pas des Dieux mépriser la puissance.

XV.

DU LEOPARD ET DU RENARD[2].

n Leopard outré de rage
De se voir reduit aux abois,
Cherchoit à se vanger sur un peuple
    sauvage

1. Dans l'édition originale :
   . . . . . . de toutes la plus sage,
    En mourant leur tint ce langage.

2. Même sujet que *le Lion malade et le Renard* (T. I,
p. 174).

Du succez malheureux de ses gueriers exploits.
Un vieux Rocher lui servoit de Caverne,
Où des sots Animaux dont il fut visité
     Il recevoit civilité :
     Mais un Renard qui se gouverne
D'un esprit plus rusé que les autres ne font,
     A le voir ne fut point si promt.
Dans un endroit paisible, éloigné du tumulte,
     Il se tenoit fort à l'écard
     Ou des griffes du Leopard
     Il ne redoutoit point l'insulte.
Mais bien-tôt le Seigneur, s'en étant aperçu,
Par un Singe envoyé tout exprés le conjure
De venir le trouver, et par lettres l'assure,
Foi d'Animal d'honneur, qu'il sera bien reçu,
Que de ne le point voir il se fait un martire,
Qu'un ami si parfait n'a pas dû l'oublier,
Et qu'en secret il a cent choses à lui dire
Qu'à d'autres qu'à lui seul il ne peut confier.
     Au compliment adroit du Sire
     Scavez-vous ce que de sa part
A Singe messager répondit le Renard :
Dans l'état il n'est point de bête plus acquise
D'esprit plus dévoüé, ni d'ame plus soumise,
Dit-il, que je le suis au Seigneur Leopard ;
     Dites-lui que dans ma retraite
     De tout mon cœur je lui souhaite
     Avec la fin de ses ennuis
Et santé vigoureuse, et victoire parfaite,
Mais que pour l'aller voir, c'est ce que je ne puis ;
     Devant sa porte l'on·rencontre
Mille pas d'Animaux dans sa caverne entrez,
     Mais au diable si l'on en montre
Un unique de ceux qui s'en sont retirez.

XVI.

DE PLUSIEURS CHIENS[1].

Dans la Cuisine d'un Prelat,
Plusieurs Chiens mangeoient un po-
tage,
Mais si pressez autour du plat,
Qu'il ne se pouvoit davantage.
Un gros Mâtin gardetison,
Ne cessoit pendant ce desordre,
D'aboier contre eux et de mordre;
Et soulevant les gens de la maison,
Leur reprochoit en son langage,
Que c'étoit une trahison,
D'abandonner le bien de leur Maître au pillage.
Enfin après beaucoup d'éclat,
Il se rendit maître du plat.
Mais quand aux étrangers il eut donné la chasse,
Il se mit bravement à manger à leur place.
Ainsi dans les Guerres civiles,
Ceux qui des peuples, et des Villes,
Excitent le soulevement,
Quand leurs intrigues leur succedent
Et qu'ils ont le gouvernement,
Ils font encore pis, que ceux qu'ils depossedent.

1. Même sujet que : *le Chien qui porte à son cou le disné de son maître* (T. I, p. 224). Brossette nous apprend que La Fontaine ne fut pas le premier à le traiter (voyez la note à l'endroit indiqué).

XVII.

LE ROSSIGNOL ET LE MOINEAU

AMOUREUX DE LA FAUVETTE[1].

Le tendre Rossignol et le galant Moineau,
L'un et l'autre charmé d'une jeune Fau-
vette,
Sur les branches d'un ormeau,
Luy parloient un soir d'amourette.
Le petit chantre aislé par des airs doucereux,
S'éforçoit d'amolir le cœur de cette belle :
Je seray, disoit-il, toûjours tendre et fidele,
Si vous voulez me rendre heureux.
De mes douces chansons vous sçavez l'harmonie,
Elles ont merité les suffrages des Dieux ;
Desormais je les sacrifie
A chanter vos beautez, vostre nom en tous lieux :
Les échos de leurs voix le rediront sans cesse,
Et j'auray tant de soin de le rendre éclatant,
Que vostre cœur enfin sera content
De voir l'excez de ma tendresse.
Et moy, dit le Moineau, je vous baiseray tant !...
A ces mots le procez fut jugé dans l'instant,
En faveur de l'Oyseau qui porte gorge noire,
On renvoya l'Oyseau chantant.

Voila la fin de mon histoire.
En voicy la morale et qu'il faut retenir :
Beautez, qui tous les jours voyez dans vos ruelles
Un tas d'Amans transis ne vous entretenir
Que de leurs vains soupirs, de leurs peines cruelles,
Bagatelles !
Songez à preferer le solide au brillant.
On se passe fort bien de vers, de chansonettes ;
Le talent du Moineau, c'est là le vray talent.

1. Voyez pages 229 et 230.

Je sçais mainte Cloris du goust de la Fauvette,
A moins qu'il ne survienne un tiers oyseau donnant:
  Alors il n'est plus étonnant
  Que ce dernier gagne sur l'étiquette.

XVII.

L'ASNE JUGE[1].

Un baudet fut esleu, par la gent animale,
      Juge d'une chambre royale :
  C'est l'homme qu'il nous faut! disoient au-
      tour de lui
Ses amis accourus tout exprès au concile;
Simple dans son maintien et dans ses gousts facile,
Il sera de Themis l'incomparable appui;
Et de plus il rendra sentences non pareilles,
Puisque, tenant du Ciel les plus longues oreilles,
Il doit se mieux entendre aux affaires d'autrui.
      Bientost l'industrieuse Avette,
      Devant cet arbitre imposant,
Se plaignit que la Guespe alloit partout disant
Que le Thresor doré des filles de l'Hymette,
  Loin de valoir son miel âcre et rousseau,
N'estoit bon qu'à sucrer potage de pourceau.
Contre cette menteuse, impudente et traistresse,
      J'implore à genoux Votre Altesse!
Dit l'Abeille tremblante au juge à gros museau.
      A ces mots, l'Ane se redresse
      Dans son tribunal ;
      Et, prenant un air magistral,
Decoron ordinaire aux gens de son espèce,
Il ordonne à l'huissier d'estendre au bord d'un muid
Esgale part de l'un et de l'autre produit.

1. Voyez pages 230 et 231.

Le Grison en gousta du fin bout de sa langue,
Pas une fois, mais deux, et tint cette harangue,
La gloire de la robe et du bonnet carré :
La plaignante ayant fait une cuisine fade,
    Nous déclarons, tout très-considéré,
        Qu'à sa composte de malade,
    Le miel guespin est par nous préféré!
    Quelle saveur au palais agréable!
    C'est le picquant des mets délicieux,
        Dont Hébé parfume la table
        De Jupin, le maistre des Dieux!
Et chacun de blasmer cet arrest vicieux,
Mais sire Goupillet, renard de forte teste [1],
Leur dit : De votre choix vous avez les guerdons;
Je n'attendois pas moins de ce crocque-chardons.
    Selon ses goûts juge la beste!

---

1. La copie portait primitivement :
    Mais un renard de forte teste.

CONTES.

Plusieurs éditions des *Contes* de La Fontaine se terminent par des pièces du même genre, dont aucune ne doit être jointe à ses *Œuvres*.

Les auteurs des meilleurs de ces opuscules sont aujourd'hui connus avec certitude; quant à ceux qui demeurent anonymes, leur peu de valeur littéraire et surtout leur obscénité, nous empêchent de les reproduire. Nous nous contenterons d'en donner les titres, en indiquant dans quelle édition ils ont paru pour la première fois, et quels sont les recueils où ils ont été réimprimés de nos jours.

    I. *Miaulement des chattes* [1].

    II. *L'Enfant.*

    III. *Colin.*

    IV. *L'Espagnol.*

    V. *Il vaut mieux manger du lard que mourir de faim.*

1. Les contes i-v sont tirés d'une édition en deux parties in–12, sans lieu, imprimeur ni date, mais accompagnée du privilége de 1667. Walckenaër la considère comme une contrefaçon de l'édition de 1669. M. Paul Lacroix a réimprimé ces cinq pièces, pages 425-433 de son édition des *Contes* publiée en 1858, chez Delahays.

VI. *Le Contrat* [1].
VII. *Les deux Comperes* [2].

1. On lit à la fin de *je vous prends sans verd* (t. IV, p. 460) :

> Mon Beau-père, honnête homme, esprit commode et doux,
> Me donna, pour calmer ma fureur violente,
> Un bon Contrat valant deux mille ecus de rente,
> Que jadis son Beau-pere, en pareilles douleurs,
> Lui mit entre les mains. Je cessay mes clameurs.
> Mon Gendre, le voila. Je vous remets ce gage :
> Il peut dans la famille être d'un bon usage.

Le Contrat renferme un passage tout-à-fait analogue au précédent :

> Mon beau-pere défunt, Dieu veuille avoir son âme!
> Il étoit honnête homme et me remit l'esprit.
> La pilule, à vrai dire, étoit assez amère ;
> Mais il sut la dorer, et, pour me satisfaire,
> D'un bon contrat de quatre mille écus,
> Qu'autrefois pour semblable affaire
> Il avoit eu de son beau-père,
> Il augmenta la dot : je ne m'en plaignis plus.
> Ce contrat doit passer de famille en famille.
> Je le gardois exprès : ayez-en même soin;
> Vous pourrez en avoir besoin.

On a conclu de cette ressemblance, et nous avons répété nous-même, que la scène finale de la comédie a été tirée du conte ; mais il est plus probable que c'est le contraire qui a eu lieu.

La pièce a été représentée, comme nous l'avons dit, le 1er mai 1693. L'année suivante, son dénouement paraissait sous forme de récit et avec le titre de *Conte de M. de La Fontaine, envoyé de Paris*, dans le tome II du *Recueil de pièces curieuses et nouvelles tant en prose qu'en vers* (La Haye, Adr. Moetjens, 5 vol. in-12). Le conte, plusieurs fois réimprimé à la suite de ceux de La Fontaine, est en réalité de Saint-Gilles, qui en a revendiqué la propriété dans sa *Muse mousquetaire* (1709, in-12, p. 41). Le *Contrat* se trouve à la fin de l'édition des *Contes* donnée chez Delahays par M. Paul Lacroix, p. 447, et dans les *Œuvres inédites de J. de la Fontaine*, publiées en 1863, par le même, p. 69.

2. Les nos VII-XI sont tirés d'une édition de 1710. en 2 vol. petit in-12, qui a pour adresse : *Amsterdam, Henri Des-*

VIII. *Les noces de Guillot.*

IX. *L'oiseau dans la cage.*

X. *Les opilations de Sylvie.*

XI. *Le Duc d'Albe* [1].

XII. *La Couturiere.*

XIII. *Le Gascon.*

XIV. *La Cruche.*

XV. *Promettre est un et tenir est un autre.*

XVI. *Le Rossignol.*

XVII. *Le Coup de corne* [2].

XVIII. *Le Poëte* [3].

bordes. Les n°ˢ VII, VIII et X sont réimprimés aux p. 433-444 de l'édition de M. Paul Lacroix, la pièce IX est la même que *le Rossignol,* dont nous allons parler dans la note suivante.

1. Les n°ˢ XII-XVI sont tirés de l'édition de 1718 (Amsterdam, H. Desbordes, 2 vol. in-12) où l'on trouve aussi une réimpression du *Contrat. La Couturière* et *la Cruche* sont d'Autreau. *Promettre est un et tenir est un autre,* est un conte de Vergier, dont on a supprimé le préambule et la conclusion ; enfin *le Rossignol,* qui est le même ouvrage que *l'Oiseau dans la cage* (n° IX), a pour auteur, soit Lamblin, soit du Trousset de Valincour. Ces divers contes sont réimprimés p. 444-446 et 450-463 de l'édition de M. Paul Lacroix.

2. Ce conte paraît pour la première fois en 1732, dans une édition en 2 volumes, qui a pour adresse : *Amsterdam, Etienne Lucas.* Il est fort grossier, et tout-à-fait indigne de La Fontaine. C'est le dernier de ceux que nous avons à signaler comme faisant partie des éditions généralement connues des *Contes* de notre poëte. Il a été réimprimé p. 464-467 de l'édition de M. Paul Lacroix.

3. Les *contes* XVIII à XXIII ont été trouvés par M. Paul Lacroix aux pages 111-132 du tome second des *Contes et nouvelles en vers de M. de La Fontaine,* en 282 pages, plus un feuillet de table, n'ayant qu'un faux titre et venant à la suite de huit feuillets contenant le faux titre et les préliminaires des *Contes nouveaux* du sieur de Saint-Glas, abbé de Saint-Ussans. Ce volume dépareillé qui, suivant M. Paul Lacroix, fait partie d'une édition subreptice imprimée entre 1672 et 1673, a été décrit par lui, en

grand détail, dans la préface qui précède la réimpression de ces *six nouveaux contes* (*Nouvelles Œuvres inédites de La Fontaine.* Paris, Lemerre, 1869, p. 235-261).

1. Cette pièce, qui a été présentée comme le premier des contes composés par La Fontaine, n'est point tirée d'un recueil. Elle se trouve dans un ouvrage dont l'auteur est demeuré inconnu : *le Voyage de M. de Cléville* (Londres, 1750, in-12). L'avis au lecteur, qui l'attribue à La Fontaine, loin de nous convaincre, nous semble au contraire de nature à prouver qu'il ne s'agit que d'une sorte de pastiche, d'ailleurs assez maladroit. Du reste voici cet avertissement que sa brièveté nous permet de reproduire : « Quoique tous les ouvrages des grands hommes ne soient pas parfaits, dans ceux qu'ils regardent eux-mêmes comme indignes de leur appartenir, on trouve cependant toujours ces traits brillants qui les caractérisent. Le conte qu'on va lire est le premier que le fameux La Fontaine ait rimé. Je le tiens d'un fort honnête homme qui avoit eu des liaisons intimes avec lui, mais je tais son nom par respect pour sa famille, qui tient un rang considérable dans l'Église et dans la Robe. Je me flatte que le lecteur me saura quelque gré de faire voir la lumière à une pièce qui pourra l'instruire en l'amusant. » Cet opuscule a été réimprimé à la page 471 de l'édition des *Contes* donnée par M. Paul Lacroix.

2. Ce conte, dont des copies figurent dans les manuscrits de Conrart et de Trallage et qui a été imprimé sans nom d'auteur à la page 119 du *Voyage de MM. de Bachaumont et de la Chapelle, avec un mélange de pièces fugitives tirées du Cabinet de M. de Saint-Evremont* (Utrecht, Fr. Galma, 1697, in-12), est accompagné dans un manuscrit de Loménie de Brienne de cette note peu concluante, que M. Paul Lacroix a transcrite, et sur l'autorité de laquelle il a inséré la pièce dans les *Œuvres inédites de La Fontaine* (Paris, Hachette, 1863, p. 65) : « On attribue ce conte à

M. de La Fontaine, et la chose est vraie à la lettre. Cette histoire vient d'arriver aux prêtres de la mission de Saint-Lazare à Paris, à qui Mme Falentin a donné, de concert avec son mari, tous ses biens. Le fait est certain. Pour le style, il a beaucoup de l'air de celui de La Fontaine, et je ne voudrois pas dire que ce conte ne fût pas de lui, mais je ne voudrois pas aussi assurer qu'il en est. » Les deux premiers vers pourraient le faire croire :

> Une femme aimoit son mari :
> Telles femmes ne vivent guères.

Mais ce ton ne se soutient pas.

Nous terminons ici la liste des contes attribués à La Fontaine, car nous n'avons voulu y faire figurer que les pièces qui se trouvent dans d'anciens recueils imprimés ou manuscrits, avec une mention formelle. Il y en a quelques autres que l'examen des écritures, ou l'appréciation du style ont fait admettre par M. Paul Lacroix ; nous renvoyons à ses publications les lecteurs qui aiment les suppositions spirituelles , et qui se plaisent à faire , sous la direction d'un guide fort compétent, des excursions toujours intéressantes, mais parfois un peu hasardeuses.

LETTRES.

On ne doit pas désespérer de pouvoir ajouter un jour un certain nombre de lettres à la correspondance de La Fontaine. Vers 1751 ou 1753, Charles-Louis de La Fontaine, petit-fils du fabuliste, écrivait à Fréron, du comté de Foix, où l'avait appelé l'administration des biens du marquis de Bonnac, dont il était secrétaire, une lettre que le célèbre journaliste inséra dans l'*Année littéraire* de 1757 ; il y parle de diverses découvertes littéraires des plus importantes, et s'écrie avec autant d'étonnement que de plaisir : « Croyez-vous que j'eusse trouvé au pied des Pyrénées des lettres de mon grand-père? J'en ai sur ma table quelques-unes en vers et en prose. »

Ces lettres sont de nouveau perdues. Vainément M. Rathery a, dans le *Bulletin du Comité des travaux historiques*, attiré sur ce point l'attention des correspondants du Ministère ; vainement il a renouvelé son appel dans un petit article de l'*Amateur d'autographes*, rien n'est venu ; mais il ne faut jamais désespérer et nous recueillons à notre tour ce témoignage précieux, qui peut devenir le point de départ de quelque trouvaille importante.

Les lettres que nous reproduisons ci-après ne peuvent compenser la perte de celles que nous regrettons. Elles sont très-courtes, d'un médiocre intérêt et d'une authenticité fort douteuse.

La première est extraite d'une *Lettre sur La Fontaine à M. L****, publiée en 1774, par Bastide de Marseille [1]. Cet opuscule a principalement pour but de réfuter les assertions de Laharpe et de Chamfort, qui, dans leurs *Eloges* de La Fontaine, insérés dans le *Recueil de l'Académie de Marseille* au commencement de la même année 1774, avaient avancé que la femme de La Fontaine était d'un caractère fort désagréable, et que son mari avait dû de très-bonne heure cesser toute relation avec elle.

Bastide raconte que deux ans auparavant, c'est-à-dire en 1772, il alla voir à Château-Thierry les « Demoiselles de La Fontaine, » petites filles du poëte, qui parlèrent à leur visiteur, du ton le plus convaincu, des excellents rapports qui avaient toujours existé entre leur aïeul et sa femme. Des lettres dont elles avaient eu connaissance, ne leur laissaient, disaient-elles, aucun doute à cet égard. Une des demoiselles La Fontaine s'exprima en ces termes au sujet de la pièce qu'on trouvera plus loin : « Une de ces lettres nous est restée, la voici, Monsieur, daignez la lire vous-même. »

« Je pris la lettre avec avidité, elle étoit écrite de la main de cet homme adorable et adressée à sa femme à Château-Thierry. La vetusté du papier déposoit encore en faveur de ce monument. Je la lus ; il me fut permis d'en prendre copie. »

Après l'avoir reproduite, Bastide reprend :

« Vous jugez aisement, Monsieur, que de la part d'un homme aussi ingénu, aussi naturel que La Fontaine, une lettre où règne autant d'affectation ne peut être dictée que par l'esprit de plaisanterie ; et

---

1. *Esprit des journaux*, décembre 1774.

l'on ne plaisante pas avec étude les personnes qu'on ne peut souffrir, lorsqu'on est très-naturel. C'est ici un badinage qui s'accorde fort bien avec la bonhommie, quoi qu'il soit inspiré par la reflexion, parce que le sentiment conduisoit l'esprit. Le jugement des Demoiselles de La Fontaine, et celui des personnes de Château-Thierry que j'ai consultées, et qui, par tradition, étoient en état de m'instruire, donnent à ma conjecture un degré d'autorité auquel il n'est guere possible de ne se pas rendre. »

Voilà un récit bien romanesque, et dont le ton fait vivement suspecter la lettre attribuée à La Fontaine. Une seule considération me porterait à en admettre l'authenticité : un faussaire ne se serait-il pas efforcé d'imiter en quelque chose le tour d'esprit simple et naïf de La Fontaine? Il n'y aurait point réussi, c'est certain, mais il serait demeuré plat et non affecté. Peut-être est-ce précisément parce que cette galanterie prétentieuse n'a nullement le caractère habituel du style de notre poëte qu'il est permis de conclure qu'elle est un original et non un pastiche? J'avoue toutefois que c'est là un argument qu'il faut se contenter de proposer sans y insister trop vivement.

Quant aux petits billets qui portent les numéros II-VI, ils sont empruntés à des collections d'autographes. Ils accompagnent des fables ou d'autres pièces de vers et sont tous, à l'exception du dernier, considérés comme adressés à Maucroix.

On les a longtemps accueillis avec une confiance qui a beaucoup diminué dans ces dernières années. Voici du reste en quels termes s'exprime au sujet des pièces de ce genre un de nos plus-compétents, et surtout de nos plus consciencieux connaisseurs d'autographes :

« Nous devons dire que plusieurs des fables ou contes, surtout ceux qui sont revêtus de la signature, ont été depuis peu reconnus comme non authentiques.

Quoique la question ne soit pas complètement résolue, il convient d'examiner les autographes de La Fontaine avec un soin tout particulier, et nous croyons de notre devoir de mettre en garde les amateurs contre des pièces suspectes, dont l'authenticité ne peut, jusqu'à plus ample vérification, être garantie. » (L'*Amateur d'autographes*, Paris, Charavay, 1875, mars, p. 44.)

Il est bien fâcheux qu'on ne puisse pas savoir exactement à quoi s'en tenir au sujet de ces pièces de vers manuscrites de La Fontaine qui ont passé dans les ventes d'autographes, depuis une quarantaine d'années, car elles sont souvent accompagnées de renseignements, qui seraient très-précieux, si l'on osait s'y fier.

Une copie signée de la fable de *Tircis et Amarante*, indiquée comme étant « l'original même présenté par La Fontaine à Mlle de Sillery, » porte la date du 11 décembre 1674.

I.

Il y a assez de temps, Mademoiselle, que je suis sorti de la Province où vous êtes, pour confesser que j'ai tort de ne vous avoir pas réitéré les services que je vous ai plusieurs fois offerts, puisque vous m'aviez donné la permission de vous écrire. C'est une faveur, il est vrai, que je ne devois pas tant negliger; vous en accordez trop rarement, pour n'en pas profiter; et j'ai pris résolution de faire tant de cas de celles qui viendront de vous, que je proteste devant vos beaux yeux de faire desormais mon possible pour en mériter d'autres. Ce sera, Mademoiselle, toujours en qualité de votre très-humble et très-obéissant serviteur.

LA FONTAINE.

II.

Envoi de *la Mouche et la Fourmi* (t. I, p. 114[1]).

Il faut que tu aies oublié quelque chose dans la
copie, car ce qui est au crayon ne s'y rapporte pas.
Du reste, j'ai corrigé cela, et je t'envoie une autre
copie. J'aime mieux que tu me recueilles le tout.
J'ai un conte à te faire. Adieu.

DE LA FONTAINE.

III.

Envoi de *la Grenouille et le Rat* (t. I, p. 124[2]).

Voicy la fable telle que je la donneray, j'en ay
retrouué une ancienne copie dans mon porte-feuille.
Je reuois présentement les autres. Renuoye moi les
premieres pour ma derniere lecture. Qui est celuy
qui a critiqué le mot retabli sans celuy de bien dans
la derniere ligne, je tiens qu'il a tort, ut si quis
aliter sentiat nihil sentiat. Viens me voir.

DE LA FONTAINE.

IV.

Envoi de *la Jeune Veuve* (t. I, p. 180[3]).

En voicy encore, et je n'y trouve plus rien à
changer. Il ne me semble pas que je doive me rendre
à tes scrupules; ma veuve est également sincère dans
ses deux estats. Adieu.

1. La Fable, qui est adressée : « A mon ami Maucroix »
est suivie de ce billet, écrit au verso. (*Œuvres inédites de
J. de La Fontaine*, recueillies par M. Paul Lacroix, 1863,
p. 265.)
2. Ce billet m'a été obligeamment communiqué, il y
a une vingtaine d'années, par M. Louis Paris, qui l'avait
transcrit dans l'intéressante collection de M. Chenest.
3. *L'Amateur d'autographes*, mars 1875, p. 43, n° 30.

V.

Envoi de l'*Huitre, et les Plaideurs* (t. I, p. 271 [1]).

Mets cette fable dans ton recueil et fais-en ton profit. Je ne te manderai pas mon séntiment sur tes derniers vers, qui m'ont édifié. Si tout le reste y ressemble, je donnerai de bien loin la palme à tes Homelies sur tes vers dignes du paganisme. Quant à tes deux dernières épigrammes, j'en donnerois le choix pour une épingle.

Adieu, j'ai trois autres fables sur le chantier ; j'ai refait *le Gland et la Citrouille.*

VI [2].

A Chaury, ce 29 avril.

Voici, Monsieur, ce qui a été perdu de l'Epître. Je vous fais mes tres-humbles baise-mains, et suis votre très-humble et très-obéissant serviteur et poëte.

DE LA FONTAINE.

---

1. *Œuvres inédites de J. de la Fontaine,* p. 265 ; *l'Amateur d'autographes,* mars 1875, p. 42, n° 22.
2. Ce billet, communiqué à M. Paul Lacroix par M. Boutron Charlard, est suivi des douze derniers vers de la lettre *A son altesse Monseigneur le duc de Vandosme :*
Je finis, et je vous souhaite,... etc.

(T. III, p. 429.)

POÉSIES DIVERSES.

Un mot d'abord sur deux pièces que nous aurions certainement admises dans les *Poësies diverses,* si nous ne les avions fait déjà figurer à une place plus naturelle dans d'autres parties des *Œuvres* de La Fontaine.

La première est une *dédicace du Poëme d'Adonis.* Elle ne se compose que de quatorze vers, recueillis en 1863 par M. Lacroix, qui les signale comme n'ayant jamais été publiés, excepté dans les *Archives de la littérature et des arts* (Paris, Egron, 1820, in-8°, t. I, p. 46). Cette assertion n'est pas exacte ; dès 1823, Walckenaër avait joint cette pièce aux *Poësies diverses* du poëte, et si elle n'y figure plus en 1827, c'est parce qu'elle a passé dans les variantes d'*Adonis.* C'est là également que nous avons inséré ces vers (tome II, p. 368, note 1) ; ils sont tirés du manuscrit de 1658, qui appartenait en 1857, lorsque nous l'avons consulté, au comte de Labédoyère, et qui fait aujourd'hui partie de la bibliothèque de Mgr le duc d'Aumale.

La seconde pièce est une charmante chanson, qui commence ainsi :

Paule, vous faites joliment
Lettres et chansonnettes....

Walckenaër, après l'avoir publiée tout au long dans une lettre de La Fontaine à Racine où nous l'avons laissée (t. III, p. 374), la réimprime dans les *Poësies diverses*, en y ajoutant ce titre : *pour une jeune fille de 8 ans.* Nous n'avons pas suivi son exemple, nous contentant de renvoyer ici le lecteur à cette chanson et aussi, par occasion, aux nombreuses pièces de poësies qui se trouvent contenues dans les lettres.

Passons maintenant rapidement en revue les opuscules insérés dans cette partie de notre *Appendice*.

Les nos I-III sont de petites pièces de circonstance, fort libres, tirées des manuscrits du chanoine Favart, que M. Louis Paris a signalées à l'attention des bibliophiles. Bien que la première paraisse, en dépit de son titre, avoir été plutôt composée *sur* La Fontaine que *par* La Fontaine, il est assez probable qu'elles sont toutes également authentiques, mais, tant à cause de leur nature que de leur peu d'importance, elles auraient pu paraître déplacées en tête des *poësies diverses* où le plan chronologique que nous avons suivi les appelait nécessairement. C'est ce qui nous a engagé à les reléguer ici.

La pièce IV peut être attribuée avec une vraisemblance à peu près égale à La Fontaine ou à Racine.

La pièce V est tirée de la seconde édition des *Variétés sérieuses et amusantes*, par M. Sablier (Amsterdam et Paris, Musier, 1769, in-12, t. III, p. 259). Après avoir parlé du *Florentin* de La Fontaine (voyez ci-dessus, p. 119), l'éditeur ajoute : « Voici encore une autre Piece où il continue à répandre son fiel. »

Cette ballade, où l'auteur s'adresse à La Fontaine, semble plutôt émaner d'un de ses amis, qui partageait son ressentiment, que de lui-même. C'est sans doute ce qui a engagé Walckenaër à ne pas l'admettre dans les *Œuvres* du poëte; le même motif nous a porté à ne la placer que dans notre *Appendice*.

La pièce VI, *sur la Galle*, a été imprimée pour la première fois, avec le nom de La Fontaine, dans le *Nouveau choix de pièces de poësie* (La Haye, Van Bulderen, 1715, in-12). Dans un manuscrit de l'Arsenal intitulé *Satyres* (n° 124 8°, B. L. F.), où elle figure avec quelques variantes, elle porte ce titre : *La Gale de M. Clinchamp*. Elle a été recueillie, en 1749, dans les *Œuvres d'Autreau*.

La pièce VII est tirée du recueil intitulé : *Voyage de Messieurs de Bachaumont et de la Chapelle, avec un mélange de poësies fugitives tirées du Cabinet de M. de Saint-Evremond* (Utrecht, Fr. Galma, 1697, in-12, p. 186). Elle est indiquée comme ayant été *mise en vers par M. de La****. « Nous l'attribuons sans hésiter à La Fontaine, qui adressait toutes ses poësies nouvelles à Saint-Evremond pour amuser la duchesse de Mazarin[1], dit M. Paul Lacroix. » Sans nous montrer aussi affirmatif, nous croyons pouvoir clore notre *Appendice* par cet opuscule. Certains traits tels que :

> Dit-il à la défunte, ou, s'il ne le dit pas,
> Il le marqua du moins, puisqu'il cessa de vivre.

et :

> ..... Si la chose n'est sûre,
> Elle est probable et c'est assez,

sont dans le goût de La Fontaine, mais est-ce lui qui a écrit :

> Hier, dans ma solitude, au lever de l'aurore,
> Je me promenois à grands pas ?

Cela est bien peu conforme aux habitudes de celui qui a si souvent célébré les douceurs du somme.

---

1. *Œuvres inédites de J. de La Fontaine*, 1863, p. 206.

I.

CHANSON

PAR M. DE LA FONTAINE,

Peu de jours avant ses noces [1647 [1]].

Monsieur de La Fontaine
Caressant un soir Mimy
Disoit vos fievres quartaines !
Nous ne baisons qu'a demy.
Si je ne.........
C'est fait de moy chere maitresse
La belle aux yeux doux,
Quand je vous vois............

II.

CHANSON DE M. DE LA FONTAINE

POUR M. DE MAUCROIX [2].

Tandis qu'il étoit avocat,
Il n'a pas fait gain d'un ducat ;
Mais vive le canonicat !
Alleluia !
Il lui rapporte force écus
Qu'il veut offrir au dieu Bacchus,
Ou bien en faire de cocus.
Alleluia !

---

1. Voyez, ci-dessus, p. 269. Cette chanson est tirée des manuscrits du chanoine Favart, conservés à la Bibliothèque de Reims. Les trois premiers vers ont été publiés par M. Louis Paris dans : *Maucroix, sa vie et ses ouvrages.* (Paris, Techener, 1854, in-8°, p. xxxvii.)

2. Cette chanson, composée suivant toute apparence en 1656, provient de la même source que celle que nous venons de reproduire, elle a été imprimée pour la première fois à la page cxvi de l'ouvrage cité dans la note précédente.

III.

CHANSONNETTE
DE M. DE LA FONTAINE[1].

Le curé de Bussière
Disoit aux Allemans :
Prenez ma chambrière,
Rendez-moi ma jument.
Tenez, la voilà.
.... je vous en prie[2].
Ma pauvre jument, ramenez-la
Dans l'ecurie.
Le Roy des Lampons
Sus, courage, compagnons,
Le Roy des Lampons
A de fort bons éperons.

1. Cette chansonnette tirée, comme les précédentes, des manuscrits du chanoine Favart a été publiée pour la première fois par M. Paul Lacroix à la page 86 des *Œuvres inédites de La Fontaine*. Elle date de 1657, année où les troupes allemandes, commandées par l'archiduc d'Autriche, envahirent la Champagne. C'est une imitation d'un couplet dirigé, en 1642, contre le maréchal de Grammont. Il commençait par ces deux vers :

Le prince de Bidache
Crioit aux Allemans...

Quant au refrain, c'est celui que La Fontaine a répété. Tallemant des Réaux, qui a transcrit ce couplet, nous apprend que le maréchal de Grammont fut appelé quelque temps « *le mareschal Lampon* » à cause des vaudevilles nommés *lampons* qui avaient été faits contre lui. (*Les Historiettes*, 3e édit., t. III, p. 175 et 176.)

2. Nous supprimons la première moitié du vers que M. Paul Lacroix remplace par :

Ne l'épargnez pas....

(*Œuvres inédites de La Fontaine*, 1863, p. 86.)
Du reste ce vers, qui est de huit pieds dans les manuscrits du chanoine Favart, reproduit textuellement, à un mot

IV.

SUR L'IPHIGENIE
DE LE CLERC (1675) [1].

Entre Le Clerc, et son amy Coras,
Tous deux Autheurs rimans de compagnie,
N'a pas long-temps sourdirent grands debats
Sur le propos de son Iphigenie :
Coras luy dit, la piece est de mon crû :
Le Clerc répond, elle est mienne, et non vostre.

près (la pour les), la dernière partie du vers de douze
pieds qui lui correspond dans le couplet cité par Tallemant.

1. Cette pièce, généralement attribuée à Racine, figure
dans les *Œuvres* de ce poète. (Voyez l'édition publiée par
M. Paul Mesnard, t. IV, p. 180.) M. Paul Lacroix lui a
donné dans son recueil d'*Œuvres inédites* (p. 239) le titre
d'*Epigramme restituée à La Fontaine*, en se fondant sur ce
que « dans les manuscrits de Trallage, on la donne positivement à La Fontaine. » A ce témoignage, on en peut
ajouter d'autres plus importants. Furetière s'exprime ainsi
en citant cette pièce dans son *second factum* : « Je rap-
porteray une Epigramme qui a couru dans le monde, et
qu'on attribuë à Monsieur de La Fontaine. »

Dans le *Ménagiana*, elle est indiquée comme « attribuée
par quelques-uns à Racine, et par d'autres à La Fontaine. »

Ce que personne n'a remarqué, c'est qu'elle est calquée
sur une pièce de La Fontaine, imitée d'Athénée, où il
s'agit non de la paternité d'une mauvaise tragédie, mais de
celle d'une belle fille.

Cet opuscule, placé parmi les *Contes*, est intitulé *les Deux
Amis* dans l'édition de 1685. (Voy. t. II, p. 38 de notre
édition.) Il commence par ce vers :

Axiocus avec Alcibiades.

Le douzième :

Plus n'en voulut l'un ny l'autre estre pere

a le plus grand rapport avec le dernier de l'épigramme
contre Le Clerc. Cela du reste ne prouve pas que La
Fontaine en soit l'auteur, car c'est rarement son œuvre
que l'on choisit pour sujet de ces espèces de parodies.

La Font. V. 18

Mais aussi-tost que l'ouvrage a parû,
Plus n'ont voulu l'avoir fait l'un ny l'autre.

V.

BALLADE[1].

Dieu te préserve de langueur,
De fievre tierce, de quartaine,
De procès qui tire en longueur,
De mal-encombre, de migraine,
De la dent d'un traître mâtin,
Mais surtout, ami La Fontaine,
Dieu te garde du Florentin.

Les qualités de ce trompeur,
Dont la dernière Pièce est pleine[2],
Se lisoient en maison d'honneur,
Chez certaine vieille Bréhaigne :
Alors la Douegne incertaine,
Crut que l'on parloit d'un lutin,
Se signa, puis dit à Climene,
Dieu te garde du Florentin.

Tous les Voisins en ont horreur,
Ils ne le souffrent qu'avec peine,
Si fort ces pauvres gens ont peur
Que leurs enfans il ne surprenne.
Un d'eux disoit l'autre semaine
A son fils qui sortoit matin,
Mon cher enfant Dieu te ramene,
Dieu te garde du Florentin.

Envoi.

Je te souhaite un heur sans fin,
Qui soit exempt de toute peine;
Mais sur-tout, ami La Fontaine,
Dieu te garde du Florentin.

1. Voyez ci-dessus, p. 269.
2. *Le Florentin*, voyez ci-dessus p. 119.

VI.

SUR LA GALLE[1].

On vint m'apprendre l'autre jour
Une nouvelle assez fatale.
On dit que le Printemps dont le
    charmant retour
Produit en tous lieux de l'amour,
N'a produit chez toi que la Galle,
Et que contre ce vilain tour
Ta colere étoit sans égale.
Il est vrai qu'aussi tout d'abord,
Je sentis un peu de colere :
Mais, en rêvant sur cette affaire,
Je reconnus que j'avois tort;
Et si j'avois un choix à faire,
J'aimerois, mais de beaucoup mieux
Avoir ce mal, qu'être amoureux[2],
Car l'amour est un mal étrange,
Et, devant un objet charmant,
On se gratte le plus souvent
Tout autre part qu'il ne démange.
Le feu secret de ce poison
Nous cause une démangeaison,
Qui fait qu'en se grattant d'autant plus on s'enflamme,
C'est la gangrene de notre ame,
C'est le farcin de la raison.
Oui, la Galle vaut mieux, et sans comparaison;
Et toi-même tu vas le croire;
Car j'espere te faire voir
Que l'on doit trouver à l'avoir
Et du plaisir et de la gloire.
Çà, commençons par le plaisir.
Quel plaisir, quelle joye egale

---

1. Voyez ci-dessus, p. 270.
2. Devenir galleux qu'Amoureux (ms. 1248e de l'Arsenal).

Celle de visiter sa galle,
Lorsque l'on a quelque loisir?
Deux mains, diversement fleuries,
Par cent objets divers viennent plaire à nos yeux;
Et ces objets delicieux
Valent au moins les Thuilleries.
Il n'est parterres, ni prairies,
Où les couleurs éclatent mieux.
On voit mille cirons, jaunes, blancs, rouges, bleux,
Disputer du brillant avec les pierreries ;
Et de la Galle vient le nom de Galleries,
Bien veritablement, et sans plaisanteries,
Pour la diversité des objets curieux
Dont les regards sont charmez en ces lieux.
C'est encore de la Galle même
Que la Galanterie est appellée ainsi.
Par une ressemblance extrême.
Que je te vas décrire ici.
Un Galeux a l'ame ravie
D'appaiser sans témoin, et selon son envie
La demangeaison de la chair.
Ainsi quand un Amant est seul avec sa Belle,
Il n'a point de plaisir plus cher
Que d'en faire autant avec elle.
Mais quand et Galand et Galleux
Trouvent trop de gens auprés d'eux,
Leur passion est à la gêne.
Ni Galant ni Galleux ne peut à rien toucher,
Chacun tâche à cacher le penchant qui l'entraîne;
Mais souvent leur contrainte est vaine,
La galle ni l'amour ne se peuvent cacher.
Aprés qu'un Galleux, de la vuë
A parcouru ses belles mains,
(Car tous les soirs et les matins
Il goûte le plaisir d'en faire la revuë) ;
Aprés que ses regards ont sçu le contenter,
S'ensuit le plaisir de gratter.
Or, pour t'en exprimer la douceur nompareille,

J'ai beau rêver et gratter mon oreille,
J'ai beau ronger et ma plume et mes doigts.
Tu la sentiras mieux vingt fois,
Que ne le decriroit Corneille.
Mais, pendant que je suis en train
De parler d'étymologie,
Celle du mot gratter vaut une apologie.
Gratter vient de *Gratus*, il n'est rien plus certain;
Et *Gratus* est un mot latin,
Lequel mot en françois signifie Agréable.
Voi donc si je suis veritable,
Et si la dérivation
N'est pas une conclusion,
Qu'il n'est rien de plus delectable?
Tu dois en concevoir toute la volupté.
Passons maintenant à la gloire.
Un Galleux est partout distingué, respecté,
Comme un homme de qualité,
Par exemple veut-il manger ou boire[1]?
Il a toujours son fait à part,
Toujours son verre est à l'écart;
Aucun ne le prophane et n'y porte la bouche;
On n'ose toucher ce qu'il touche.
C'est un titre si beau, que celui de Galleux,
Qu'il est craint de toute la terre.
On voit même qu'en Angleterre,
Les Fils aînez des Rois s'en tiennent glorieux :
On les nomme *Princes de Galles ;*
Et tu peux te vanter, comme eux,
De prérogatives royales.
De plus, la Galle de tout tems,
Fut un symbole de sagesse.
Un proverbe de vieilles gens,
Déja tout usé de vieillesse,

---

1. Ce vers est avantageusement remplacé par le suivant dans le manuscrit de l'Arsenal :

Car, *verbi gratia,* veut-il manger ou boire.

En prouve fort bien la noblesse :
Tout ainsi que trop galler cuit,
Tout de même trop parler nuit.
Tu connois bien, par ce langage,
Que la Galle rend l'homme sage,
Qu'elle instruit de bonne façon,
Et qu'avec la Philosophie
Elle a très-grande sympathie,
Puis que toutes les deux font la même leçon.
Mais, comme trop parler peut nuire,
Je commence à m'appercevoir
Que je ne fais pas mon devoir ;
Qu'on fatigue les gens, quand on en veut trop dire,
Et qu'il est temps de réprimer
La démangeaison de rimer [1].

VII.

HISTOIRE VÉRITABLE
DE DEUX HIRONDELLES

Mise en vers par M. de La***.

uisque mes doux propos, mes amoureux
sermens
Et mes plus tendres sentimens
Passent chez vous pour bagatelles

1. On lit ici en plus dans le manuscrit de l'Arsenal :

Aussi bien suis-je las d'escrire :
Sage est cil qui de trop s'abstient.
Je finis donc pour estre sage,
Et finis par un autre adage
Dont à propos il me souvient
Et qui fort bien icy convient ;
Rejouy toi, car la galle te vient (*sic*).

Après cette pièce, le même manuscrit en contient une
autre intitulée : *A Clinchamp pis que Galleux. Vers libres*, qui
n'est que le développement de cette pensée :

Je veux bien faire treve à de tels complimens,
Et ne plus vous conter, Iris, que des nouvelles,
Non nouvelles d'Etat, ni nouvelles de cour,
    Ni du vizir, ni des rebelles
Ni de ce qui se passe auprès des Dardanelles,
    Mais des nouvelles de l'amour.

Hier, dans ma solitude, au lever de l'aurore,
    Je me promenois à grands pas
    Et rêvois aux divins appas
    D'une cruelle que j'adore.
Je rêvois à ses yeux, et si fiers et si doux,
Qui souffrent à regret que pour eux je soupire;
Je rêvois à son cœur; qui se met en courroux
    Au seul aveu de mon martyre;
Je rêvois, je rêvois, pourquoi n'oser le dire?
    Belle Iris, je rêvois à vous,
Quand je vis à mes pieds tomber une hirondelle,
    Sans mouvement et sans chaleur.
Elle étoit déja morte, et son amant fidele
Vint gemir, soupirer, murmurer auprès d'elle,
Et peu de temps apres expirer de douleur.
Mais, avant que la mort, qu'il réclamoit sans cesse,
Eût étouffé sa plainte et fini ses tourmens,
Le croiriez-vous? Il fit tout ce que la tendresse
Fait faire en cas pareil aux plus parfaits amans :
Tantôt, d'un bec aigu déchirant son plumage,
    Et voulant se percer le sein,
Ce triste oiseau battoit les oiseaux du village,
Qui venoient tour à tour consoler son veuvage
    Et s'opposer à son mauvais dessein;
    Tantôt, de son aile tremblante

      J'aimerois, mais de beaucoup mieux
      Avoir ce mal, qu'être amoureux.

Comme personne n'attribue cette pièce à La Fontaine,
nous ne la reproduisons pas ici. Les curieux la trouveront
dans les *Œuvres inédites de La Fontaine* publiées par M. Paul
Lacroix, 1863, p. 221.

  Couvrant le corps de son amante,
   Il se flattoit de le ressusciter;
Puis, d'un si vain espoir son ame détachée
Sembloit se repentir de son aile arrachée,
Qui l'auroit élevé pour se precipiter.
   Toujours attentif à se plaindre,
Il me voyoit, près de lui, sans rien craindre,
   Et battre des mains et courir :
Le soin de m'éviter, celui de se defendre,
   Et la peur de se laisser prendre,
Tout cédoit dans son ame à l'ardeur de mourir.
   Il expliquoit d'un air si tendre,
Par de tristes accens, ses regrets amoureux,
   Que je compris bien, à l'entendre,
Qu'il falloit que ce fût un amant malheureux.
Attends-moi, je me meurs, je suis prêt de te suivre,
Dit-il à la defunte, ou s'il ne le dit pas,
Il le marqua du moins, puisqu'il cessa de vivre,
Et que je fus enfin témoin de son trepas.
Telle fut, belle Iris, l'aventure cruelle
   De cet oiseau toujours constant.

   Concluons que la tourterelle
D'un amour éternel n'est pas le seul modele
Et que d'autres oiseaux savent aimer autant.
   Mais ne pourroit on pas conclure
Que c'est chose commune à toute la Nature,
Et que les animaux, par leur instinct forcés,
Meurent tous en aimant? Si la chose n'est sûre
   Elle est probable et c'est assez.
   Du moins, leur constance est extrême.
L'homme seul à changer semble être accoutumé.
Mais a-t-il tant de tort? Non, car souvent il aime
Une ingrate, morbleu! dont il n'est pas aimé.

ADDITIONS ET CORRECTIONS[1].

TOME I.

Page 40, vers 14. Vous êtes le Phœnix.
      Variante : ...le Prémier... (mss. de Conrart,
        voyez ci-dessus, p. 222).
      Le Corbeau honteux et confus.
      Variante : Le Corbeau tout piqué, tout
        honteux, tout confus (mss. de Conrart).
Page 41. *La Grenouille qui se veut faire aussi grosse*
      que le bœuf.
      Variante : La Grenouille qui veut ressem-
      bler au Bœuf (mss. de Conrart).
      Vers 8. Nenny...
      Variante : Non point...

1. Afin de ne pas augmenter outre mesure le nombre des notes au bas des pages, nous avions omis la plupart des variantes qui proviennent de copies manuscrites, et, notamment, presque toutes celles qui sont tirées du Recueil de Conrart, mais nous les avons réunies dans cet *Appendice*, où nous pensons qu'on sera bien aise de les trouver.

Les Deux Mulets.
Variante : Deux Mulets (mss. de Conrart).
Page 42, vers 4. Comme il en vouloit à l'argent.
      Variante : Comme il n'en vouloit qu'à l'ar-
            gent (mss. de Conrart).
Page 48, vers 25.
La raison du plus fort est toûjours la meilleure.
Nous l'allons montrer tout à l'heure.
    Ces deux vers manquent dans les manus-
      crits de Conrart.
Page 49, vers 8 : Que je me vas...
    Variante : Que je me vais (mss. de Conrart).
    La fable est plus courte dans les manus-
      crits de Conrart. Immédiatement après :
      ... « ceste beste cruelle » on lit :

        Ne me cherchez point de raison
      Car, tout-à-l'heure, il faut que je me venge.

Page 54, vers 9 : Un malheureux...
    Variante : Un vieillart languissant. (ms. 151).
    Vers 11 : O mort, luy disoit-il....
    Variante : O mort, ce disoit-il... (mss. de
      Conrart).
    Vers 17 : Me cause d'horreur...
    Variante : Me remplit d'horreur (mss. de
      Conrart).
Page 55, vers 3 : Ne vien jamais, ô mort, on t'en
      dit tout autant.
    Variante : Va-t'en de grace, ô mort, car je
      t'en dis autant. (mss. de Conrart).
Page 59, vers 3. Au beau premier Lapidaire.
    Variante : Chez un fameux lapidaire (ms.
      151).
Page 61, vers 14 : La nature envers vous me semble
      bien injuste.
    « M. D..., du département de la Nièvre,
      a en sa possession un autographe très-
      précieux de La Fontaine. C'est l'original

du *Chêne et le Roseau*, mais il s'y trouve une variante remarquable.

Le texte manuscrit porte :

> La nature envers vous ne fut pas indulgente.
> Votre compassion lui répondit la plante. »
>
> (*Bibliophile Belge*, t. I, p. 303.)

Page 94. *Les Grenouilles qui demandent un Roy*.
Variante : *Les Grenouilles demandant*.....
(mss. de Conrart).

Page 104. *Le Lion devenu vieux*.
Variante : *Le Lion accablé de vieillesse*
(mss. de Conrart).
Vers 28 : Quand voyant l'Asne mesme
à son antre accourir.
Variante : Quand voyant l'Asne mesme
au combat accourir (mss. de Conrart).

Page 114, vers 25... je m'assiez à ta table.
Variante : ... je m'assiez à table. (*Recueil des poësies chrétiennes*.)

Page 140, vers 3. Sur de tels paresseux à servir
ainsi lents.
Variante : Sur des amis si négligens. (*Recueil des poësies chrétiennes*.)

Page 145, vers 7 ... en sa maniere.
Variante : ... à sa manière. (*Recueil des poësies chrétiennes*.)

Page 150, vers 23. Un riche Laboureur...
Variante : Un Laboureur expert (ms. 151).

Page 165, note 1, ajoutez : et le *Recueil des poësies chrétiennes*.

Page 220, vers 3 : Vous puis-je offrir mers vers.
Lisez : mes vers.

Page 288. *Les Deux Rats, le Renard et l'Œuf*.
M. Ferdinand Denis nous a signalé, avec son érudition et son obligeance habituelles, le récit d'un voyageur ordinairement véridique, Challes, qui prétend avoir été témoin d'un fait identique à celui qui fait le sujet de cette fable. La première idée qui se

présente est que c'est à cette source que La Fontaine a puisé; mais la relation que nous allons reproduire est de beaucoup postérieure à la fable de La
Fontaine. Il faut donc admettre, ou que l'histoire
des deux rats est absolument réelle et s'est souvent
reproduite, ou que Challes, connaissant la fable de
La Fontaine, y a pris l'idée de la petite narration
qu'il a introduite dans son journal de voyage. Nous
la reproduisons presque dans son entier, malgré sa
longueur, afin que le lecteur en juge en connaissance
de cause, et puisse apprécier les témoignages que
l'auteur invoque pour bien établir sa complète véra-
cité.

« Il y avoit très long-tems que notre Chirurgien
accusoit ses Garçons de manger les œufs des malades :
il avoit beau les compter, il s'en trouvoit toûjours à
dire le lendemain deux ou trois, et quelquefois quatre,
quoi qu'il eût lui-même la clef du réduit qu'on lui
avoit fait dans le fond-de-calle en avant de l'eau, où
il y a toûjours une lampe allumée. Il alla jusqu'à les
accuser d'avoir une fausse clef, et même en frapa
un, qui ailleurs se seroit deffendu autrement que sur
son innocence.

« Celui-ci, peu accoûtumé à de semblables caresses,
s'est mis en tête de découvrir le voleur, et en est venu
à bout. Il a dit à la Fargue ce qu'il avoit vû : et
celui-ci a encore pensé le battre. Il ne s'est pas
rebuté, et est revenu à la charge hier matin, comme
nous déjeûnions. Il a été traité de fou et de vision-
naire : cependant, si son opiniâtreté ne nous a pas
convaincu de la vérité de son raport, elle nous a du
moins inspiré l'envie de nous en éclaircir. Pour ce
sujet, on a percé, avec une vrille de Charpentier, à
cinq endroits differens, la cloison de ce réduit du
Chirurgien ; et nous sommes descendus dans le fond-
de-calle, à la fin du premier horloge du quart de la
nuit, c'est-à-dire à minuit et demi. Le Garçon Chirurgien, qui avoit toûjours été en sentinelle, nous a

fait signe que les voleurs n'étoient pas encore venus. Nous n'avons fait aucun bruit, et avons pris chacun possession de notre trou, au nombre de six Spectateurs, qui sont, le Commandeur, Mr de la Chassée, Boüy, Capitaine des Matelots, la Fargue, Bainville, son Garçon, et moi..... Voici ce que nous avons vû :

« Trois gros Rats, qui sont arrivez en même-tems, et qui se sont approchez du baril où étoient les œufs. Ce baril étoit à demi vuide. L'un de ces Rats est descendu dedans : un autre s'est mis sur le bord, et l'autre est resté en bas en dehors. Nous n'avons point vû ce que faisoit celui qui étoit dans le baril, les bords en étoient trop hauts ; mais, un moment après, celui qui étoit au haut a paru tirer quelque chose en se retirant de dedans, où il s'étoit baissé. Celui qui étoit resté en dehors, en bas du baril, a monté sur les cercles, et apuyé sur ses pates de derriere s'est elevé, et a pris dans sa gueule ce quelque chose, que celui qui étoit sur le bord en haut tenoit. Celui-ci, après avoir lâché prise, a replongé dans le baril, et a encore tiré à lui quelque chose, qui a été aussi repris par celui qui étoit sur les cercles en dehors. On a poûr lors reconnu que c'étoit la queue d'un Rat ; et à la troisiéme tirade, le Rat voleur a paru, tenant entre ses quatre pattes un œuf, le dos appuyé contre le dedans du baril, et la tête en bas. Ses deux camarades l'ont mis en équilibre sur le dos, apuyé sur le bord du baril. Celui qui étoit en bas l'a repris par la queue, et celui qui étoit en haut retenoit le voleur par une oreille ; et l'un et l'autre le soutenant, et le conduisant par les deux extrémitez, et descendant peu à peu, et de cercle en cercle, ils l'ont doucement mis à bas, lui toûjours sur le dos, l'œuf comme j'ai dit posé sur son ventre entre ses quatre pattes. Ils l'ont ainsi trainé jusque sous un vuide, entre la cloison et la doublûre du Vaisseau, où nous les avons perdus de vûe.

« Mr de Porrieres nous a fait signe de ne faire aucun bruit, et de rester. Les voleurs ont fait trois fois la même manœuvre, et ont ainsi emporté trois œufs, c'est chacun le sien. Ils n'ont pas été plus d'un bon quart d'heure à leur travail; et en ayant encore resté autant pour les attendre, et voyant qu'ils ne revenoient pas, nous nous sommes retirez fort contens de notre curiosité.

« Voila ce que j'ai vû la nuit derniere du Jeudi 23 à aujourd'hui 24 Novembre 1690. Qu'on nomme cela Raison, Instinct, ou mouvement nécessaire d'une Machine; qu'on dise que c'est une Fable; qu'on dise avec l'Italien, *Non è vero, ma bene trovato;* je le repete encore, cela m'est très indifferent : il suffit pour moi que je l'aie vû. » (*Journal d'un voyage fait aux Indes Orientales, Par une Escadre de six Vaisseaux commandez par M. du Quesne.* — A La Haye, M.DCC.XXI. 3 vol. in-12. Tome II, p. 323-326.)

Page 369. *Le Renard, le Loup et le Cheval.*
Cette fable a été lue par La Fontaine à l'Académie française, dans la séance du 1er juillet 1684, tenue pour la réception de Boileau. (*Journal des savants,* mars 1824, p. 154.)

TOME II.

Page 9. *Joconde.* Ajoutez à la note 2 de cette page et aux notes 1 des pp. 11, 12 et 22 : et mss. de Conrart, t. IX, p. 237 et suiv.
vers 25 .... et va querir...
Variante : ... il va querir ... (mss. de Conrart).
Page 10, vers 7 : Qu'elle fasse venir mon frere.
Variante : Qu'elle fasse venir à sa Cour un [mien frere (mss. de Conrart).
Page 11, vers 29 : C'est un fort bon moyen de se tirer d'affaire.

Variante : ...pour se tirer d'affaire (mss. de Conrart).

Page 12, vers 23. Et le plus seur...

Variante : C'est le plus seur... (mss. de Conrart).

Page 18. D'ailleurs il n'y faut pas faire tant de
[façon ;
Estre en continuel soupçon.

Variante : D'ailleurs il n'y faut point faire
[tant de façons
Estre en continuel soupçons (mss. de Conrart).

Page 19, vers 8 : ... prétendre le pas.

Variante : ... prendre le pas (mss. de Conrart).

Vers 30 : Je luy pardonne, et c'est en vain...

Ce vers et les treize suivants sont remplacés dans le manuscrit de Conrart par cette leçon :

Et ne trouva dans le chemin,
Ce luy sembloit, aucune trace,
Encor qu'un jeune gars l'eust quelque peu frayé.
Le temps, cette nuit-là, fut fort bien employé.

Vers 35 : Salomon, qui grand Clerc estoit,
Le reconnoist en quelque endroit.

Plusieurs éditeurs ont pensé que c'était ici une simple plaisanterie de La Fontaine. Il n'en est rien. Voici l'*endroit* des Livres Saints auquel il fait allusion : « *Tria sunt difficilia mihi, et quartum penitus ignoro : Viam aquilæ in cœlo, viam colubri super petram, viam navis in medio mari, et viam viri in adolescentia.* » (Liber Proverbiorum. Cap. XXX, 18, 19.)

Vers 38 : Il se tint content....

Variante : Il se tient content.... (mss. de Conrart).

Page 21, vers 27. Et n'avez à present...

Variante : Et n'avez maintenant... (mss.
de Conrart).

Le vers suivant est dans le manuscrit
comme dans l'édition originale.

Page 24, vers 1 : Ny du valet, comme je pense.

Après ce vers, on trouve le suivant dans
les manuscrits de Conrart.

Pas le moindre soupçon qu'on en eust connoissance.

Page 26, note 1. Ajoutez : et mss. de Conrart.

Page 29, vers 3 : L'eussiez vous fait ? Non sans
doute; et les Dieux.

Variante : Et les Cieux (mss. de Conrart).

vers 20 : L'on vous croiroit...

Variante : On vous croira... (mss. de Conrart).

vers 25 : aussi mauvais que luy.

Variante : ... aussi meschant que luy (mss.
de Conrart).

Page 30, note 1 : Au lieu de :

... et le drosle en dispose

lisez :

... et du tout il dispose.

vers 9 ... et prend part à l'affaire.

Variante : ... et conclurë une affaire (mss.
de Conrart).

Le Cocu... Ajoutez aux notes 1 des pp. 31
et 33 : et mss. de Conrart t. IX, p. 163
et suiv.

vers 17 : Tout le bon temps...

Variante : Tout le plaisir... (mss. de Conrart).

Page 34, vers 8 : Grand pecheur suis; mais j'ay là,
[Dieu mercy,

De ton honneur encor quelque soucy.

Variante: ...mais j'ay, la-dieu-merci

De mon salut... (mss. de Conrart).

Cette expression : *la-dieu-merci* ou *la merci
Dieu*, est tout à fait conforme au génie

de notre langue : « Seigneur, la Dieu merci, nos nous sommes tuit acordé de faire empereour. » (Villehardouin, éd. de la *Société de l'Histoire de France*, p. 85.) « Seigneur, nos avons ceste ville conquise, la merci Dieu et par la vostre. » (P. 27.) Il est certain que le manuscrit de La Fontaine portait *la merci Dieu;* si le texte s'est modifié d'une manière fâcheuse, c'est ou par suite d'une faute d'impression, ou par le conseil d'un ami qui aura fait craindre au poëte, si docile à la critique, que cet archaïsme ne fût pas compris. L'édition de 1669 porte : « Mais j'ay las! Dieu mercy », ce qui produit un bien singulier contre-sens.

Vers 24 : Mais, le voyant...

Variante : Mais le croyant... (mss. de Conrart).

Page 35, vers 1 : ... sous le grand roy Francois.

Variante : ... dessous le roy Francois (édit. de 1669 et mss. de Conrart, t. IX, p. 159).

Vers 7 : Ne luy deust plus contester le
[passage,
Si s'en revient tout fier en son Village.

Variante : Ne luy deust pas contester le
[passage,
Si s'en revint tout fier à son Village (mss. de Conrart).

Page 36, vers 1 : En mon lit sont receus.

Variante : En mon lit j'ay receus (mss. de Conrart).

Page 37, vers 27 : Mais qu'en est-il? or, çà, Belle
[entre nous.

Variante : Mais qu'en est-il? avouez-le,
[entre nous (mss. de Conrart).

Page 40. *Conte du juge de Mesle.*

On lit dans les manuscrits de Conrart, T. IX, p. 157, à la suite de ce titre : *Petite ville qui appartient à M. le Prince.*

Page 43, vers 13 : ... la cadence et le ton.
Variante : ... la cadence et le son (mss. de Conrart, t. IX, p. 42).

Page 57. *Les Freres de Catalogne.* Ajoutez à la note 3 de cette page, à la note 3 p. 58, à la note 2 p. 59, à la note 2 p. 60, à la note 1 p. 62, et aux notes 1 et 3 p. 65 : et mss. de Conrart, t. IX, p. 561 et suiv.
Vers 5. Je veux vous conter...
Variante : Je vous veux conter... (mss. de Conrart).

Page 58, vers 15 : De vieux maris, il en pleuvoit.
Variante : Des vieux maris, il en plouvoit (mss. de Conrart).

Page 60. Voicy trois mots d'un bon-apostre.
Variante : On lit ici dans les mss. de Conrart, comme dans l'édition de 1685 : Voicy trois beaux mots de l'Apostre.

Page 61, vers 24 : Le Couvent.
Variante : Le Convent (mss. de Conrart).

Page 63, vers 34 : Votre Sœur....
Variante : Nostre Sœur.... (mss. de Conrart).

Page 64, vers 24 : Puis il fait sonner le tocsin.
Variante : Puis il va sonner... (mss. de Conrart).

Page 75. *L'Oraison de S. Julien.*
Variante : *Regnauld d'Ast* (édition de 1669).

Page 138. *L'Hermite.* Ajoutez aux notes 3 et 4 de cette page, aux notes 1 et 2 p. 140, à la note 1 p. 142 et à la note 4 p. 143 : et mss. de Conrart, t. IX, p. 539 et suiv.

Page 140, vers 10 : Elle logeoit...
Variante : Elles logeoient.... (mss. de Conrart).

Note 2 : Ajoutez : et mss. de Conrart.

Page 142, vers 30 : Le foüet en main, toûjours en
[un estat.
Variante : ... toûjours dans un estat (mss.
de Conrart).

Page 143, vers 26 : Et son cornet font bruire la mai-
[son.
Variante : Et son cornet fait.... (mss. de
Conrart).

Page 144, vers 29 : De sa grossesse....
Variante : De la grossesse.... (mss. de Conrart).

Page 146, vers 8 : ... Couvent.
Variante : ... Convent, ici et plus loin dans
les manuscrits de Conrart (t. IX, p. 559
et suiv.), comme dans l'édition de 1668.
Vers 21... adversaire.
Variante : aversaire (mss. de Conrart).

Page 148, vers 23 : Nuto luy dit...
Variante : Nuto reprit... (mss. de Conrart).

Page 149, vers 9 : ... l'une voudra du mou,
L'autre du dur.
... l'un demande du mou,
L'autre du dur. (Molière, *le Dépit amoureux*, IV, ii.)

Page 150, vers 27 : ... sans nous tant mettre en peine.
Variante : ... sans nous en mettre en peine
(mss. de Conrart).

Page 152, vers 2 : Cette Sœur....
Variante : Celle-cy... (mss. de Conrart).
— vers 33 : .., qu'ils... *lisez :* qu'il...
— vers 34 : Cela rendroit...
Variante : Cela rendoit... (mss. de Conrart).

Page 193, vers 5. Je me souviens d'avoir damné jadis
L'amant avare; et je ne m'en dédis.
Ceci fait allusion à un passage de *Psiché*
(t. III, p. 159) où La Fontaine s'exprime
ainsi, dans sa description des Enfers :

Ministres, confidens, domestiques perfides,
Y lassent sous les fouëts le bras des Eumenides.
Prés d'eux sont les autheurs de maint Hymen forcé,
L'amant chiche, et la Dame au cœur interessé.

Vers 17 :

On ne doit plaindre un métail qui fait tout,
Renverse murs, jette portes par terre,
N'entreprend rien dont il ne vienne à bout;
Fait taire chiens, et, quand il veut, servantes,
Et, quand il veut, les rend plus éloquentes
Que Ciceron, et mieux persuadantes.

Ces vers sont imités du passage suivant
du *Dialogue de deux amoureux* de Marot,
intitulé primitivement : *Farce de deulx
Amoureux recreatis et joyeux* (*le Théâtre
françois avant la Renaissance* par Ed.
Fournier, p. 307-313).

Tels dons, tels présens feroient mieulx
Que beaulté scavoir ne prieres.
Ils endorment les chamberieres ;
Ils ouvrent les portes fermées
Comme s'elles estoient charmées ;
Ils font aveugles ceux qui veoyent
Et taire les chiens qui habeyent.

Page 246, vers 2 : Tiennette n'a ny surot ny ma-
[landre.
La Fontaine se rappelle ici Brantôme qui
parle quelque part d'une dame « saine,
nette, sans tare, suros, ny mallandre. »
(*Œuvres*, édition de la Société de l'His-
toire de France, t. IX, p. 296.)
Page 249, vers 15 : Pour en devoir l'exemple à
[d'autres gens.
Variante : Pour en donner l'exemple... (mss.
de Conrart).
Page 285, vers 4 :
Messire Jean (c'estoit certain Curé
Qui preschoit peu, sinon sur la Vendange).

Tout son faict ne sont que redictes
Toùsjours parle sur la vendange.
(*Sermon joyeux de bien boyre*. Ancien théâtre
françois, t. II, p. 19.)

TOME III.

Page 133, ligne 33 : S'il ne rencontroit une Indiffe-
rente.
Lisez : S'il en rencontroit....
Page 206, ligne 10 : Morceaux petrifiés.
Lisez : petrefiés.
Page 289, note 3 :.... une piéce de vers chaque fois
qu'il touchait un semestre....
Lisez : ... une ou plusieurs pièces de vers
chaque fois qu'il touchait un trimestre....
Page 345, ligne 3 : ... portaits.
Lisez : ... portraits.
Pages 385-402.

Depuis le moment où j'ai publié les lettres
de La Fontaine à la Duchesse de Bouillon, j'en ai découvert une copie fort
intéressante dans un manuscrit que j'ai
acheté, moyennant cinquante centimes,
à un bouquiniste de la place de la Sor-
bonne. Ce volume se compose d'un
feuillet de titre et de 117 pages petit
in-4°. Le titre primitif, soigneusement
effacé, a été remplacé par le suivant :
*Manuscrit, ou Receuil De Plusieurs Pieces
Françoises.* Au-dessous se trouve ce
nom : *M⁰ de Chavaudru ;* en haut,
d'une écriture plus récente : *Du Chemin le j⁰ 1728 ;* au bas, un timbre à
l'encre bleue portant : *ex libris de Cayrol.*
Ce recueil renferme des opuscules très-
divers. Le premier est en prose, c'est
un : *Extraict de l'histoire du temps. Sur*

la mort de Mons le premier President arri-
uée le mardy xiij* mars* 16{7. On y
trouve des pièces sur Fouquet, des vers
de Racine, de M*me* Deshoullières, etc.

A la page 49, on lit :

LETTRES
DE (*sic*) MADAME LA DUCHESSE
DE BOÜILLON
PAR MONSIEUR DE LA
FONTAINE

Cette copie renferme d'intéressants détails,
d'élégants tours de phrase, qu'on ne
trouve point dans les imprimés. 'Bien
qu'elle contienne quelques fautes, qui
n'échapperont pas au lecteur, nous n'aurions pas hésité à l'adopter comme
texte principal si nous l'avions connue à
temps. Ne pouvant faire mieux, nous
indiquons en variantes les particularités
qu'elle présente.

Page 38{, ligne 13 : Qu'ils vous rendent à la France
avant la fin de l'Automne...

Variante : Qu'ils vous rendent avant la fin
de l'Automne.

Ligne 20 : Vous estes toutes deux envi-
ronnées de ce qui fait oublier le reste du
monde, c'est-à-dire d'enchantemens et de
graces de toutes sortes.

Variante : Vous estes toutes deux si envi-
ronnées d'enchantemens et de graces
que vous oubliez le reste du monde facil-
lement.

Page 386, ligne 6 : *Si le même débat renaissoit....*

Variante : .... *revenoit....*

Ligne 34 : Cependant, quand on ne lui en
auroit point apporté de preuves.

Variante : Quand on ne m'apporteroit aucune preuve de ce fait là.

Ligne 37 : ... un château tel que celui-là. Tous les jours je découvre ainsi...

Variante : ... un pareil château. Je descouvre ainsy tous les jours...

Page 387, ligne 3 : Qu'il n'y a point de couleurs au monde. Ce ne sont que de differens effets....

Variante : Qu'il n'y a point de couleurs reelles dans l'univers, ce ne sont que des differents effets....

Ligne 8 : Je feray des vers....

Variante : Je feray des vœus...

Ligne 10 : Ceux qui ne seront pas suffisamment informez de ce que sçait Vostre Altesse, et de ce qu'elle voudroit sçavoir sans se donner d'autres peines...

Variante : Ceux qui ne seront pas informés de ce que sçait V. A. et de ce qu'elle voudroit bien sçavoir sans se donner d'autre peine...

Ligne 15 : ... que toutes sortes de sujets vous conviennent...

Variante : ... que tout vous amuse, depuis le cedre jusqu'à l'hysope.

Nul auteur de renom ne vous est inconnu,
De quoy que l'on escrive on est le bien venu ;
Quand on lit devant vous, vos chiens ont beau se battre.

Ligne 22 : *Vous égalez.*

Variante : Vous imitez...

Ligne 26 : ... et il me souvient qu'un matin...

Variante : ... car il me souvient qu'un matin que ie vous lisois quelque poësie, ie vous trouuay en mesme temps attentive à ma lecture et à trois querelles d'animaux qui estoient sur le point de s'étrangler, vous fistes les trois accommodemens en faisant l'éloge des vers que je lisois, chacun s'en alla content. Jupiter le Conci-

liateur et tout le Parnasse ensemble ne
s'en seroient pas si bien acquittez que
vous ; qu'on s'imagine par là combien de
sortes d'esprit vous avez, et jusqu'où
vostre penetration peut aller quand vous
n'estes occupée que d'une chose. Vous
jugez...

Page 388, ligne 11 : *Rien pour nous de si favo-*
                                    [*rable.*

Variante : Rien pour vous de plus souhai-
                                    [*table.*

Page 389, ligne 4 : ... vaudroit....
Variante : ... vaudra...
Ligne 7 : ... qu'il ressuscita une jeune fille...
Variante : ... qu'il ressuscita une jeune fille.
Il est vray qu'Anacreon est un peu mal-
aisé à ressusciter : j'en viendray toutes-
fois à bout. Madame Dacier l'a deja fait
et a entrepris aussy de ressusciter Te-
rence; elle en sortira à son honneur.
Vous et Madame Mazarin nous rassem-
blerez. Nous nous trouverons en Angle-
terre Monsieur Waller, Monsieur de
S¹ Evremont, le vieux grec, et moy.
Ligne 12 : ... mieux assortis ?
Variante : ... mieux assortis, ny meilleurs
patrocinans de Bacchus et de quelques
autres divinités?
Ligne 15 : *Inspirer le plaisir, danser et nous*
                                    [*ébattre.*
Variante : Solemniser ce Dieu, chanter, et nous
                                    [*ebatre.*
Ligne 18 : Aprés une entrevûe comme
celle-là, et que j'auray renvoyé Anacreon....
Variante : Vous reconnoissez Anacreon à
cet Equipage; nous tascherions de vous
donner une idee des temps où il a vescu :

apres quoy, et que je l'aurois renvoyé
aux Champs Elisées, je vous demande-
rois mon audience de congé ; il faudroit
auparavant que je visse cinq ou six
anglois....

Ligne 25 : ... de me charger de quelques
dépêches. Ce sont à peu prés....

Variante : ... de nous charger de quelques
depeches. Voilà à peu prés....

Page 390, ligne 4 : ... on m'a dit que je ne trou-
verois pas les sujets encore assez disposez.

Variante : ... on m'a dit que leurs esprits
ne sont pas encor assez disposés.

Ligne 9 : ... mais je ne l'oserois esperer.
Ces mots ne se trouvent pas dans le manuscrit.

Ligne 11 : ... qualitez convenables....

Variante : ... qualitez qui conviennent....

Ligne 12 : ... veritables passions....

Variante : ... veritable passion...

Ligne 13 : Il n'y en a pas beaucoup....

Variante : Il y en a peu....

Page 391, ligne 2 : Ce seroit le lieu....

Variante : Ce seroit icy lieu de faire aussy
son éloge afin de le joindre au vostre ;
mais comme ces sortes de paralleles sont
une matiere un peu delicate, il vaut
mieux....

Ligne 11 : *Ne contenteroit pas....*

Variante : Ne sçauroit contenter....

Page 396, ligne 28 : ... en certain art de railleur,
où vous excellez, je pretens en aller
prendre de vous des leçons...

Variante : ... en certain art où vous excellés,
je pretends en aller prendre des leçons....

Page 397, ligne 7 : .... *que j'adore....*

Variante : .... *que j'admire.*

Ligne 14 : Si j'entreprens d'y toucher....

Variante : Je suis si temeraire que d'y toucher....

Ligne 21 : ... un genie...

Variante : ... un esprit...

Ligne 30 : ... des galanteries rebattues,
que vous connoissez beaucoup mieux....

Variante : Des galanteries que vous connoissez mieux....

Page 398, ligne 14 : Puisque vous voulez que la
gloire....

Variante : Comme vous voudriez que la
gloire de Madame de Mazarin remplist
l'univers et que je ne suis pas moins bien
intentionné pour Madame de Bouillon,
quittons le silence respectueux, faisons-
nous chevalliers de la table ronde, aussy
bien c'est en Angleterre....

Page 400, ligne 5 : *Sire Pluton....*

Le manuscrit porte, mais à tort : *Si c'est
[Pluton....*

Ligne 9 : *C'est un métier qui les autres fait
[faire.*

Il y a *sçait* au lieu de *fait* dans le manuscrit,
mais cette leçon est fautive.

Ligne 12 : ... du faux air d'esprit que
prend....

Variante : ... d'un faux air d'esprit que
prendra....

Ligne 15 : *Rien ne m'engage....*

Variante : Rien ne m'oblige...

Ligne 30 : *Pourveu que ce dernier....*

Variante : .... le dernier....

Ligne 36 : *Logeant dans mes vers.*

Variante : Logeant en mes vers...

Page 401, ligne 4 : ... *puisse....*

Variante : ... pûst....

Ligne 6 manque.

Ligne 8 :.... *promet....*

Variante : .... promit....
Ligne 9 : *Croy-moy, triste tourment....*
Le manuscrit donne ici la variante indiquée
    dans la note 2.
Ligne 12 : *.... comme toy....*
Variante : .... comme moy...
Ligne 24 : ... auprés de vous et que j'en
    obtiendray...
Variante : ... auprés de vous j'obtiendray...
Ligne 26 : ... et vous prie de croire....
Variante : .:. et vous prie de me croire votre
    tres humble serviteur,
La Fontaine.

Page 42, note 2, ligne 2. Tome III, *lisez* tome II.

Tome IV.

Page 58, vers 16 : moz-mesme, *lisez* moy-mesme.
Page 230, note, 2ᵉ ligne : Huit représentations, du
    21 avril.... *lisez* (conformément à l'indi-
    cation des frères Parfait) : Neuf repré-
    sentations, du 12 avril....
Page 411 : Amadas, *lisez* Adamas.

Tome V.

Page 93, ligne 2 : Hollandais.
    Lisez : Hollandois.
Page 94, ligne 19 : Appeller le Castillan.
    On lit après ce vers, dans le manuscrit de
    l'Arsenal :
    Convoquer l'arriere ban.
Page 112 : Vers pour des bergers et des ber-
    geres, *dans une Fête donnée à Troyes,*
    en 1678.
Nous avons dit en note que ces vers avaient été
publiés pour la première fois dans l'*Almanach littéraire*
pour l'année 1778. C'est une erreur dans laquelle

nous nous sommes laissé entraîner à la suite de Walckenaër.

Ces vers faisaient partie d'un divertissement composé dans une réunion dont les frères Simon, de
Troyes, qui remplissaient deux des premiers emplois des Fermes, étaient les membres les plus distin-
gués et les plus actifs.

Grosley, qui nous a transmis ces renseignements[1],
s'exprime ainsi au sujet de cette joyeuse et aimable
coterie :

« Elle m'est connue, et par les Mémoires de mon
pere qui l'avoit vue encore existante, et par un monument, c'est-à-dire par les paroles imprimées d'un
Ballet qu'elle donna *sur la Paix* de Nimegue en 1678,
ballet dont la danse et le chant furent exécutés par
les membres de la cotterie.

« Il débute par une entrée de l'Harmonie descendant du ciel pour annoncer le retour de la Paix. La
Discorde et les Euménides, allarmées de cette nouvelle, complottent pour se maintenir. *Entrée II.* La
Paix paroît, dissipe leurs complots, et les met en
fuite. *Entrée III.* Les nations rapprochées par la
Paix mêlent leurs danses et leurs plaisirs. *Entrée IV.*
Le Commerce, toujours jeune sous un habit antique,
marque l'intérêt qu'il prend à la réunion des nations.
Entrée V. L'abondance survient, et se joint au commerce. *Entrée VI.* Des bergers et des bergeres
viennent prendre part à l'allégresse publique. *Entrée VII.* Les Jeux, représentés par le valet de car-
reau, la dame de pique, et par une danse en échi-
quier, se mettent de la partie. *Entrée VIII.* Les
Plaisirs de l'esprit, représentés par un génie, repa-
roissent sur la terre. *Entrée IX.* Les Plaisirs de la

1. *Lettre sur M. Simon de Troyes. Journal encyclopédique
et universel,* année 1777, t. II, p. 124-130. Voyez aussi
Nouvelles Œuvres inédites de La Fontaine, publiées par
M. Paul Lacroix, p. 145-148.

table, sous la figure de deux garçons de cabaret, reprennent vigueur au bruit de la paix. *Entrée X.* Les Plaisirs comiques, que représentent un Trivelin et un Scaramouche, succedent aux plaisirs sanguinaires de Mars. *Entrée XI.* La musique annonce son retour par une symphonie. *Entrée XII.* Grand ballet qui réunit tous les acteurs des entrées précédentes, et dont les pas sont réglés sur ceux de la Paix.

« Une petite piece succede au ballet, sous le titre de *Mascarade des nations rassemblées par l'Harmonie.* Elle est aussi partagée en diverses entrées, dont chacune débute par des *vers* ou galans ou plaisans, *adressés aux Dames.*

« Ceux qui ouvrent et annoncent chaque entrée du ballet, sont, ainsi que le doit être l'ouvrage de plusieurs mains, d'un travail et d'un ton inégal. Quelques-uns sont d'un mérite très-rare alors pour des productions de province. Je citerai en ce genre le morceau suivant : ou il est de La Fontaine lui-même, ou La Fontaine y a utilement corrigé le thème de l'Apollon troyen. Il est dans la bouche des bergers et des bergeres, qui forment la VIe *entrée* :

Telles étoient jadis ces illustres Bergères [1].

« Les noms des membres de cette aimable société ou cotterie sont écrits à la main, à la marge de chacune des entrées du ballet et de la mascarade, dont je viens de parler : MM. Simon freres, Chaumont, Gobert, de Corberon, M. et Mme de Marigny, M. et Mlle Nivelle, M. Conversot (qui s'appella depuis de Vienne), M. le Conte et la petite le Conte, sa fille, MM. Bernard et Quinot. »

Cette lettre de Grosley est importante. Elle nous apprend que La Fontaine a peut-être seulement retouché la pièce que, sur le témoignage de l'*Alma-*

1. Grosley transcrit ici toute la pièce imprimée à la page 112 du présent volume.

nach littéraire et de Walckenaër, nous avons admis dans ses œuvres sans faire aucune réserve.

La Bibliothèque de Troyes possède parmi ses manuscrits, dans un carton in-4° coté 2240, une pièce numérotée 9, intitulée : *A M. Raymond des Cours, pour des bergers et des bergères,* dans une fête donnée au château des Cours, près Troyes, que le *Catalogue général des manuscrits des bibliothèques publiques des départements* (tome II, p. 906), donne pour autographe. S'il en était ainsi, la paternité de La Fontaine ne serait plus douteuse, mais d'excellents juges ont suspecté l'authenticité de cette pièce.

Page 121 : *A Madame de Thiange.* Voyez l'*Avertissement* du Tome V.

Page 201. Inscriptions du Chateau de Glatigny. M. Paul Lacroix a bien voulu nous indiquer dans le ms. 149 in-fol. B. L. F. de Arsenal (pièce 75), une copie qui diffère en quelques points du texte que nous avons suivi. Le premier titre n'est point : *Inscription pour l'entrée de la galerie,* mais au contraire : *Inscription pour le fond de la Gallerie.* Les autres titres ne consistent que dans un simple nom de ville : *Tournay, Douay, l'Ile, Maestrich, Bezançon, Dole, Limbourg, Bouchain, Cambray, Saint-Omer, Ipres.* Par suite d'une erreur de copiste, on passe immédiatement du premier vers de *Bouchain* au second de *Valenciennes;* enfin la dernière pièce : *La paix de Nimégue,* manque dans ce manuscrit, qui présente en outre les variantes suivantes, dont quelques-unes, par exemple, la seconde de la page 207, sont d'excellentes corrections.

Vers 8 : C'est ainsi que nos cœurs venerent...
Variante : C'est icy que nos cœurs reverent...

Page 203, vers 5 : Sceut à ce premier joug ranger
[ma liberté.
Variante : A ses premieres Loix soumet ma
[liberté.
Les trois derniers vers de cette pièce
manquent dans le manuscrit de l'Arsenal.
Vers 12 : Un armet...
Variante : Ou l'armet...
Vers 14 : Bénit le conquérant dont le bras
[l'a soumise.
Variante : Benit le bras qui l'a soumise.
Vers 20 : ... notre grandeur...
Variante : ... Votre grandeur...
Page 204, ligne 1 : *Conquestes du roy...*
Variante : *Les conquetes du roy...*
Vers 21 : ... son rocher...
Variante : ... ce rocher...
Page 205, vers 3 : ... ont décidé son sort.
Variante : ... acheverent son sort.
Vers 9 : ... toujours preste;
En autant de heros il change ses sujets.
Variante : ... toute preste;
Que ne peut un tel prince aiant de tels
[sujets ?
Vers 21 : Mars et lui ne font qu'un; c'est
[ce que l'on peut dire.
Variante : Mars et luy ne sont qu'un, je l'ay
[seu deja dire.
Page 206, vers 21 : ... qu'au plus clément des rois.
Variante : ... qu'au plus pieux des rois.
Page 207, vers 4 : ... et des forts.
Variante : ... ni des forts.
Vers 15 : On crut la Flandre réduite.
Variante : On ouit la Flandre réduite.
Page 208, vers 11 : Ne laisse pas...
Variante : Ne laissa pas...

TABLE

DES

NOMS DE LIEUX ET DE PERSONNES

CONTENUS DANS

LES ŒUVRES DE LA FONTAINE

ET DANS LES PIÈCES QUI LUI ONT ÉTÉ ATTRIBUÉES.

La Font. V.

La Font. V.   21

TABLE ALPHABÉTIQUE.   351

TABLE DES MATIÈRES

DU TOME V.

APPENDICE.

PIÈCES ATTRIBUÉES A LA FONTAINE.

www.ingramcontent.com/pod-product-compliance
Lightning Source LLC
Chambersburg PA
CBHW060929030726
47503CB00003B/526